AF358298

MANUEL PRATIQUE

DE

COMPTABILITÉ

PAR

Louis DELTOUR

CONTROLEUR DE COMPTABILITÉ DE L'ENREGISTREMENT

Revu et mis au courant

PAR

Marcel GALARD

CONTROLEUR SPÉCIAL A L'ATELIER GÉNÉRAL DU TIMBRE

HUITIÈME ÉDITION

Janvier 1923

DIVISION DE L'OUVRAGE

L'ouvrage est terminé par une **Table** alphabétique très complète qui rend les recherches faciles.

RECETTE

1. Division. — Les recettes confiées à l'Administration se divisent en deux catégories : la première, qui comprend les recettes appartenant à l'Etat, figure dans la comptabilité *(Pages 4 à 45 du Sommier de Comptabilité, pour les deux exercices)*, sous les titres :

BUDGET GÉNÉRAL
- § 1er — *Impôts et Revenus.*
- § 3. — *Produits et revenus du Domaine de l'Etat.*
- § 4. — *Recettes d'ordre.*
- § 5. — *Produits divers du budget.*
- § 6. — *Ressources exceptionnelles.*

La seconde, qui embrasse toutes les autres recettes, y figure sous la dénomination d'OPERATIONS DE TRESORERIE *(Pages 52 à 55 du Sommier de Comptabilité).*

BUDGET GÉNÉRAL

2. Distinction des exercices. — On appelle exercice, l'année budgétaire à laquelle un produit appartient, *quelle que soit la date de la recette* (V. N° 4).

L'exercice s'ouvre le 1er janvier de l'année qui lui donne sa dénomination ; il comprend les *droits acquis* à l'Etat du 1er Janvier au 31 Décembre de cette même année.

Aux termes de l'art. 4 de la loi du 25 Janvier 1889 *(Circ. Compt. 16 mars 1889, N° 167)*, l'exercice est clos :

le 31 Mars de la seconde année : pour la liquidation et l'ordonnancement des sommes dues par l'Etat, *Frais judiciaires* et *Restitutions* exceptés *(Voir N° 332).*

et le 30 Avril de la seconde année :
1° pour la liquidation et le recouvrement des droits acquis à l'Etat pendant l'année du budget.
2° pour le paiement des dépenses, à l'exception des mandats *sur exercices clos*, dont le délai de paiement expire le 31 Décembre de l'année de leur délivrance *(V. N° 78)*.

3. Division des produits. — Les droits acquis à l'Etat se divisent en deux classes, savoir :

1° Les *droits au comptant*, c'est-à-dire ceux dont le paiement a lieu au moment où s'accomplissent les formalités. On doit comprendre, en outre, dans les *Droits au comptant*, les recettes provenant des articles consignés sur les *Sommiers des découvertes, de la Taxe sur le revenu et de l'Impôt sur les opérations de bourse ;*

2° Les *Droits et produits constatés*, dont la reconnaissance et la liquidation précèdent le recouvrement, c'est-à-dire ceux qui font l'objet, *préalablement à la recette,* d'une consignation sur les *Sommiers des droits constatés N°ˢ 1, 2 et 3* (V. N° 5 ; Inst. 1358 et 2501-5).

4. Consignation et classement des recettes par exercice. — Les *Droits au comptant* appartiennent tous à l'exercice qui prend son nom de l'année pendant laquelle ils sont tout à la fois, *constatés, liquidés et recouvrés.*

Les *Droits et produits constatés* appartiennent à l'exercice auquel donne son nom l'année *pendant laquelle ils ont été consignés* (V. N° 11 *et l'exception signalée au § 1, ci-dessous),* soit qu'ils aient été recouvrés dans la même année, ou dans les quatre premiers mois de l'année suivante.

Ainsi, le montant d'un article *consigné en 1922,* sur l'un des 3 Sommiers de *Droits constatés,* mais qui n'a été recouvré que dans *les quatre premiers mois de 1923,* sera classé :

1° Au *Registre à souche des droits constatés,* dans la colonne affectée à l'exercice 1922 ;

2° Au *Sommier de Comptabilité* à la page 2 *(1ᵉʳ tableau)* et aux pages 4 à 10 consacrées à la comptabilité du dit exercice 1922.

1. PRODUITS DES HARAS, BERGERIES, ETC. — Les règles exposées ci-dessus sont applicables aux produits des établissements spéciaux régis par l'Etat. Toutefois, en ce qui concerne les produits du dernier trimestre, les Directeurs de ces établissements doivent remettre aux Receveurs, *le 21 Décembre au plus tard,* les titres de perception relatifs aux produits constatés *jusqu'à cette date inclusivement ;* si d'autres produits sont constatés *du 22 au 31 Décembre,* les titres de perception sont remis dès les premiers jours de l'année suivante aux Receveurs qui en consignent immédiatement les résultats *au compte de l'exercice précédent* (V. N° 416-1 ; C. C. 26 oct. 1900, N° 183-IV).

2. PRODUITS DES FORÊTS. — Ces produits doivent être consignés *pendant l'année de l'adjudication* et sans attendre, en ce qui concerne les ventes effectuées les derniers jours de Décembre, l'envoi du procès-verbal d'adjudication *(C. C. 30 décembre 1865, N° 114-2).*

3. BAUX. — Les produits du Domaine public payables par échéances périodiques, quoique résultant de titres en forme, ne sont

considérés comme constatés et ne doivent être consignés sur les Sommiers spéciaux qu'au moment où les échéances deviennent exigibles. Ils appartiennent à l'exercice de l'année pendant laquelle cette consignation a eu lieu. *(Inst. 1358-3075, p. 2, suppl. n° 4 de la Revue, page XX).*

Rien ne s'oppose cependant à ce que le montant cumulé de toutes les annuités d'un bail soit indiqué, *pour mémoire,* dans le corps de la consignation ; mais il ne doit être tiré hors ligne que le montant des termes *échus à la date de cette consignation.*

Toutefois, contrairement à ces prescriptions, il a été décidé que les redevances domaniales n'excédant pas 10 francs *pourront* être payées par anticipation, *si les redevables en font la demande.* Les redevances payées dans ces conditions seront rattachées à l'exercice auquel l'année du payement donnera son nom *(Inst. 3697 § V.)*

Dans les bureaux qui ont spécialement dans leurs attributions les produits du Domaine ou des Forêts, et pour le cas où les Sommiers n°s 2 et 3 continuent à être utilisés, la recette des échéances périodiques des Baux et Concessions temporaires est faite directement au registre à souche, sans consignation préalable à ces Sommiers dans les conditions indiquées par l'inst. 3656 n° 27.

4. Recommandation importante. — Les Receveurs doivent, *pendant les quatre premiers mois de l'année,* éviter soigneusement de classer à l'exercice *courant* le montant des recettes appartenant à l'exercice *précédent.* Les faux classements de l'espèce seraient fatalement découverts quand on procèderait à la vérification recommandée au N° 478 et entraîneraient la rectification, souvent fort ennuyeuse, des écritures du Receveur et de la Direction.

5. SOMMIERS DES DROITS CONSTATÉS. — Ces Sommiers sont au nombre de trois :

Sommier N° 1 : *Produits de l'Enregistrement et du Timbre ; amendes et frais de justice concernant ces droits, le notariat et la procédure civile.*

Les produits de l'Impôt sur les opérations de bourse et de la Taxe sur le revenu, ainsi que les amendes concernant ces produits, ne doivent être consignés au *Sommier N° 1* que lorsqu'ils sont devenus exigibles *en vertu de condamnations judiciaires.*

Sommier N° 2 : *Revenus des domaines ; prix de vente de domaines et de mobiliers de l'Etat ; prix de vente d'objets provenant des ministères et produits accidentels.*

Sommier N° 3 : *Produits des Forêts* (Voir N° 4-2).

Dans les bureaux où les Sommiers n°s 2 et 3 ne sont pas d'une utilisation courante, la fusion des trois sommiers en un seul peut être autorisée par le Directeur *(Inst. 3656 n° 26).*

1. Tenue des Sommiers. — Articles a y consigner. — Voir les observations de la feuille de tête de chaque Sommier et le N° 11 *infrà.*

Rappelons cependant que les consignations doivent être faites le jour même de l'exigibilité des droits et produits constatés ou de la réception des titres *(décisions administratives, judiciaires, soumis-*

sions, etc. — *Inst. 1358*) ; que chaque consignation doit être datée et numérotée (*la série de N^{os} doit commencer et finir avec chaque volume*) et, qu'enfin, toutes les colonnes des *Sommiers* sont additionnées par page et à la fin de chaque mois.

Le total des consignations du mois est arrêté *en chiffres seulement* (Inst. 2720-12) ; il est suivi du report des mois antérieurs, avec lequel il est additionné, *jusqu'à la fin de l'année*.

Les Receveurs doivent rapprocher fréquemment les *Cahiers de dépouillement* (V. N° 7) et les *Sommiers*, afin d'établir ce qui reste à recouvrer sur chaque nature de produits, et de vérifier si ces restes sont égaux au montant des articles des Sommiers qui ne sont pas annulés.

2. Annulation des articles. — Voir n°s 11, 13, 15-1, 480 ; Revue 25-V.

6. REGISTRE A SOUCHE POUR LA RECETTE DES DROITS CONSTATÉS. — Les Receveurs y enregistrent, jour par jour, toutes les sommes qu'ils reçoivent, même par acomptes, sur les articles consignés aux *Sommiers N°s 1, 2 et 3* (Inst. 2386-2).

Les acomptes doivent être imputés d'abord sur les frais dont le Trésor a fait l'avance *(Inst. 194, 1358, 1969)*.

Chaque recette doit être soigneusement tirée hors ligne dans la colonne spéciale affectée au *Sommier* et à *l'Exercice* qu'elle concerne. L'exercice est celui qui porte le millésime de *l'année pendant laquelle l'article a été consigné* (V. N° 4 et l'exception du N° 4-1).

La dernière colonne du *Registre à souche* reçoit les recettes provenant des *Opérations de trésorerie* (Successions vacantes ; Sommes dues *aux officiers ministériels* en matière d'Assistance judiciaire ; Recettes par virements ; Recouvrements ou régularisations d'avances, etc.). *Voir ces mots.*

Ce registre doit présenter à la fin de chaque mois le report des recettes des mois antérieurs et le total général jusqu'à la fin du mois.

1. Timbre des quittances. — L'art. 56 de la loi du 25 juin 1920 *(Inst. 3626 § 16 N° II)*, a supprimé le tarif spécial du droit de timbre des quittances délivrées par les comptables publics. En conséquence, les quittances au-dessus de 10 francs, ou d'acomptes sur une somme supérieure à 10 francs, doivent être timbrées au tarif fixé par l'article 55 de ladite loi (0 fr. 25 pour les sommes n'excédant pas 100 fr., o fr. 50 pour les sommes comprises entre 100 et 1.000 fr., 1 fr. pour les sommes qui excèdent 1.000 fr.), à l'exception de celles ayant pour objet :

1° le montant d'exécutoires en matière d'*Accidents du travail*, qui sont exemptes de timbre, à la condition qu'elles indiquent qu'il s'agit de la loi du 9 avril 1898 *(Inst. 3080-I ; V. N° 128-2)* ; 2° le complément d'une perception dont l'insuffisance est due à une faute de l'agent de recouvrement *(Inst. 3167-15)* ; 3° les quittances de frais d'instance en matière de *recrutement de l'armée*, à la condition expresse qu'elles indiquent qu'il s'agit de l'exécution de la loi du 21 Mars 1905 *(I. 3186)* ; 4° les quittances d'ordre *(I. 2794 § 6)*.

Les Receveurs peuvent, sans contravention, donner *sur la même quittance*, le reçu de plusieurs acomptes *d'une seule et même créance ou d'un seul terme de fermage ou de loyer* (L. 13 brum. an VII, art. 23). Pour les quittances de droits *complémentaires et supplémentaires de mutations par décès :* Voir Inst. 2996-I et 3167-15.

La délivrance de la quittance est obligatoire *(Voir toutefois N° 66)* et le timbre est à la charge de la partie versante *(Voir N° 93 Inst. 2535-429)*.

7. Cahiers de dépouillement. — Les recettes effectuées au *Registre à souche* sont dépouillées sur les Cahiers créés par l'Inst. 2386. Il en existe un pour *chacun* des *Sommiers N°* *1, 2 et 3* et pour celui des *Opérations de trésorerie*.

Au cas où les Sommiers N° 1, 2 et 3 sont fondus en un seul, les trois cahiers de dépouillement sont maintenus.

Pour s'assurer que les recettes ont été exactement dépouillées, les Receveurs doivent, à la fin de chaque mois, comparer le nombre et le total, tant des articles portés en recette que de ceux qui restent à recouvrer, avec le nombre et le montant des articles consignés *(V. N° 5-1)*. En ce qui concerne les *Opérations de trésorerie,* il faut tenir compte des recettes qui n'ont pas fait l'objet d'une consignation sur le Sommier *(V. N°* 12, 65 *et* 66).

Ces cahiers devant être tenus *par exercice*, il faut, à la fin de l'année, ménager un espace en blanc pour le dépouillement des recettes de la 2° année de l'exercice *(V. N° 4)*.

8. RESPONSABILITÉ DES RECEVEURS. — Les Receveurs sont *personnellement* responsables des articles qui, *par l'effet de leur négligence*, n'auraient pas été recouvrés avant la clôture de l'exercice auquel ils appartiennent. Ils sont tenus d'en faire recette dès qu'ils ont été mis à leur charge *(V. N° 480)*, sauf leur recours contre les redevables, avec subrogation, dans tous les droits du Trésor *(Inst. 1358 ; 1921 ; 2590)*.

CLASSEMENT GÉNÉRAL DES RECETTES

On trouvera au Chapitre de la *Comptabilité mensuelle* (N° 379 et suiv.), le mode de classement des recettes autres que celles désignées ci-après :

FRAIS DE JUSTICE EN MATIÈRE D'ASSISTANCE JUDICIAIRE ET D'ACCIDENTS DU TRAVAIL

9. Recherches de renseignements sur la solvabilité des Redevables. — Le Receveur se procure, par l'envoi d'une formule de certificat N° 105, les renseignements utiles sur la situation pécuniaire du condamné, à moins que, d'après les énonciations du jugement ou de l'arrêt, celui-ci ne soit sans domicile ni résidence connus. Dans ce dernier cas, le Receveur se borne à inscrire dans la case du Sommier d'assistance judiciaire réservée pour les annotations la mention : « *Condamné sans domicile ni résidence connus.* »

L'envoi et la réception du certificat N° 105 sont constatés pareillement sur le Sommier.

Si le certificat établit l'insolvabilité complète du condamné, ou si celui-ci est indiqué comme n'ayant ni domicile, ni résidence connus, la mise en surséance de l'article est proposée par le Receveur et peut être autorisée par un employé supérieur au cours des opérations de vérification ou d'inspection.

Le Receveur ne doit demander la délivrance d'un exécutoire que dans les cas suivants :

1° si la mise en surséance n'est pas autorisée ou si, après le report aux surséances, la solvabilité du débiteur est reconnue ;

2° s'il résulte du certificat demandé après la condamnation que le condamné, domicilié dans le ressort du bureau, est solvable, et, notamment, qu'il est propriétaire d'immeubles sur lesquels une inscription hypothécaire peut être prise utilement.

3° si le condamné est domicilié en dehors de la circonscription du bureau, auquel cas l'exécutoire doit être immédiatement délivré et adressé au Receveur du domicile qui en suit le recouvrement ainsi qu'il est indiqué ci-après N° 11.

L'instruction 3656, N° 21, après avoir établi les règles ci-dessus observe :

1° qu'elles ne sont pas applicables aux jugements rendus dans les affaires dites « *en matière sommaire* », qui doivent contenir la liquidation des dépens (*art. 543 C. P. C.*), et pour lesquels les greffiers sont obligatoirement tenus de délivrer des extraits dans le délai d'un mois, sous peine d'amende. (*Inst. 3060*).

2° que tous les articles ayant donné lieu, en fait, à la délivrance d'un exécutoire, devront faire l'objet d'une consignation au *Sommier des droits constatés*, quelle que soit la situation du débiteur.

Si le recouvrement des frais doit être poursuivi, il est procédé comme suit :

10. Redevables domiciliés dans le ressort du bureau. — Le Receveur établi près de la juridiction saisie de l'affaire *(justice de paix, tribunal, etc.)* consigne au *Sommier N° 1* (col. 15), le montant des exécutoires ou des extraits de jugements *(Inst. 2115 ; 2304)*, dès que ces documents lui sont remis *(Inst. 2166)*. Il détaille, à la suite de cette consignation et sous le même numéro, les sommes dues aux officiers ministériels, qu'il tire hors ligne dans la dernière colonne intitulée : *Sommes dues aux greffiers et autres, en matière d'assistance judiciaire* (Inst. 2720-95).

1. Vérifications des exécutoires. — Dans le but d'éviter la rectification de leurs écritures *(Revue 42-II)*, les Receveurs doivent veiller *attentivement* à ce qu'il ne soit compris dans les exécutoires aucune somme *due* à des tiers non officiers ministériels *(experts, médecins, imprimeurs, arbitres, etc.)*, et à ce que les sommes *qui leur ont été payées au titre : Frais en matière d'assistance judiciaire* (V. N° 124), y figurent, *comme les frais de toute sorte avancés aux juges de paix et à leurs greffiers pour des enquêtes relatives aux accidents du travail* (V. N°ˢ 128, 278 et suivants), parmi celles revenant *au Trésor*, leur montant devant, lors du recouvrement ultérieur, être porté en recette au titre : *Recouvrement de frais de justice* (V. N° 12-1° ; C. C., 28 fév. 1900, N° 182 p. 11).

Les frais avancés après la délivrance de l'exécutoire font l'objet d'un exécutoire supplémentaire ; et les irrégularités constatées sont redressées au moyen d'un état de frais rectificatif dressé par l'avoué et approuvé par le président du tribunal *(C. C. 31 mars 1903 N° 196-I-A ; Revue 55 et 89)*.

Accidents du travail. — Les actes et jugements faits ou rendus en exécution de la loi du 9 avril 1898, devant être visés pour timbre et enregistrés *gratis*, aucun droit de timbre et d'enregistrement ne doit figurer sur l'exécutoire *(Inst. 2988 p. 8 et 9)*. La colonne des sommes revenant au Trésor ne doit comprendre que les avances faites par les Receveurs *(V. N° 128)*.

2. Répartition des dépens entre l'assisté et son adversaire. — Voir les divers ouvrages d'Enregistrement au mot : *Assistance judiciaire* ; Revue 43-137 ; Inst. 2988 ; 3013-2 ; 3080-1, 3084, 3095-I et 3098 ; R. E. 3462-40.

3. Timbre des quittances. — Voir N° 6-1, *suprà*.

4. Prescription décennale — Point de départ. — Voir Inst. 2969-I et les N°ˢ 46 et 279).

11. Redevables domiciliés hors de l'arrondissement du bureau. — Le Receveur placé près de la juridiction devant laquelle l'assistance a été admise, se borne à faire *au bureau du domicile des débiteurs* le renvoi de l'exécutoire (1) ou de l'extrait du jugement, et à annuler, sur le vu du certificat de consignation, qui devra lui être adressé immédiatement, l'article ouvert au *Sommier d'Assistance judiciaire*.

Le Receveur du bureau du domicile consigne l'article au *Sommier des découvertes* (la consignation *directe* au *Sommier N° 1* peut avoir de fâcheux inconvénients. V. *N° 13 et l'art. 41-II de la Revue*), en poursuit le recouvrement (*V. toutefois N° 15*) et prend les mesures conservatoires nécessaires (*Voir N° 324*). Si l'insolvabilité des débiteurs est reconnue et régulièrement constatée (*V. N° 476*), il reporte cet article au *Sommier des Droits constatés N° 1* (col. 15), en fait figurer le montant parmi les restes à recouvrer au 31 décembre (*V. N° 415-3°*), et le comprend dans l'*Etat des articles restant à recouvrer* à la clôture de l'exercice *pendant lequel il a été consigné* (V. N° 475).

Si, au contraire, le paiement a lieu, le Receveur du domicile annule l'article de son *Sommier des découvertes* et fait recette, *par virement* pour le compte de son collègue (*V. N° 66*). C'est dans ce cas seulement que ce dernier établit une consignation au *Sommier N° 1* (Inst. 2166 et 2720-82). Cette consignation doit toujours être faite au compte de l'exercice *courant*, aucune consignation ne pouvant être faite sur les Sommiers au bénéfice d'un exercice *que pendant la première année de cet exercice* (Inst 1358) sauf dans le cas signalé au N° 4-1, ou à moins d'un ordre exprès de la Direction (*Revue 42-1 et 44-I*).

Pour effectuer la recette et régulariser le virement : V. N° 12.

Au cas où le Receveur du bureau du domicile aurait porté directement en recette les droits du Trésor aux « *Produits budgétaires* », et les honoraires des officiers ministériels aux « *Opérations de Trésorerie* », au lieu de faire simplement une « *Recette par virement* » pour le compte de son collègue établi près le Tribunal qui a

---

(1) C'est, en principe, un extrait du jugement ou l'expédition d'un exécutoire dressé en minute, qui doit être délivré à l'Administration pour servir de titre de recouvrement. Toutefois, lorsque le paiement des frais est offert sur la production de l'état de l'avoué, taxé et enregistré, il peut être accepté, sauf au Receveur à s'assurer qu'il ne contient pas d'omission et, au besoin, à faire signer par le débiteur un engagement de payer les sommes omises (*Sol. 25 mai 1898; Revue pratique 4546; Revue 110*).

Les greffiers n'étant tenus qu'à la délivrance d'un exécutoire *unique* le Receveur placé près de la juridiction devant laquelle l'assistance a été admise doit, *lorsqu'il y a plusieurs débiteurs non solidaires n'ayant pas le même domicile*, adresser à *chacun* de ses collègues, soit une copie de l'article de son Sommier, soit un extrait certifié par lui de l'exécutoire (*Revue pratique 4428*).

jugé l'affaire, les rectifications d'écritures devraient être faites de la manière indiquée à l'art. 257 de la *Revue de Comptabilité*.

1. Dernier domicile connu. — Le renvoi de l'exécutoire doit être fait au Receveur du *dernier domicile indiqué sur ce titre*. Si le débiteur a changé de résidence, il est retourné au *Receveur du bureau d'origine*, accompagné d'un *Bulletin de renvoi N° 104*, de la pièce faisant connaître le nouveau domicile et, s'il y a lieu, d'une copie de l'article ouvert au *Sommier des Opérations de trésorerie* pour le coût des inscriptions ou autres actes conservatoires *(V. N° 15-I).* Après avoir adressé à son collègue l'accusé de réception de l'exécutoire, qui lui permettra d'annuler l'article de son *Sommier de découvertes*, le Receveur du bureau d'origine mentionnera le nouveau domicile en marge de l'article du *Sommier d'assistance judiciaire* et renverra l'exécutoire au bureau dans le ressort duquel se trouve ce nouveau domicile *(Revue 96).*

2. Compagnies — Sociétés. — Lorsque le débiteur de frais d'assistance judiciaire est une compagnie ou une société ayant une succursale, une agence ou tout autre établissement secondaire dans la ville où siège le tribunal qui a prononcé la condamnation, le Receveur du bureau placé près ce tribunal suit *directement* le recouvrement en s'adressant aux représentants locaux de la compagnie ou de la société

Toutefois, en cas de refus de payement par le représentant local, l'exécutoire, l'extrait de jugement, ou la copie de l'article du Sommier est adressé au bureau du siège social chargé de suivre le recouvrement. *(I. 2166 et 3281).*

12. Classement des sommes recouvrées. — Le montant d'un article de *Frais d'assistance judiciaire* est porté en recette au *Registre à souche des droits constatés* et tiré hors ligne, savoir :

1° la somme revenant au Trésor, *qui doit comprendre les avances faites au titre* « Frais de justice criminelle » *(V. N°* 10-1, 124 *et* 128*)* dans la colonne du *Sommier N° 1* affectée à l'exercice qui porte le millésime *de l'année de la consignation ;*

2° les sommes revenant aux officiers ministériels *(V. N° 279),* dans la dernière colonne intitulée : *Opérations de trésorerie.*

Si l'article a été recouvré et transmis *par virement* (V. N° 11) il faut, en outre, procéder aux opérations détaillées au N° 69.

A la fin du mois, ces diverses sommes sont classées au *Sommier de Comptabilité,* savoir :

1° celles revenant au Trésor, à la page 42, en regard du titre : *Recouvrements de frais de justice (§ 4. Recettes d'ordre. Art. 489).*

2° celles revenant aux officiers ministériels, à la page

52, au titre : *Assistance judiciaire, Divers L/C de frais,
ligne N° 8.*

I. — REVERSEMENT DE FRAIS INDUMENT AVANCÉS. — V.
N° 127.

II. — INSTANCES DEVANT LES CONSEILS DE PRUD'HOMMES
avec L'ASSISTANCE JUDICIAIRE. — V. N° 129.

13. Recouvrement après consignation au Sommier N° 1.
— Le Receveur *du bureau du domicile* qui, soit pendant
la première année de l'exercice, soit pendant les quatre
premiers mois de la seconde, recouvre le montant d'un
article de *Frais d'assistance judiciaire* consigné au
Sommier N° 1, en fait recette *par virement,* comme si
l'article n'avait été consigné qu'au *Sommier des découvertes* (V. N° 11). *Il a soin de ne pas annuler l'article du
Sommier N° 1, dont il fera figurer le montant sur l'Etat
des restes à recouvrer au 30 avril, sur l'exercice précédent* (V. N° 475). Si le recouvrement a lieu pendant la
première année de l'exercice, le montant de l'article doit
figurer, en outre, *à la fin de l'année, sur l'Etat des Droits
constatés* (dernière colonne intitulée : *Reste à recouvrer
au 31 décembre),* comme s'il n'était pas recouvré *(V. N°
414).*

Il envoie à son collègue, en même temps que le
Bordereau, de la recette par virement, une copie de
la consignation au *Sommier N° 1,* avec un *Bulletin de
renvoi N° 104,* dont le talon lui sera renvoyé, dûment
rempli. Dès la réception de ce talon, il l'annote et l'épingle au *Sommier N° 1,* pour le produire ensuite à l'appui
de son *Etat des restes à recouvrer au 30 avril de l'année
qui suit celle de la consignation,* et c'est seulement au vu
de l'Arrêté du Directeur mis à la suite de cet état, que le
Receveur annule définitivement l'article du *Sommier N°
1* (V. N°ˢ 476-4 et 480).

Le Receveur pour le compte duquel le recouvrement
a été effectué, consigne l'article au *Sommier N° 1,* et *toujours à l'exercice courant* (V. N° 11) ; en porte le montant en recette *(V. N° 12)* et complète, de la manière
indiquée au N° 69, l'opération de virement commencée
par son collègue.

1. REPORT AU SOMMIER DES DÉCOUVERTES D'UN ARTICLE DU SOM
MIER N° 1. — Le Receveur *du domicile* qui aura consigné à tort au
Sommier N° 1 un article dû par un débiteur *solvable* (V. N° 11),
en fera figurer le montant sur l'*Etat des droits constatés de fin
d'année* dans la colonne : *Reste à recouvrer au 31 décembre* (V. N°
414) et sur l'*Etat des restes à recouvrer au 30 avril suivant* (V.
N° 475). Lors de l'examen de ce dernier état, le Directeur prescrira
le report de cet article au *Sommier des découvertes* et se fera adres-

ser par le Receveur, pour être annexées à l'*État des restes à recouvrer*, des copies certifiées de cette consignation et de la lettre qui l'a autorisée.

Si l'article a été recouvré par virement : *Voir* N° 13.

14. Recouvrement d'un article des Surséances. — Si le Receveur du bureau du domicile est en même temps celui du bureau établi près de la juridiction qui a prononcé la condamnation, l'article des surséances recouvré est reporté au *Sommier des droits constatés N° 1*, où il est aussitôt annulé avec référence à l'article de recette effectuée au registre à souche des droits constatés.

1. Si le redevable n'est pas domicilié dans le ressort du bureau de la juridiction qui a prononcé la condamnation, le Receveur du bureau du domicile qui recouvre un article de *Frais d'assistance judiciaire* précédemment reporté aux *Surséances*, se borne à en faire recette *par virement* pour le compte de son collègue placé près de la juridiction devant laquelle l'assistance a été admise (*V. N° 11*) et à annuler l'article du Sommier des surséances (*Inst. 2166*).

Puis il consigne, *s'il y a lieu*, à son *Sommier N° 1* (col. 18), le montant des frais des actes de poursuites et des inscriptions hypothécaires qui avait été également reporté aux surséances, en fait recette au *Registre à souche* sous le titre : *Recouvrements de frais de poursuites et d'instances*, et le classe au *Sommier de Comptabilité Page 42, N° 490*, sous le même titre (*C. C. 4 janvier 1864, N° 109-3*). Les salaires dûs aux Conservateurs leur sont transmis au moyen d'un virement (*V. N°s 66 à 68*).

15. Poursuites. — Si le recouvrement *amiable* n'a pu être obtenu par le Receveur *du domicile*, le Receveur *placé près de la juridiction qui a prononcé la condamnation aux dépens* s'assure de la solvabilité du débiteur et fait signifier l'exécutoire avec commandement de payer. En cas d'opposition, l'instance est instruite et jugée dans les formes tracées par l'art. 65 de la loi du 22 frimaire an VII (*Inst. 3060 p. 22 ; R. E. 3681*).

Mais si l'exécutoire est incomplet et qu'il n'ait pas été possible d'obtenir un exécutoire complémentaire, il faut agir par voie de contrainte signifiée avec l'exécutoire, par un seul et même exploit.

1. Bureau compétent. — Les Inst. 2166 et 2720-82 n'ont pas modifié les règles en vertu desquelles les frais sont dus au bureau du siège du tribunal *qui a prononcé la condamnation*. C'est donc le Receveur de ce bureau qui, à la diligence du Directeur de son département, et conformément à ses instructions, doit poursuivre le recouvrement de ces frais (*Sol. 11 septembre 1897 et 21 avril 1899; Revue pratique 4428 et 4692 ; Revue 111 et 137 N° 36*).

L'intégralité des frais est, dans ce cas, consignée sur le *Sommier N° 1* du Receveur qui exerce les poursuites, auquel le titre doit être retourné (*V. N° 11-1*). Au vu du certificat constatant cette consignation, le *Receveur du domicile* annule immédiatement l'article du *Sommier des découvertes*, ou fait annuler *en fin d'exercice* l'article du *Sommier N° 1* (V. N° 13, 2° alinéa).

C'est toujours au Receveur qui a avancé les frais des inscriptions *(V. N° 477)* et des autres actes conservatoires, qu'incombe le soin d'en recouvrer le montant ou d'en provoquer la régularisation, sans pouvoir en demander le remboursement au Receveur auquel il a renvoyé l'exécutoire et la copie de l'article ouvert au *Sommier des Opérations de trésorerie*, dans les cas prévus au N° 11-1 ci-dessus. S'il recouvre ces frais, le Receveur du *nouveau domicile*, ou celui *qui exerce les poursuites*, en fait parvenir le montant à son collègue au moyen d'un virement ; si le débiteur est insolvable, il lui adresse un double du certificat d'indigence qui justifiera la demande de régularisation des frais *(V. N° 324 ; Revue pratique 4545 ; Revue 96).*

2. Jugement par défaut. — Les poursuites ne peuvent être exercées qu'après qu'il a été signifié *(Inst. 3060 p. 9 ; Revue pratique 3147 : J. E. 24650, 24666, 24874 25102. 26164).*

3. Procédure de saisie arrêt. — V. I 2875.

16. Opposition. — Si l'opposition à un acte de poursuite contient assignation de l'Administration devant un tribunal autre que celui qui a rendu le jugement, elle doit être considérée comme nulle et non avenue *(Muret 23 février 1887-J. E. 22919 ; Seine 31 décembre 1892).*

17. Assistance judiciaire. Recouvrement partiel. Imputation. — La solidarité ne se présume pas ; il faut qu'elle soit nettement indiquée dans le jugement de condamnation.

Les dépens auxquels ont été collectivement condamnés des débiteurs *non solidaires* se divisent en *parties égales* et non proportionnellement au montant des condamnations prononcées contre chacun d'eux.

Si l'un des débiteurs *non solidaires* se libère *en une seule fois de l'entière fraction à sa charge*, la somme versée doit être répartie *proportionnellement* entre le Trésor et les officiers ministériels. *Exemple :* Les frais d'une instance en pension alimentaire imposée à 4 enfants dans la proportion de 100 fr. au 1er ; 80 fr. au 2e ; 50 fr. au 3e et 20 fr. au 4e, s'élevant à 60 fr. *(20 fr. dus au Trésor et 40 fr. aux officiers ministériels)*, la part de chaque enfant sera de 15 fr. *(1/4 de 60 fr.).* Les 15 fr. versés par l'un des débiteurs seront attribués pour 5 fr. au Trésor et 10 fr. aux officiers ministériels *(Sol. 2 Juillet 1868-R. P. 2985 ; Garnier V° Assistance judiciaire N° 74).*

Citons, toutefois, un jugement de St-Jean de Maurienne du 29 novembre 1889 *(R. P. 7383)* d'après lequel la division des dépens entre plusieurs adversaires de l'assisté doit s'opérer selon leur part virile ou l'importance de l'intérêt de chacun dans la cause.

Le Trésor n'a de préférence sur les autres ayants-droit *(L. 22 janvier 1851, art. 18)*, que si l'un des redevables ne verse qu'un acompte sur sa dette *(V. N⁰ˢ 6 et 6-1)*. Dans ce cas, l'acompte est imputable, en vertu de la disposition précitée, sur la somme revenant au Trésor dans la portion des dépens dont est tenu le débiteur qui ne s'est libéré que partiellement *(Sol. 4 mai 1893 ; Revue pratique 3575)*.

Lorsque la condamnation prononcée contre l'adversaire de l'assisté ne comprend qu'une partie des frais exposés en faveur de celui-ci, la perte qui en résulte doit être supportée proportionnellement par le Trésor et par les officiers ministériels *(Sol. 25 août 1893-R. E. 637 ; J. E. 24332), à consulter* en cas de recouvrement *partiel.*

18. TUNISIE. — *Assistance judiciaire — Enregistrements et visas en débet — Avances de frais — Recouvrements des droits et des frais avancés en France :* — Voir Circulaire 23 Août 1901, N° 187-2 ; Circulaire 16 Août 1905, p. 20 et suivantes ; Circulaire 10 juin 1907, p. 5.

19. ALIÉNATION D'IMMEUBLES - CONSIGNATION DU PRIX ET DES INTÉRÊTS. — Le prix *intégral* doit être consigné au *Sommier N° 2*, à l'exercice de l'année pendant laquelle la vente est faite, sauf report aux exercices suivants de la partie qui reste à recouvrer *(C. C. 25 décembre 1897 N° 100-9 ; Inst. 2618-21 ; Revue 17-1)*.

Les intérêts sont consignés *au moment même où ils sont liquidés et recouvrés ; ils sont portés en recette au titre Aliénations d'immeubles et toujours à l'exercice courant.*

Pour le calcul des intérêts et l'imputation des paiements : *Voir Inst. 2618-16-17 et pages 116 et suivantes ;* pour le taux de l'intérêt : *Voir C. C. 26 Octobre 1900, N° 183-1, I 3510,* pour les frais de vente et le tarif des droits d'enregistrement : *Voir N° 362.*

20. SUCCESSIONS EN DÉSHÉRENCE. — Toutes les recettes relatives à ces successions doivent être faites, *quelle que soit la situation des biens,* par le Receveur des Domaines établi *près le tribunal de 1ʳᵉ instance* dans le ressort duquel elles se sont ouvertes, *ou par virement pour son compte* (Inst. 2602-13).

Le montant *intégral* des sommes encaissées, *sans déduction du 5 % pour frais de régie* (V. N° 227-7) est porté en recette au titre « *Successions en déshérence* » et inscrit à l'actif du compte ouvert (*Inst. 2602-65, 3147 et 3158 ; C. C. 28 février 1900, N° 182-V. A. ; Revue 7*).

1. ACCROISSEMENT DU DROIT DE DÉSHÉRENCE DE L'ETAT. — COMPÉTENCE DES DIRECTEURS. — V. I. 3476 § II, 3656 n° 5, et 3658.

2. TITRES AU PORTEUR DÉPOSÉS A LA CAISSE CENTRALE DU TRÉSOR PUBLIC. — ENCAISSEMENT DES ARRÉRAGES. — C. C. 21 décembre 1910. Revue article 242.

3. VENTE DU MOBILIER. — Le Receveur de canton qui a procédé à la vente du mobilier dépendant d'une succession en déshérence en transmet le montant, *déduction faite des droits de timbre et d'enregistrement* du procès-verbal (*V. N° 347 ou 349*) à son collègue du chef-lieu de son arrondissement, *au moyen d'un virement* (V. N° 66 à 68). Puis il fait dépense, *toujours par virement*, du montant des frais de la vente, et il joint au bordereau (*V. N° 302*) toutes les pièces justificatives *(V. N° 227-6).*

21. CONTUMACES. — Les Receveurs trouveront dans l'Inst. 2587 tous les renseignements relatifs à la gestion des biens des contumaces, laquelle nécessite des opérations nombreuses et délicates qui peuvent engager la responsabilité de l'Etat. Cette Instruction est suivie d'un sommaire alphabétique des matières destiné à faciliter les recherches (Voir aussi : *Inst. 2925-8 et 2939-9 et les N°ˢ 229 et 247).*

Les frais payés par les Receveurs à titre d'avances à charge de recouvrement ou de régularisation ultérieure *(I. 2587, p. 34, 2ᵉ alinéa),* sont portés en dépense au *Sommier de comptabilité* sous le titre : *« Frais de poursuites et d'instances concernant l'Administration de l'Enregistrement. »*

CONTUMAX ACQUITTÉS. — EXONÉRATION DES FRAIS. — V. I. 3597 (Revue Art. 298).

BIENS CONFISQUÉS EN EXÉCUTION DE LA LOI DU 14 NOVEMBRE 1918. — La recherche de ces biens se fait dans les mêmes conditions que celles prévues pour les biens des contumax. *(V. I. 3583. Revue, art. 290).*

Nota important. — Le montant *brut* des sommes encaissées, *sans déduction du 5 0/0 pour frais de régie,* doit être porté en recette au titre *« Epaves et biens vacants »* et inscrit au compte ouvert *(V. N° 227-7 ; Inst. 2587-36 ; Revue 7).*

22. RÉSULTATS DE VÉRIFICATION DE RÉGIES. — Il ne doit être consigné au *Sommier N° 2* et porté en recette au *Registre à souche,* sous le titre ci-dessus que le montant des erreurs provenant des *Opérations budgétaires* sauf le cas où ces erreurs portent sur des *Droits et produits constatés* (1) ou ont été commises au préjudice des *Pensions civiles* (2). (Inst. 2721-147).

S'il s'agit d'*Opérations de trésorerie*, la somme reversée est portée en recette au titre qu'elle concerne *(Pages 52 à 55 du Sommier de Comptabilité)*.

Voir C. C. 2 janvier 1899, N° 180-XII ; Inst. 2721-177.

23. Comptables hors de fonctions. — En principe, les sommes dues par les comptables *qui ont quitté l'Administration* ou par leurs héritiers, pour *Résultats de vérification de régies*, doivent être versées à la Recette des finances *(Inst. 2721-147)*.

Mais on peut, dans un but de simplification, *et à la condition que le comptable ou ses représentants y consentent*, opérer comme si le comptable était en fonctions. *(Sol. 27 décembre 1888 qui a autorisé la recette au titre : Résultats de vérification de régies, du reliquat (221,85) dû par les héritiers d'un Receveur)*.

24. Intérêts moratoires. — Les comptables ne doivent porter ces intérêts en recette *que sur l'ordre écrit du Directeur*. Pour le calcul et le taux : *Voir C. C. 26 octobre 1900. N° 183-I ; 26 janvier 1901, N° 184-V et 23 août 1901, N° 187-I*.

25. ABONNEMENTS AUX INSTRUCTIONS. — Les agents de l'Administration ont, *seuls*, la *faculté* de s'abonner aux *Instructions*. Chaque Receveur porte en recette au *Registre à souche des droits constatés*, et après consignation au *Sommier N° 2*, le prix de son abonnement et de ceux des agents de tout grade en résidence dans la circonscription de son bureau *(Inst. 2782 ; 2849 p. 1 nota)*. Cette recette est, à la fin du mois, classée au *Sommier de Comptabilité* parmi les « *Recettes d'ordre* » sous le titre « *Abonnements aux instructions et circulaires* ». (Art. 492).

L'état faisant connaître les noms, qualités et domiciles *des agents* abonnés, la somme payée, la date et le N° de la recette, doit être adressé à la Direction *le 11 Décembre*.

---

(1) La consignation est faite au sommier N° 1, N° 2 ou N° 3, *s elon la nature des droits*, et la quittance à souche *(timbrée si elle dépasse 10 fr.)* est épinglée au procès-verbal de vérification.

(2) L'extrait de la recette faite au *Registre de dépenses* est annexé au procès verbal de vérification.

Le prix actuel de l'abonnement, fixé par l'inst. 3654, est de 5 fr.

Les Receveurs ne doivent plus encaisser le prix des abonnements des *particuliers* au Tableau du cours moyen de la Bourse *(Inst. 2903 et dernière page de ce Tableau)*.

26. Recouvrements de frais de justice. — Il faut classer à ce titre (aux « Recettes d'Ordre », page 42 du *Sommier de Comptabilité*) :

1° les *frais de justice* que l'Administration est chargée de recouvrer *(Inst. 2386, 2474, 2501-5 ; Revue 88-III et V)* y compris les 0,10 alloués aux greffiers pour chaque *relevé* de jugement portant condamnation *par défaut* à des amendes de procédure civile. *(Inst. 2590, qui indique les mesures à prendre pour éviter la péremption des condamnations par défaut)* ;

2° les sommes *revenant au Trésor* dans les affaires d'assistance judiciaire *(V. N⁰ˢ 12 et 124 ; Revue 42-II, 43, 55 et 85-V)* et les frais *de mise en liquidation des biens des congrégations (I. 3092 p. 3)*.

3° les droits de timbre et d'enregistrement des actes signifiés en France en exécution des décisions du bureau d'assistance judiciaire de Tunis *(C. C. 23 août 1901)*.

4° les recouvrements d'avances en matière de faillite *(V. N⁰ 130)* ;

5° les frais de justice en matière de recrutement *(V. N⁰ 368)* ;

6° les droits de timbre et d'enregistrement des actes des procédures devant les prud'hommes *(V. N⁰ˢ 229 et 320)* Pour l'exercice : *(V. I. 1958)* ;

7° les reversements de sommes indûment avancées en matière *d'assistance judiciaire, d'accidents du travail, de faillite et de mise* en liquidation *des congrégations (C. C. 31 mars 1903, N⁰ 196-I ; Inst. 2969-2 et 3052-1 et 11 ; V. N⁰ 127 ; Revue 89)*.

27. Recouvrements de frais de poursuites et d'instances. — Doivent être classés à ce titre (page 42 du *Sommier de Comptabilité*) :

1° le coût des *extraits* des jugements prononçant des amendes concernant le notariat ou la procédure civile *(V. N⁰ 186 ; Revue 88-III)* et de ceux rendus dans les matières qui sont de la juridiction des prud'hommes *(V. N⁰ 229 ; Inst. 3121)* ;

2° les frais de poursuites et d'instances recouvrés *après qu'ils ont été reportés aux surséances* (V. N⁰ˢ 14-1, 321, 323, 324, 328 et 330).

28. Frais de manipulation. Echanges de papiers timbrés. — Voir Inst. 2299 ; Circ. 24 décembre 1863, I. 3678, 3697 § II.

28 bis. Produits divers du Budget (page 44 du *Sommier de Comptabilité*).

1. TAXES SUR LES BAUX DE CHASSE ET DE PÊCHE. — Voir I. 3636 § 3 et 3720 § 10. Revue art. 312.

2. Taxes spéciales pour « Immatriculation au Registre du Commerce ». — Dépôt des marques de Fabrique ou de Commerce et inscription sur le Registre des marques de Fabrique. — Voir I. 3569, 3660. Revue art. 305, 327.

Pour les pénalités, l'avance et le recouvrement des frais de procédure, voir l'I. 3660, Revue art. 342.

3. Taxe au profit de la Caisse des monuments historiques. — Frais d'administration et de perception. — Voir I. 3721 § 36 ; C. C. 5 août 1922 § 1 ; Revue art. 346

OPÉRATIONS DE TRÉSORERIE

29. ADMINISTRATION DES POSTES. — Remboursement des ports de lettres, etc. — Titre de recette supprimé *(Revue 151. C. C. 10 juin 1907)*. V. N° 47.

30. SUCCESSIONS VACANTES. — Tout ce qui se rattache aux successions vacantes rentre dans les attributions exclusives des Receveurs des Domaines établis près les *tribunaux de première instance* dans le ressort desquels elles se sont ouvertes, *quelle que soit la situation des biens* (Inst. 219, 1235 et 2598). C'est donc à la caisse de ces Receveurs que doivent être versés, *directement ou par virement,* (1) les produits des successions vacantes *(Inst. 2598-29-31)*, à l'exclusion du prix d'adjudication d'immeubles qui peut être payé directement aux créanciers, ou doit être versé par l'acquéreur, *sans l'intervention du Receveur*, à la Caisse des Dépôts *(Inst. 2598-18)* et du prix de vente de meubles *saisis avant l'ouverture de la sucession* (J. E. 26895).

Le prix de vente de meubles saisis à la requête d'un créancier privilégié, lorsqu'il y a contestation sur la distribution du produit de cette vente, doit être consigné directement à la Caisse des Dépôts et Consignations, sans l'intermédiaire du Receveur des Domaines, par l'Officier ministériel qui a procédé à la vente *(I. 3390 § 11)*.

La mission des curateurs en matière de recouvrements, est déterminée par l'Inst. 2598-19 *(Barbézieux, 9 mai 1904, qui ordonne le reversement d'honoraires exagérés prélevés par le curateur* — Revue 124). Ces derniers sont tenus de remettre aux Receveurs, à l'appui des versements qu'ils effectuent, un compte détaillé *(sur timbre —* L. 13 brumaire an VII Art. 1 et 12), accompagné des pièces justificatives des recettes et des dépenses *(Inst.*

---

(1) Par exception le bordereau constatant la recette par *virement* doit être transmis *d'urgence* et *directement* au Receveur compétent, tenu de faire *immédiatement* à la Caisse des Dépôts le versement prescrit. *(I. 2598-31)*.

2598-27 et 28). S'il y a lieu d'exercer des poursuites contre un curateur : V. Inst. 2598-39.

1. CINQ POUR CENT. — QUITTANCE. — Les Receveurs consignent et portent en recette de la manière indiquée dans l'exemple du N° 31, ci-après, le montant du 5 0/0 sur l'intégralité de la somme versée Le 5 0/0 n'est dû que sur les sommes matériellement encaissées, à l'exclusion de celles versées *directement* à la Caisse des Dépôts *(R. E. 2745-III)*. Il doit être restitué si les sommes versées sont ultérieurement reconnues appartenir à des tiers *(Inst. 3080-39)*.

La recette du 5 0/0, effectuée *par prélèvement* sur les sommes encaissées, ne donne lieu à la *délivrance* d'aucune quittance. La formule de quittance doit donc rester adhérente à la souche, sans apposition de timbre. *(Conf. I. 2794 § 6)*.

31. Consignation et recette. — Exemple. — Supposons qu'un curateur verse une somme de 96 fr. 25. Le Receveur consignera au *Sommier des Opérations de trésorerie* cette entière somme de 96,25, sans déduction du 5 % ni du timbre à apposer sur la quittance *(Revue 34 et 44)* et la portera immédiatement en recette au *Registre à souche des droits constatés* (dernière colonne intitulée : *Opérations de trésorerie)* ci......................... 96.25

Il consignera ensuite au *Sommier N° 2*, le 5 % calculé sur cette somme de 96 fr. 25, soit **4 fr 82** pour 4 fr. 8125 *(le centime doit être forcé dans tous les cas* — Inst. 2345-3) et en fera recette au *Registre à souche*, soit dans la même case que la somme versée par le curateur, soit dans la case suivante, ci............   4.82

Le 5 0/0 sera tiré hors ligne dans la colonne du *Registre à souche* intitulée : *Sommier N° 2 (Exercice courant)* puis classée, à la fin du mois, à la page 42 du *Sommier de Comptabilité* en regard de l'Art. 495.

Le total de la recette s'élèvera donc à....... 101.07 bien que le curateur n'ait réellement versé que 96 fr. 25.

On trouvera au N° 266 l'explication de cette différence ainsi que le mode de versement des sommes recouvrées. *Ce versement doit être fait le jour même de la recette, ou le lendemain au plus tard.* Les recettes faites le 31 Décembre doivent être versées le même jour *(Inst. 2065)*.

1. QUITTANCE-TIMBRE. — Le timbre de la quittance est payé par le curateur, par prélèvement sur la somme qu'il doit verser.

Il faut donc considérer, dans l'exemple ci-dessus, que le curateur devait verser 96 fr. 50 sur lesquels il a retenu 0 fr. 25 coût du timbre quittance. La quittance qui lui est remise lui sert, du reste, de justification d'un versement de 96.25

Timbre quittance 0.25

Total........... 96.50

32. CAUTIONNEMENTS DE PERSONNES A REPRÉSENTER EN JUSTICE. — Ils sont versés à la Caisse du Receveur des actes judiciaires placé près le tribunal qui en a déterminé le chiffre *(Inst. 1235)*. Le versement peut, toutefois, être effectué à la caisse du Receveur placé près le tribunal du domicile du prévenu *(Sol. 6 août 1875)*. Il a lieu sur la production d'une expédition ou d'un extrait de l'ordonnance de mise en liberté, ou, en cas d'urgence, d'un certificat du Juge d'instruction ou du Procureur, constatant l'existence de cette ordonnance et le montant du cautionnement. Ces pièces, *sujettes au timbre*, doivent indiquer la somme affectée : *1° à la représentation de l'inculpé ; 2° au paiement, dans l'ordre suivant : 1° des frais faits par la partie publique ; 2° de ceux avancés par la partie civile ; 3° des amendes (Inst. 2331)*. Le certificat du Juge peut être sur papier libre ; le Receveur le timbre et perçoit le droit au moment du versement *(Inst. 2363)*.

Ces recettes, *qui ne sont pas passibles du prélèvement de 5 % pour Frais de régie*, doivent faire l'objet d'une consignation au *Sommier des Opérations de trésorerie*, et d'une recette au *Registre à souche des droits constatés*.

Pour la dépense : *Voir le N° 266*.

33. Retrait du cautionnement confisqué au profit du Trésor. — *Voir Inst. 2535-7*.

34. PRIX DE VENTE D'EFFETS MOBILIERS DÉPOSÉS DANS LES GREFFES. *(Inst. 1275, 1812, 2066, 3247)*. — Il est fait recette à ce titre du prix de vente d'effets mobiliers *déposés* dans les greffes à l'occasion de procès civils ou criminels. *Il ne doit pas être exigé des adjudicataires 7,50 % en sus du prix de vente* (Sol. 21 Août 1897 — J. E. 25361).

Les objets *confisqués* appartiennent à l'Etat et doivent être vendus pour son compte. Les règles tracées ci-après, au titre : *Avances — Frais de vente de mobilier de l'Etat* (V. N° 344), leur sont *rigoureusement* applicables.

Si les effets *déposés* sont vendus en même temps que des objets *confisqués*, ils peuvent être compris dans le même procès-verbal de vente, *mais il faut avoir soin de mettre aux enchères et de faire adjuger séparément les effets provenant de chaque condamné ou de chaque procès*, afin que dans l'état qui doit être produit à l'appui du versement à effectuer à la Caisse des Dépôts (V. N° 267) les recettes applicables à chaque article puissent être distinctement établies *(Inst. 1275)*.

35. Frais. — Sur le produit brut des ventes, les Receveurs prélèvent les frais de transport et d'inventaire estimatif, les frais d'affiches et de criées, *et les droits de timbre et d'enregistrement.* Si la même vente comprend des objets *confisqués* et des objets *déposés,* le total des frais est réparti proportionnellement au produit de la vente de chaque nature d'objets *(V. N° 272).*

36. Consignation. Recette. — La consignation du produit des ventes d'objets *déposés,* est faite au *Sommier des Opérations de trésorerie,* d'après l'exemple suivant :

Produit *brut* de la vente.......................   80   »

A déduire les frais de vente *ainsi que les droits de timbre et d'enregistrement du procès-verbal*   6   »

Reste net à consigner au *Sommier des Opérations de trésorerie*   74   »

Cette somme de 74 fr. est tirée hors ligne dans la colonne du *Sommier* qu'elle concerne, portée en recette au *Registre à souche des droits constatés* et classée, à la fin du mois, à la page 52 du *Sommier de Comptabilité,* N° d'ordre 3.

37. — Cinq pour cent. — Mais, comme *le produit brut* des ventes de cette nature est soumis à la retenue de 5 % pour frais de régie, le Receveur doit, en outre, consigner au *Sommier N° 2,* et porter en recette au *Registre à souche des droits constatés,* au titre : *Frais d'administration et de perception,* (Page 42 du *Sommier de Comptabilité),* la somme de 4 fr. montant du 5 % de 80 fr. *produit brut* de la vente *(V. N° 267 infrà, et C. C. 10 Janvier 1859 N° 101-8).*

Pour le calcul de ce 5 % le centime doit être forcé dans tous les cas *(I. 2345-3).*

38. Deniers comptants. — Les deniers comptants *confisqués* sont portés en recette au titre : *Aliénations d'objets mobiliers* (p. 40 du *Sommier de Comptabilité)* ; ceux *simplement déposés,* sont versés à la Caisse des Dépôts, *sous déduction de 5 % pour frais de régie* (Inst. 1375 et 2045 ; V. N° 270-1).

39. Titres. — Ils sont déposés à la Caisse des Dépôts *(Inst. 2343).*

40. Objets d'or et d'argent. — Il est indispensable, *avant* *de les mettre en vente,* d'en faire vérifier le titre au bureau de la garantie. Les droits payés à cette occasion sont passés en frais de vente *(Inst. 969. Voir N° 35).*

41. PRODUIT DE LA VENTE DES BESTIAUX SAISIS DANS LES BOIS DES PARTICULIERS. — La vente est faite en vertu de l'ordonnance du Juge de paix, comme s'il s'agissait d'un animal épave *(V. N° 226).* Le produit *net,* calculé comme celui des *Ventes d'effets déposés dans les greffes* (V. N° 36), est porté en recette au *Registre à souche* et reporté, à la fin du mois, à la page 52 du *Sommier de Comptabilité,* N° d'ordre 4-C (C. 12 décembre 1835 N° 38).

Pour la dépense : *Voir le N° 274.*

42. DOMMAGES-INTÉRÊTS EN MATIÈRE DE REQUÊTE CIVILE. — *Voir l'Inst. 2391 § 3.*

43. FONDS DE GARANTIE. — ACCIDENTS DU TRAVAIL. — Les Receveurs classent à ce titre les perceptions spéciales au *fonds de garantie* prises en charge dans les conditions déterminées par la circulaire du 20 Février 1908.

Les recettes sont effectuées au *Sommier des opérations de trésorerie* et donnent lieu à la délivrance de quittances extraites du registre à souche correspondant. Ces quittances sont exemptes de timbre *(L. 9 Avril 1898, Art. 29).*

1. BASE DE LA CONTRIBUTION — TAUX — PERCEPTION — MODE ET ÉPOQUE DES PAIEMENTS — BUREAUX CHARGÉS DE LA RECETTE — MANUTENTION — PÉNALITÉS — CONSIGNATIONS, etc...

Voir Etude parue sous l'Art. 217 de la Revue Deltour : I. 2968-3012-3013-3084-3169 ; 3216 ; 3232 ; 3274 ; 3284 ; 3302 § 22 ; 3361 ; 3417 ; 3704 ; Circ. 20 février 1908.

2. ALGÉRIE. — Voir C. C. 5 Août 1922 § II.

44. Fonds spécial de prévoyance des blessés de guerre victimes d'accidents du travail. — *Voir I. 3503 ; 3671 § 4 ;* C. C. 14 septembre 1918.

45. ASSISTANCE JUDICIAIRE. — Les Receveurs font recette à ce titre, *et selon les règles tracées aux N°s 12 et 17 suprà,* des sommes qu'ils recouvrent pour le compte des officiers ministériels, auxquels elles sont remboursées d'après le mode indiqué au N° 278.

1. RESTITUTION DE SOMMES INDUMENT PERÇUES. — Voir N° 127.

46. Prescription. — Le délai de 10 ans accordé pour le recouvrement court du jour du jugement qui prononce la condamnation aux dépens *(Inst. 2969-1 ; R. E. 3768)*.

47. ÉTABLISSEMENTS D'ALIÉNÉS. (Pensions et frais de visites recouvrés). — L'Administration n'est plus chargée du recouvrement des frais de pension d'aliénés. *I. 3689 ; 3697 § IV.*

48. PRODUIT DE L'ALIÉNATION D'IMMEUBLES MILITAI-RES, A CLASSER. — Voir. Circ. 31 décembre 1890.

49. PRODUIT DE LA VENTE DE MATIÈRES PROVENANT DU MINISTÈRE DE LA GUERRE, A CLASSER. — Voir Circ. 15 janvier 1898, page 18, 2° ; et Circ. 4 août 1909, page 6, IV.

50. RECETTES A CLASSER. — Ce *compte d'ordre*, créé par la circulaire du 8 février 1899 § XI, est destiné à recevoir l'inscription des « sommes qui pour un motif quelconque n'ont « pu recevoir immédiatement leur affectation définitive » — (Voir l'exemple cité sous l'Art. 212 de la Revue).

Les Receveurs agiront prudemment en n'utilisant ce compte que sur l'autorisation spéciale de la Direction.

Pour l'*application* ou le *remboursement* voir N° 284.

51. CHÈQUES REÇUS EN PAIEMENT DE DROITS ET PRIX DE VENTE. — Voir Circ 29 juillet 1916. Revue Deltour, art. 280 § II. (N° 536 ci-après).

52. TAXES ADDITIONNELLES PERÇUES POUR LE COMPTE DE LA VILLE DE PARIS. — Les Receveurs classent sous ce titre les recettes qu'ils effectuent conformément aux règles de perception tracées par l'Instr. 3041 *(Circ. 6 Mars 1901 et 17 Décembre 1908)*.

Pour la dépense voir N° 286.

53. RECOUVREMENTS POUR LE COMPTE DES RECEVEURS DE L'ALGÉRIE. — Voir N° 306.

54. RECOUVREMENTS POUR DES TIERS. — Doivent être classées sous ce titre les recettes suivantes :

1. ADMINISTRATION DES POSTES — REMBOURSEMENT DU

PORT DES LETTRES ET PAQUETS EN MATIÈRE CRIMINELLE (Circ. 10 juin 1907, p. 5) ;

2. RECOUVREMENTS POUR LE COMPTE DU TRÉSOR FRANÇAIS A TUNIS (même circulaire) ;

3. FRAIS DE PRODUCTION REVENANT AUX AVOUÉS (même circulaire);

4. DROITS DE RÔLE D'EXPÉDITION DES PROCÈS-VERBAUX D'ADJUDICATION DU DROIT DE CHASSE ET DE PÊCHE DANS LES RIVIÈRES NAVIGABLES ET FLOTTABLES NON CANALISÉES. (Circ. 30 décembre 1909 § II) ;

5. PRIX DE VENTE DES PUBLICATIONS DU GOUVERNEMENT PAR LES COMPTABLES DES ADMINISTRATIONS FINANCIÈRES. (I. 3735. C. C. annexée § IV);

6. RETENUES SUR LES PETITS SALAIRES ET PETITS TRAITEMENTS. (C. C. 3 juin 1922) ;

7. RETENUES POUR OPPOSITIONS SUR MANDAT DE DÉPENSES PUBLIQUES OU TRAVAUX. (C. C. 15 novembre 1922 § IV).

Pour les *dépenses* concernant ces articles, voir N° 288.

55. COMMIS DE L'ENREGISTREMENT. L/C DE VERSEMENTS A LA C. N. R.

Voir l'Art. 251 de la Revue Deltour.
(Loi du 27 février 1912. Arrêté ministériel du 2 avril 1912). *I. 3343.*

56. PRÉLÈVEMENTS EXERCÉS SUR LES SALAIRES ET REMISES DES CONSERVATEURS.

Voir les Art. 314 et 344 de la Revue Deltour.
(*I. 3614*, p. 7. Circ. du 1er février 1922 §§ III et IV).

57. FONDS COMMUN GÉNÉRAL ;
SÉQUESTRE DES BIENS D'ANCIENS ÉTABLISSEMENTS ECCLÉSIASTIQUES ;
FONDS COMMUN DIOCÉSAIN.

Voir Revue Art. 178 et suivants ; 193 ; 208.
I. 3197 - 3198 - 3227 - 3245 ; C. 6 Avril 1907 ; 20 Mars 1909 ; 3 Juillet 1909 ; C. C. 15 février 1911. — Nos 290 à 292 *infrà*.

58. LIQUIDATION DES CONGRÉGATIONS.

Voir I. 3295-3311. — Revue Art. 207, Nos 293, 369 *infrà*.

59. FONDS COMMUNS DE L'IMPOT SUR LE CHIFFRE D'AF-FAIRES.

> Voir N° 538 ci-après.

60. PRODUIT DE LA VENTE DE DENRÉES POUR LE COMPTE DU RAVITAILLEMENT.

> C. C. 20 Déc. 1919. — Revue Deltour, Art. 301.

61. BONS DE LA DÉFENSE NATIONALE.

> Voir N° 540 ci-après.

62. CAISSE DES MONUMENTS HISTORIQUES.

> I. 3721 § 36. C. C. 5 Août 1922 § I — Revue Deltour Art. 346.

63. CONSIGNATION DE SOMMES POUR LA DÉLIVRANCE DES CARTES DE COMMERCE.

> Voir I. 3741.

64. DROITS DE PLAIDOIRIE.

> Voir L 3721 § 9. C. C. 13 Novembre 1922. — Revue Art. 351.

65. FONDS DE SUBVENTION. REÇUS D'AUTRES COMPTA-BLES. — Lorsqu'un Receveur n'a pas les fonds suffisants pour acquitter une dépense assignée sur sa caisse, il en informe le Directeur, par lettre officielle, en lui exposant les motifs qui rendent une subvention nécessaire *(I. 971, 1198. 1221)*.

Les fonds de subvention ne doivent être demandés que dans les cas où ils sont indispensables *et ne peuvent être fournis qu'avec l'autorisation expresse du Directeur* (Inst. 1934).

Si le Directeur juge que la demande de subvention est fondée, il rédige une autorisation, sur un imprimé *modèle 511 ou 512*, et l'envoie au Receveur qui a besoin des fonds. Porteur de cette pièce, celui-ci se présente à la caisse du comptable désigné, se fait remettre la somme, remplit et signe le récépissé avec talon qui se trouve à la suite de la formule d'autorisation *et lui laisse la formule entière*, qui doit être produite à l'appui de la dépense.

Le Receveur auquel les fonds ont été fournis, en fait recette au *Registre à souche des droits constatés*, sans consignation préalable *au Sommier des Opérations de trésorerie* ; la somme reçue est tirée hors ligne *dans la dernière colonne*.

Pour la dépense : *Voir le N° 300.*

66. RECETTES PAR VIREMENTS. — Le Receveur pour le compte duquel une *dépense par virement* aura été faite, complètera de la manière indiquée au N° 302-2, l'opération commencée par son collègue.

Celui qui reçoit une somme pour le compte d'un autre bureau, la porte en recette au *Registre à souche* sous le titre : *Recettes par virements* et la tire hors ligne *dans la dernière colonne ;* il indique sur la souche le motif de la recette et le nom du bureau pour lequel elle est effectuée.

Cette recette ne nécessite aucune consignation sur un Sommier quelconque *et ne doit jamais comprendre le timbre de la quittance remise à la partie.* (V. N° 67).

Si la quittance n'est pas délivrée à la partie versante, comme en cas de représentation d'une première quittance timbrée (V. N° 6-1) la formule est coupée verticalement par le milieu, et le Receveur inscrit sur la moitié qui reste adhérente à la souche le motif pour lequel elle n'a pas été employée (Inst. 2386-2).

1. Recettes concernant l'Algérie. — Voir N° 306.

67. **Bordereau.** — Il dresse, le jour même de la recette, un bordereau *(papier bleu)*, qui en fait connaître la date, les motifs et le montant, *dans lequel il ne faut jamais comprendre le timbre apposé sur la quittance délivrée à la partie.* Il laisse en blanc la 2ᵉ partie de ce bordereau qui doit être remplie par le Receveur pour le compte duquel la recette est effectuée, et il détache, après l'avoir rempli, daté et signé, le talon qu'il produit, à l'appui de sa comptabilité mensuelle, enfermé dans une chemise N° 504 ayant pour titre : *Recettes par virements dans le département,* ou *hors du département.*

68. **Transmission.** — Le bordereau, *appuyé s'il y a lieu des pièces justificatives de la recette,* doit être adressé immédiatement à la Direction, qui l'enregistre et le transmet au Receveur qu'il concerne *(C. C. 33 ; 48-2 ; 58-5 ; 69-9).*

Toutefois, l'I. 2598-31 prescrit d'adresser *directement* au Receveur compétent le bordereau constatant une recette par virement concernant une succession vacante *(V. N° 30).*

69. **Dépense.** — En recevant ce bordereau, le Receveur pour le compte duquel la recette a été effectuée, en porte le montant en dépense au titre : *Dépenses par virements.* Puis, si la somme a pour objet des droits dus au Trésor, il en fait recette *au titre qu'elle concerne ;* si elle lui est due personnellement, il la retire de sa caisse.

Il remplit ensuite la déclaration qui se trouve à la

suite du bordereau, la date, la signe, et produit la pièce *entière* (dans une chemise N° 504, intitulée : *Dépenses par virement, etc.)*, à l'appui de sa comptabilité mensuelle.

70. Virements autorisés. — Les recettes par virements sont autorisées : *pour les résultats de vérification de régies, les compléments de remises, les intérêts de cautionnements, les appointements des employés, les sommes dues par l'Etat aux successions vacantes, les forcements et les suppléments de droits* ne comportant pas de déclaration des parties *(se faire représenter l'avertissement-C. C. N° 102-7)* ou d'indications spéciales nécessaires pour liquider régulièrement les sommes dues *(Sol. 7 février 1889), les frais d'assistance judiciaire* (V. N° 11) *et, en général, le montant des articles de droits constatés,* (à l'exception, d'après nous, des prix de vente d'immeubles , de ferme ou de loyer *(Inst. 3144-2 et 3161 ; Revue 117-1) ; les salaires des Conservateurs recouvrés sur les redevables, les sommes versées par les palefreniers des stations d'étalons* (Inst. 2217, 2221), *les reversements de frais indûment alloués en matière d'assistance judiciaire etc.* (V. N° 127) ; *les suppléments de taxe hypothécaire* (V. N° 379 ; Inst. 3082) ; *les recouvrements concernant la liquidation des biens des congrégations* (I. 3311, 3295) ; *les droits de plaidoirie perçus pour le compte d'un barreau autre que celui de la résidence du Receveur* (I. 3721 § 9 C. C. 13 novembre 1922).

Les Receveurs sont tenus d'encaisser *par virement* les produits forestiers dans les conditions indiquées par la Circulaire du 10 juin 1907 *(Revue Art. 153)*, ainsi que les redevances pour concessions temporaires du domaine public dans les conditions déterminées par l'Instruction 3239 p. 5.

71. Dates au-delà desquelles les virements ne doivent pas être faits. — Voir le N° 305 *infrà*.

AVANCES POUR DIVERS SERVICES

72. Le mode de recouvrement ou de régularisation de chaque nature *d'avances* est indiqué ci-après au titre correspondant de la *Dépense* (Nᵒˢ 313 et suiv.).

FONDS PARTICULIERS DU RECEVEUR

73. Si le total général de la *Dépense* excède, à la fin du mois, celui de la *Recette* augmenté *du restant en caisse au 31 décembre précédent* le Receveur établit la balance en versant dans sa caisse une somme *exactement égale à l'excédent des dépenses.*

EXEMPLE :

Total général de la *Dépense*, à la fin du mois   15.230 58

Restant en caisse au 31 décembre précédent 15 17

Total général de la *Recette*, à la fin du mois 15.186 60   15.201 77

Différence, à porter en recette au *Registre à souche des droits constatés* et à classer, *à la fin du mois*, à la page 54 du *Sommier de Comptabilité* sous le titre : *Fonds particuliers du Receveur* 28 81

Cette recette est faite sans ordre ni mandat, et ne nécessite aucune consignation sur les Sommiers.

Il ne doit exister *aucune* somme au « restant en caisse » à la fin du mois lorsque le bordereau de comptabilité de ce mois présente une *recette* au titre : « Fonds particuliers du Receveur ».

Voir au Nᵒ 371, le mode de remboursement.

Les versements de fonds particuliers dans la caisse étant interdits en principe, les Receveurs doivent éviter de se trouver dans la nécessité d'en faire, en réglant les dépenses d'après les valeurs qu'ils ont en caisse, ou en se pourvoyant, s'il y a lieu, de fonds de subvention *(V. Nᵒ 65).*

Si l'excédent des dépenses *à la fin de l'un des mois autres que celui de Décembre* est peu important, le Receveur peut, au lieu d'en verser le montant dans sa caisse, diminuer d'une somme *ronde* suffisante pour le couvrir, ses remises du mois *(V. Nᵒ 183)* sauf à augmenter de pareille somme celles du mois suivant.

DEPENSE

Dépenses étrangères à l'Administration

74. Payement direct des dépenses pour le compte des Percepteurs. — Dans les localiiés où il n'existe pas de Percepteur et même dans celles où il y a un Percepteur, *quand ce dernier est absent pour une cause réglementaire (tournées, versements, etc.),* les Receveurs de l'Enregistrement doivent payer pour le compte du Trésorier Général de leur département les mandats revêtus de son « *Vu bon à payer* », qui ne doit jamais être conditionnel.

Ces paiements ne peuvent être valablement effectués que sur la présentation, soit d'extraits d'ordonnance, de lettre d'avis ou de mandats délivrés au nom des créanciers, soit de toute autre autre pièce en tenant lieu.

L'accomplissement de ces conditions et la quittance *régulière* de chaque partie prenante suffisent pour dégager la responsabilité du comptable qui a effectué les payements *(Inst. 1663 ; 1714 ; 2354 ; 2699).*

Si des oppositions sont faites après l'apposition du *Vu bon à payer,* le Trésorier Général en fait immédiatement donner avis au Percepteur et à tous les Receveurs des revenus indirects de la localité où le paiement doit être effectué *(Inst. 2121).*

Les pièces justificatives sont retenues par le Trésorier ; les mandats ou titres de payement sont seuls représentés par les parties aux Receveurs.

1. Obligations du Receveur qui paie. — Avant de payer un mandat, le Receveur s'assure :

1° de la régularité du « Vu bon à payer » ;
2° de l'identité de la partie prenante ;
3° de la non péremption du mandat (Inst. 2699).

L'époque de péremption des mandats est toujours indiquée dans la mention imprimée à gauche de la formule.

Le Receveur doit remplir et signer sur chaque mandat la mention indicative du payement. La signature peut toutefois être suppléée par l'apposition d'une griffe portant : *Payé par le Receveur d...* (Inst. 2121 ; 2354 ; 2699).

Il a soin de n'acquitter les mandats qu'entre les mains des créanciers véritables ou de leurs ayants-cause, soit en les faisant signer en sa présence, soit en exigeant la justification des signatures qui ne lui sont pas suffisamment connues.

2. Versement des mandats payés. — Les mandats payés sont compris *pour comptant* dans le plus prochain versement (1). Ils ne doivent donner lieu, *dans aucun cas, à des versements exceptionnels et les Receveurs des finances sont tenus de les admettre, alors même que le versement en serait fait après l'expiration des délais règlementaires fixés selon la nature des services que ces pièces concernent.* La Circ. Comp. annexée à l'Inst. 2354 prescrit aux Trésoriers Généraux de faire figurer, dans ce cas, les pièces de dépenses au débit du compte « *Divers L/C de payements à régulariser* ».

Le *Vu bon à payer* ne doit pas être exigé lorsqu'il s'agit du payement des mandats d'indemnité de route délivrés à des militaires *(C. C. 26 Décembre 1860, N° 103-III)*.

75. Echange, contre du numéraire, des pièces de dépenses acquittées par les Percepteurs. — Les Percepteurs peuvent, en cas d'insuffisance de fonds, s'en approvisionner chez les Receveurs de l'Enregistrement en leur remettant, en échange du numéraire, des pièces de dépenses *précédemment acquittées sur les fonds de la perception* (Inst. 2354 et 2527).

1. Conditions de l'échange. — Cette faculté est subordonnée aux conditions suivantes :

1° Les Receveurs de l'Enregistrement ne sont tenus de fournir des fonds qu'aux Percepteurs de leur résidence et à ceux qui, sans habiter cette résidence, s'y trouvent en tournée réglementaire *(Inst. 2527)* ;

2° Les Percepteurs doivent remettre, à l'appui de leur demande de fonds, un bordereau détaillé, signé par eux, des mandats à échanger, *et les Receveurs doivent refuser comme étant irréguliers, ceux de ces mandats qui ne sont pas revêtus du timbre de la perception* (Inst. 2354) *et du visa préalable, soit du Trésorier Général, soit du Receveur des finances de l'arrondissement (C. C. 17 mars 1905 ; R. E. 3829 ; Circ. 16 août 1905, p. 26).*

Chaque opération d'échange accomplie dans le courant d'un mois, doit être appuyée d'un bordereau *spécial ; la délivrance d'un bordereau unique à la fin du mois est irrégulière.* Le total des bordereaux compris dans les versements doit être indiqué au *Registre de dépense* (Inst. 2721-54).

---

(1) *Si le Receveur est autorisé à effectuer ses versements à la caisse d'un Receveur des finances d'un* département *voisin,* ces mandats doivent faire l'objet de versements *spéciaux* à l'un des Receveurs des finances de son département *(Circ. 28 Déc. 1896 § 8).*

2. Versement des mandats échangés. — Les Rece-
veurs ne sont pas tenus de faire pour ces mandats, des
versements exceptionnels à la Recette des finances ; ils
les comprennent dans leur plus prochain versement. Il
leur est interdit de les restituer aux Percepteurs qui les
leur ont remis (*V. 4 ci-dessous*).

3. Responsabilité exclusive des Percepteurs. — *Les*
*Percepteurs restent seuls responsables de la régularité
des payements faits par eux, et, conséquemment, si des
pièces susceptibles de rejet sont versées par les Receveurs de l'Enregistrement aux Receveurs des Finances,
ceux-ci doivent néanmoins les admettre dans les versements et en délivrer récépissé, sauf à les mettre ultérieurement à la charge des Percepteurs qui les ont indûment
payées* (Inst. 2699).

4. Obligations du receveur. — L'échange doit être
opéré en une seule fois pour la même journée. Avant d'y
procéder, le Receveur examine : 1° *si les pièces de
dépenses sont acquittées* ; 2° *si elles ne concernent pas
les services communaux ou hospitaliers* ; 3° *si elles sont
accompagnées d'un bordereau détaillé, signé par le
Percepteur* ; 4° *si elles portent le timbre de la Perception* ; 5° *s'il y a identité entre les sommes dont elles
représentent le payement et celles qui figurent au Bordereau détaillé.*
Si les pièces échangées satisfont à ces conditions,
le versement doit en être accepté par le Receveur des
finances, alors même que le Percepteur aurait pris la
fuite quelques jours après l'échange (*Sol. Comp, 7 Sept.
1875*).
Le défaut d'apposition du timbre de la perception ne
peut justifier, non plus, le refus du versement. Mais les
Receveurs doivent ne fournir des fonds qu'aux Percepteurs *habitant leur résidence ou y venant en tournée réglementaire,* afin d'éviter le rejet, par les Receveurs des finances, de pièces qu'ils auraient indûment
admises (*Inst. 2527, d'après laquelle les échanges dont il
s'agit sont sans application aux Percepteurs des chefs-
lieux de département ou d'arrondissement*).
La délivrance de fonds ne doit être effectuée que
contre la remise des pièces de dépenses dûment acquittées. *Un simple bon présenté par le Percepteur ne saurait en tenir lieu* (*Sol. Comp. 8 septembre 1898*), et le
Receveur qui fournirait des fonds sur la présentation de
ce bon commettrait une irrégularité qui l'exposerait
à une mesure de sévérité. Toutefois, certains Percepteurs,
munis d'une autorisation donnée, une fois pour toutes,

*par le Trésorier général, ont la faculté de prélever, sous
certaines conditions, sur la caisse des Receveurs de l'Enregistrement, les fonds qui leur sont nécessaires pour
assurer le payement des dépenses publiques.* (C. C. 31
janvier 1923 § V. Voir N° 76-2 ci-après).

Il est interdit aux Receveurs de restituer aux Percepteurs les pièces de dépenses précédemment échangées
contre du numéraire. Ils doivent se procurer, comme
fonds de subvention *(V. N° 65)* les sommes qui leur de-
viendraient nécessaires *(C. C. 5 décembre 1907).*

5. BORDEREAU DES MANDATS ÉCHANGÉS. — V. N° 75-2°.

Rappelons que le *total* des bordereaux compris dans
un versement doit être indiqué au *Registre de dépense*
(V. N° 309 ; Inst. 2721-54).

**76. Fonds de subvention à fournir aux Percepteurs
sans pouvoir exiger, en échange, des pièces de dépenses acquittées.**

1. — La Circulaire de la Comptabilité publique en date du 20-31
décembre 1906, autorise les Percepteurs à se procurer auprès des
Receveurs des administrations financières de leur résidence les fonds
qui leur sont nécessaires, sans être tenus comme le prescrivent les
Inst. 2354 et 2527, de leur remettre en échange des pièces de dépenses précédemment acquittées sur les fonds de la perception.

Demande du percepteur. — Après s'être assuré, auprès du
Receveur, de la somme dont celui-ci PEUT DISPOSER et qui,
*à partir de ce moment, doit être immobilisée dans la caisse
de ce comptable au moins pendant un délai de quatre
jours,* le Percepteur remet au Receveur une lettre conforme au modèle annexé à la Circulaire du 20-31 décembre
1906, pour permettre à ce dernier de justifier, le cas
échéant, vis-à-vis de son Administration ou de l'Inspection Générale des Finances, un excédent de caisse résultant de la conservation des fonds promis.

Cette lettre, qui tient lieu de réquisition, doit être
datée et signée par le Percepteur *lui-même.* Elle est
conservée par le Receveur qui ne devrait la communiquer à la Direction, à l'appui de sa comptabilité mensuelle, que dans le cas où, par suite de l'immobilisation
dans sa caisse des fonds qu'il a promis au Percepteur, le
restant en caisse à la fin du mois serait anormal *(Voir Manuel N° 394).*

La Circulaire précitée appelle l'attention des comptables
sur ce point spécial que les sommes à mettre à la disposition des Percepteurs doivent être *calculées* de manière
à n'apporter aucun trouble dans le propre service de
payement du Receveur qui doit les fournir. Mais, com-

me elle dispose également que ces *sommes doivent être immobilisées dans la caisse du comptable qui les a promises au moins pendant un délai de quatre jours à partir de la date de la demande du Percepteur*, nous ne pensons pas qu'un Receveur puisse, *tant que ce délai de 4 jours n'est pas expiré*, employer la somme promise au payement d'une dépense assignée sur sa caisse. Il devrait plutôt se procurer à son tour des fonds de subvention (*Voir Manuel n° 65*).

Mandat du Receveur des finances. — Dès la réception de la demande que le Percepteur doit lui adresser, le Receveur des finances délivre sur le Receveur qui a promis les fonds, un mandat à vue extrait du livre à souches des mandats sur divers comptables, et *il avise ce dernier par l'envoi, sous enveloppe fermée et affranchie, d'une déclaration d'émission* (Circ. 20-31 déc. 1906 — Annexe n° 2).

Le mandat à vue est adressé par le Receveur des finances au Percepteur qui en touche le montant à la Caisse du Receveur désigné.

Versement du mandat du Receveur des Finances. — Le Receveur qui a fourni les fonds conserve le mandat du Receveur des finances comme numéraire en caisse et le comprend *pour comptant dans son plus prochain versement*. Ce mandat ne doit, dans aucun cas, faire l'objet d'un versement *spécial*. (Circ. 25 avril 1908 § II, Revue Art. 194).

2. — Les Percepteurs ont en outre, sous certaines conditions, la faculté de prélever *sans autorisation spéciale* du Receveur des Finances, sur la Caisse des Receveurs de l'Enregistrement, les fonds qui leur sont nécessaires pour assurer le payement des dépenses publiques.

Ces prélèvements ne doivent, toutefois, s'exercer que dans les limites où le permettent la situation de l'encaisse et les besoins du Service de payement des comptables appelés à les supporter.

En outre, cette faculté est réservée *aux percepteurs munis d'une autorisation donnée, une fois pour toutes par le Trésorier général, et dont le Receveur de l'Enregistrement est informé*. Les prescriptions énoncées ci-dessus, N° 76-1, sont applicables à tous les autres percepteurs.

(Circ. Comptabilité publique du 31 Janvier 1923 N° 2429-261.)

Remise des fonds. — Au moment où il prend possession des fonds, le Percepteur remet au Receveur :

1° Une quittance de fonds de subvention libellée au nom du Trésorier général.

2° Un avis P. 224 (modèle annexé à la circulaire précitée du 31 janvier 1923).

La quittance est comprise par le Receveur dans son

plus prochain versement, comme s'il s'agissait de numéraire.

Quant à l'avis, après avoir été revêtu de la signature des deux comptables et, le cas échéant, du timbre de chaque bureau, il est transmis, *le jour même*, à la Recette des Finances, par le Receveur qui a délivré les fonds de subvention.

Dépenses à la charge de l'Administration

DÉPENSES PUBLIQUES

77. **Mandatement, paiement et classement des dépenses.** — Toutes les dépenses comprises dans les divers chapitres des *Dépenses publiques*, à l'exception toutefois des *Frais de Justice criminelle*, ne doivent être effectuées *qu'en vertu d'un mandat délivré par le Directeur*. Chaque mandat contient, en tête, la désignation de l'exercice auquel la dépense qu'il a pour objet appartient, et cette indication doit servir de base aux Receveurs pour le classement, *par exercice*, des dépenses sur le *Sommier de Comptabilité*. Le classement par nature, doit être *rigoureusement* fait au titre indiqué dans la colonne du mandat intitulée : *Objet de la Dépense.*

Les paiements *mensuels* pour *Remises des Receveurs, Taxations* et *Frais de transport de papiers timbrés* (V. ces mots), qui sont admis provisoirement en dépense *sans justifications*, doivent toujours figurer à l'*exercice courant*. Les mandats de régularisation de ces dépenses, ainsi que celles concernant les *Traitements fixes et autres indemnités* (V. N° 177-1) et les *Ventes judiciaires d'immeubles* (V. N° 253), sont délivrés par le Directeur à la fin de chaque année.

1. RECTIFICATIONS AUX PIÈCES JUSTIFICATIVES. — Aucune pièce produite pour la justification des dépenses ne doit être surchargée ni grattée. Lorsqu'il y a lieu d'y opérer une rectification dans la somme ou dans le texte, la partie à corriger est biffée au moyen d'un trait de plume et remplacée par l'énonciation exacte qui doit lui être substituée. La substitution, en interligne ou par renvoi, est approuvée et signée ou paraphée par le liquidateur. (*Art. 72 du Réglement de 1866*).

2. TIMBRE DES PIÈCES JUSTIFICATIVES. — Voir ci-après, aux divers titres de dépenses les cas dans lesquels les mémoires, factu-

res ou états de frais des parties prenantes, doivent être timbrés *suivant leur dimension*.

Il n'est pas exigé de mémoire à l'appui des mandats de payement égaux ou inférieurs à 50 fr., relatifs à des fournitures et travaux. La justification obligatoire du service fait résulte de la description, dans le corps même du mandat, du détail de la fourniture ou du service.

Toutefois, si la justification résultait d'une facture ou d'un mémoire et non de la description de la dépense dans le corps du mandat, la facture ou le mémoire serait passible du timbre de dimension, quel que soit le montant de la dépense. *'C. C. 25 Avril 1922 § III (I. 3735).*

Si le pour acquit est donné sur les pièces jointes, on doit y apposer, en outre du timbre de dimension, le timbre-quittance ; mais dans ce cas, l'acquit du mandat est donné *pour ordre* et n'est assujetti à aucun timbre *(V. Nos 93 et 97)*.

Pour les mémoires *collectifs :* Voir N° 146-2.

Le timbre est à la charge des parties *(L. 13 brumaire an VII, Art. 16)*. Toutefois, les frais de timbre peuvent être compris dans les mémoires ou états de frais, et remboursés aux parties, lorsqu'il s'agit de dépenses relatives aux épaves, déshérences et biens vacants *(V. Nos 226-2 et 4 ; 227-3 et 9)*, du remboursement *à la partie adverse* des frais d'une instance *(V. N° 328-2)*.

Séquestre. — C. 20 Mars 1909.

Liquidation des congrégations. — I. 3092 ; 3108 ; 3205 ; C. 5 Mars 1902 ; 31 Mars 1903 ; 25 Mai 1905.

3. Paiement des Mandats. — Les mandats, que les Directeurs devraient remettre aux ayants-droit *(Règlement 1866, art. 92)*, sont, en vertu d'un usage admis par l'Administration *(Sol. 14 juin 1899 ; Revue pratique 4803 ; Revue 98 ; C. C. 5 janvier 1865, N° 111-2)* envoyés aux Receveurs, qui les vérifient avant d'en payer le montant. Les erreurs ou les irrégularités constatées sont signalées au Directeur, qui peut refuser de les rectifier, et requérir le Receveur de passer outre au paiement. Ce dernier se conforme alors à l'Instruction 1065 et au Règlement 1866, Art. 140.

Dès qu'il a reçu un mandat payable sur sa caisse, le *Receveur* prévient le titulaire qu'il peut en toucher le montant *(V. N° 237-1)*. S'il n'existe aucune opposition *(V. N° 514)*, il procède au paiement, après avoir fait signer l'acquit *en sa présence* **(V. N° 80-1)**.

Les mandats au nom des *Communes* et des *Etablissements publics* doivent être adressés par les Directeurs aux Préfets *(V. N° 81)*.

Les Receveurs doivent apporter toute la célérité possible dans le paiement des mandats *(Inst. 1580)*.

4. Paiement par virement. — Si les parties sont domiciliées hors du ressort du bureau, le mandat est transmis au Receveur du domicile de la manière indiquée au N° 308 *infrà*.

5. Paiement au moyen de virement en banque. — Voir n° 537 ci-après.

78. Délai de paiement. — Les mandats, à l'exception de ceux sur *exercices clos*, dont le délai de paiement expire le 31 décembre de l'année de leur délivrance *(V. N° 174)*, ne peuvent plus être payés après le 30 avril de la seconde année de l'exercice sur lequel ils sont délivrés *(V. N° 2)*. Les Receveurs renvoient à la Direction, qui les annule, les mandats impayés à cette époque ; ils épinglent à chacun d'eux une note faisant connaître les causes qui ont empêché le paiement.

Le réordonnancement peut avoir lieu dans les 5 ans à partir du 1ᵉʳ Janvier de l'année pendant laquelle l'ordre de restitution a été signé ou le mandat délivré *(V. N° 242 infra)*.

79. **Perte d'un mandat et des pièces justificatives.** — En cas de perte d'un mandat, le Directeur en délivre un duplicata auquel doivent être annexées :

1. Copie certifiée des pièces jointes au mandat primitif ;

2. Une déclaration de perte, motivée, et émanant de la partie bénéficiaire du mandat ;

3. Un certificat du receveur chargé du paiement, attestant que le mandat n'a été acquitté ni par lui, ni pour son compte et sur son visa, par aucun autre comptable ;

4. Copie certifiée de la décision de la Direction générale, si elle a été consultée. — *Règl. 1866, Art. 97, V. N° 228-7 infra*.

80. **Acquit.** — Toutes les personnes dénommées au mandat doivent donner quittance *et l'orthographe des signatures doit concorder très exactement avec celle des noms inscrits dans le corps du mandat et sur les pièces justificatives.* Mais, ni le Receveur, ni les intéressés ne doivent modifier le mandat, dans aucune de ses parties *(V. N° 77-3 suppra)*.

L'usage des griffes pour les signatures est interdit sur toutes les pièces justificatives, mandats, mémoires, etc. *(Arr. Cour des Comp. 15 Juin 1843)*. Les signatures au crayon n'ont aucune valeur.

L'acquit ne doit contenir ni restriction ni réserve; et si la quittance est fournie séparément *(V. N° 81 et 97-1)*, le mandat doit être acquitté *pour ordre* (C. C. 12 Nov. 1885, N° 163-2).

Pour le timbre de l'acquit : *Voir N°ˢ 77-2 ; 81 et 93*.

1. Responsabilité du Comptable qui paie. — Le Receveur qui, ayant omis d'exiger la justification de la qualité de la personne qui se présente pour toucher un mandat *(V. N° 80 à 91)* paie, sur fausse signature d'acquit, à une personne autre que le titulaire de ce mandat est tenu de désintéresser ce dernier s'il réclame ensuite le montant de sa créance *(Sol. 26 novembre 1891)*.

L'acquit doit être daté et signé à l'encre par le titulaire du mandat ou par ses représentants, *devant le Receveur, au moment même du paiement* (Règlement 1866, page 99, Art. 11-3°). Le Receveur qui fait acquitter un mandat hors de sa présence, et qui envoie après coup les fonds à l'un seul des titulaires de la créance, sans production d'aucun pouvoir des autres bénéficiaires, procède à un paiement irrégulier qui l'oblige à désintéresser ces derniers de leur part dans la restitution, s'ils en font la demande *(D. M. F. 8 juin 1899 ; Revue 98).*

2. JUSTIFICATION DES DROITS DES PARTIES PRENANTES. — C. C. 17 mai 1917 § X.

81. Comptables de deniers publics. — Ces comptables sont tenus de signer l'acquit du mandat *pour ordre* et de délivrer une quittance *à souche* du montant de ce mandat. Cette quittance, annexée au mandat, *est timbrée* (Inst. 2413-7 et 2868), *sauf en cas de restitution de droits indûment perçus.* (V. N°ˢ 95, 240-1, et d'autres exceptions aux N°ˢ 215 et 264 ; Inst. 2003-4 et 2794-6).

Les mandats doivent être délivrés au nom de la *Commune* ou de *l'Établissement public* (Lettre Com. 209) et adressés par les Directeurs aux Préfets *(Lettre Com. 153).* Toutefois, s'il s'agit de rembourser à un comptable ou à un maire des droits qu'ils ont payés *de leurs propres deniers,* le mandat peut, *à la condition que l'extrait de la recette qui y est joint fasse mention de cette circonstance,* être délivré au nom personnel de l'ayant-droit. Dans ce cas, la quittance à souche n'est pas nécessaire ; l'acquit du mandat *est passible* du droit de timbre-quittance.

82. Sociétés commerciales ou industrielles, syndicats, etc. — Les mandats ne doivent jamais être délivrés au nom *personnel* du Directeur ou de l'Administrateur, mais au nom de la société *(Lettre Com. N° 209).*

Les associations quelconques n'ont, pour obtenir paiement de mandats *n'excédant pas 500 francs,* qu'à communiquer aux comptables, *et sans être tenues de s'en dessaisir,* les pièces constatant leur existence légale et la qualité de leurs agents. *De leur côté, les comptables inscrivent, sur le mandat, auprès de l'acquit, un certificat qui peut être rédigé comme suit : « Le Receveur soussigné certifie que la personne intervenant au paiement a droit à la signature sociale »* (C. 2 Janv. 1899 N° 180-1).

Lors des paiements afférents aux marchés, il y a lieu d'avoir égard à la dépense totale de l'entreprise, et non pas au montant de chaque mandat d'acompte, pour apprécier si la partie prenante est astreinte à la *production* ou à la *simple communication* des actes constitutifs de la société. *(C. C. 16 Mai 1917 § IX).*

Pour les sommes *supérieures à 500 francs,* les comptables doivent exiger, sous leur responsabilité, les pièces

constatant l'existence régulière de la Société, les qualités
et les droits des parties prenantes. Cette justification peut
être faite au moyen de la production, *à l'appui du mandat,*
d'une expédition ou d'un extrait, *sur timbre,* de l'acte
de société s. s. p. ou notarié, dûment certifié par le Président du Conseil d'administration. La légalisation de ces
pièces n'est pas exigée.

1. SOCIÉTÉS DE FAIT. — S'il n'existe pas d'acte de société, le mandat est délivré au nom de tous les associés, qui doivent tous signer
l'acquit, ou donner pouvoir s. s. p. à l'un d'eux *(V. N° 83).*

2. SOCIÉTÉS EN NOM COLLECTIF. — L'associé ayant reçu mission de
recevoir, doit apposer la signature *sociale* à l'acquit et produire
l'acte de société et un pouvoir ou un extrait de délibération *sur
timbre.* Les expéditions, copies ou extraits des délibérations des
conseils d'administration ou des assemblées générales des sociétés,
qui sont des actes privés, peuvent être établis sur du papier timbré
de dimension inférieure à celle de 3 fr *(J. E. 11410).*

3. SOCIÉTÉS ANONYMES ET EN COMMANDITE. — Les administrateurs
ou le gérant ont qualité pour donner quittance en produisant l'extrait de l'acte de société *(V. N° 82).*

4. SOCIÉTÉ DISSOUTE ET LIQUIDÉE. — Un extrait *(sur timbre)*
du jugement ou de la délibération de l'assemblée générale qui a
nommé le liquidateur paraît suffisant pour autoriser ce dernier à
donner quittance. Cet extrait est joint au mandat *si la somme
excède 500 francs.*

83. FONDÉ DE POUVOIR. — Le mandataire d'une partie
prenante doit produire, *pour rester annexée au mandat,*
une procuration générale ou spéciale, sous seing privé
(même par lettre) ou notariée. La procuration *sous seing
privé,* qui ne peut, cela va sans dire, être donnée par une
personne *illettrée,* doit être timbrée et légalisée par le
Maire, *mais elle est exempte d'enregistrement* (R. P. 5875
et 6318), la procuration *notariée* doit être *enregistrée au
comptant à 6 francs,* (Sol. 12 Avril 1900) revêtu du sceau
du notaire et légalisée par le Président du tribunal ou par
le Juge de paix *(V. N° 85),* si elle est produite hors du
ressort de la Cour d'appel pour les notaires à la résidence
de cette Cour, ou hors du département pour tous les autres notaires *(C. C. 10 Fév. 1882 et 20 Janv. 1886 ; L. 25
vent. an XI, Art. 28).*

Les procurations *venant de l'étranger* doivent être
légalisées par un consul ou un vice-consul de France, et la
signature de cet agent doit, elle-même, être légalisée au
Ministère des Affaires étrangères de France.

Si la procuration est jointe à un mandat de premier acompte, le
Receveur en donne au fondé de pouvoir un extrait qui lui est représenté lors des paiements subséquents. La date et le N° du mandat
auquel cette procuration a été annexée, sont indiqués par le Receveur.

sur chacun des mandats suivants *(C. C. N° 31)*. (Voir, toutefois, *C. C. 16 mai 1917, § X.)*.

La signature des procurations sous seing privé pouvant, malgré la légalisation être déniée ou méconnue, il ne faut admettre ces procurations qu'avec précaution ; en cas de doute, elles doivent être refusées, surtout pour les paiements importants *(Code C. Art. 1323 ; Cass. 17. mai 1858 ; Voir : Dict. Réd. Garnier, Maguéro, mot : Légalisation)*.

Le *ne varietur* n'est ni prescrit, ni exigé.
Pour les frais de justice criminelle, etc. : *Voir N° 143*.

84. Créancier illettré ou ne pouvant signer. — Si la partie prenante est illettrée ou dans l'impossibilité de signer, elle en fait la déclaration au Receveur qui inscrit et signe sur le mandat ou sur le mémoire *(V. N°. 144)* au-dessous du : *Pour acquit*, la mention suivante :

La partie prenante ayant déclaré ne savoir signer (ou ne pouvoir signer pour cause de..............) a été payée en présence de MM. (Noms, prénoms, qualités et domiciles des deux témoins), qui ont signé avec le Receveur.

Les témoins, Le Receveur,

Cette justification, *qui ne doit pas être exigée pour les taxes à témoins* (V. N° 150-2), n'est admise que pour les créances n'excédant pas 150 francs ; *au-dessus de cette somme, il doit être exigé une quittance notariée, délivrée en brevet et enregistrée gratis* (Inst. 2123-3). Dans ce cas, l'acquit du mandat n'est ni rempli, ni timbré. Si la quittance *notariée* a été enregistrée *au comptant*, le Directeur certifie qu'il a ordonné la restitution des droits indûment perçus.

La déclaration de ne savoir signer ne saurait être acceptée si le contraire résultait des pièces jointes au mandat, ou si la profession de la partie prenante indiquait une instruction certaine *(notaire, instituteur, comptable, etc.)*.

Le rôle de témoin peut être rempli par une femme, mais les comptables doivent éviter de choisir des témoins susceptibles d'être reprochés, comme par exemple leur femme, une proche parente ou une personne à leur service *(C. C. 28 Février 1900, N° 182-1)*.

85. Créancier décédé. — Les Receveurs exigent, *sous leur responsabilité*, et d'après le droit commun, les pièces constatant les qualités et droits des héritiers d'un créancier.

Les créances ne dépassant pas 300 francs, peuvent être payées sur la production des pièces ordinaires, entre les mains de celui des ayants-droit qui en aura fait la demande, *à la condition qu'il consente à donner acquit en se portant fort pour ses cohéritiers.* (C. C. 15 Nov. 1922 § III).

Les sommes *de 150 francs et au-dessous* peuvent être payées sur la production d'un certificat du Maire (*sur timbre, quel que soit le chiffre de la créance et légalisé par le Préfet, le Sous-Préfet ou le Juge de paix.* — (L. 24 Mai 1861 ; Inst. 2200), énonçant qué les parties y dénommées ont seules le droit de toucher la somme due, en qualité d'héritiers (*C. 19 Janvier 1897*). L'indication, dans ce certificat, de la date du décès du créancier, dispense les héritiers de produire un extrait de l'acte de l'état civil qui constate ce décès (V. ci-après).

Pour les créances *supérieures à 150 francs*, il y a lieu d'exiger un certificat de propriété délivré sur l'attestation de deux témoins, *hommes ou femmes* (C. C. 28 Févr. 1900, N° 182-1), par *le notaire détenteur de la minute de l'inventaire ou du partage.* Ce certificat doit être timbré, enregistré et légalisé par le Président du tribunal civil (*V. N° 67 ; C. C. N°ˢ 31 et 99*).

Lorsqu'il n'y a pas eu d'inventaire ou de partage après le décès, le certificat de propriété, *qui doit être timbré, enregistré* (1) *et légalisé* (V. N° 83) *par le Président du tribunal civil* ou, pour les notaires de canton, *par le Juge de paix,* peut être délivré par le juge de paix du domicile du décédé, sur l'attestation de deux *citoyens* (à l'exclusion des femmes — *C. C. 182-1 précitée*). La C. C. N° 31 indique à tort que ce certificat doit être légalisé par le Préfet ou le Sous-Préfet.

Les héritiers peuvent encore justifier de leurs droits, par un extrait de l'intitulé de l'inventaire fait après décès, délivré par le notaire ; ou, à défaut d'inventaire, par un acte de notoriété dressé, sur la déclaration de deux individus majeurs, par un notaire ou un juge de paix et enregistré. Ces divers actes sont sujets au timbre et à la légalisation *(Inst. 1814-5).*

L'acte de décès *légalisé par le Président du tribunal ou par le juge de paix, lorsqu'il est produit hors du lieu où l'officier public qui l'a signé exerce ses fonctions)* peut n'être pas exigé si le certificat de propriété ou l'acte de notoriété *délivré par le notaire* contient la déclaration que ce dernier a dans ses minutes le dit acte de décès (*C. C. 1ᵉʳ Mai 1876*) ou si le certificat du maire du lieu

---

(1) Tout certificat de propriété ayant pour objet le paiement de sommes dues par l'État, *à titre de pension, de rémunération ou de secours,* est exempt de la formalité de l'enregistrement (*C. C. 22 août 1857, N° 99-2 ; Inst. 1814-5*).

du décès vise l'acte de l'état civil (*C. min. fin.*, 25 Janv. 1868 — *Service des Douanes*).

1. Epoux survivant. — Paiement entre ses mains des prorata de traitements, remise, salaires etc... restant dus au décès du titulaire. — V. C. C. 15 novembre 1922 § III (*Art. 12 de la loi du 12 avril 1922*).

86. Femme. — La femme, *partie prenante*, doit être assistée de son mari (*qui signe le mandat avec elle*) ou produire une autorisation que le Receveur annexe au mandat (*V. N° 83*).

Mais il y a exception à cette règle si le mandat a pour objet des fournitures faites par une femme faisant un commerce séparé de celui de son mari (*C. Com. Art. 1, 5 et 7*) ; si la femme est séparée de biens, soit par contrat de mariage, soit par jugement devenu définitif ; si elle est divorcée ou séparée de corps et, enfin, s'il s'agit de taxes de frais de justice *urgents* (V. N° 150-2).

Une femme abandonnée par son mari doit justifier qu'elle a été autorisée par jugement définitif à administrer ses biens.

87. Veuve. — Il n'est plus exigé que la signature d'une veuve fasse mention de son nom patronymique et de sa qualité.

La signature habituelle (*Veuve Durand* ou *Marie Durand*, etc.) doit être acceptée comme suffisante. (*V. N° 85-1*).

88. Mineurs. — Leurs tuteurs ont à fournir la preuve de leur qualité (*Inst. 283*). Il ne semble pas, toutefois, qu'ils soient tenus de se dessaisir des pièces justificatives, la Comptabilité publique admettant comme réguliers les paiements faits à des tuteurs (*surtout légaux*) sans justifications. Le tuteur a, en effet, qualité pour toucher (*Cod. C. Art. 389 à 391*), et la plupart du temps cette qualité résulte des pièces produites à l'appui du mandat.

89. Absents ou Interdits. — Leurs représentants doivent remettre un extrait certifié, *et sur timbre*, des jugements d'envoi en possession ou d'interdiction (*Inst. 283*).

90. Créancier d'une partie prenante décédée. — Voir dans l'Inst. 283, les justifications à produire.

91. Cessionnaire. — Le cessionnaire est tenu de rapporter une expédition de l'acte de cession (*C. C. N° 31*).

92. Syndics. — **Liquidateurs.** — Ils justifient de leur qualité au moyen d'un extrait (*sur timbre de 3 francs*)

certifié par le greffier, du jugement qui les a nommés *ou*
d'un certificat du greffier *(sur timbre de 2 francs)*, attestant qu'ils sont encore en fonctions. Ces pièces peuvent
être établies sur papier libre s'il s'agit d'une restitution
de droits *indûment perçus ;* on peut même se dispenser
de les produire si le receveur a certifié sur la copie de
la recette que les droits ont été payés par le liquidateur
ou le syndic, *au nom personnel duquel le mandat
est délivré.*

93. **Timbres des quittances fournies à l'Etat ou délivrées en son nom.** — Le timbre de ces quittances est à la
charge des particuliers qui les donnent ou les reçoivent (Inst.
2123-3 ; 2413-7 ; 2535-429 et 3143 *(Algérie)*, sauf dans les
cas signalés au N° 77-1.

1. QUITTANCES DES COMPTABLES — V. Nᵒˢ 6-1 ; 20 ; 81 ;
95 ; 97.

2. QUITTANCES EXEMPTES DE TIMBRE. — Voir N° 97 *infrà*. .

3. OBLITÉRATION DES TIMBRES — Il est plus simple, et
souvent plus régulier, d'y procéder au moyen de la
griffe du bureau *(Inst. 2424)*, l'oblitération par la partie
nécessitant une date et une signature *indépendantes de
celles de l'acquit.*

94. **Cohéritiers, communistes et coïntéressés.** — Ils sont
solidaires *tant que la masse est indivise*, et ne doivent
qu'un droit de timbre, quel que soit leur nombre *(V. N°
85 ; 146-2, C. C. 26 Déc. 1891, N° 171-6 et 15 Janv. 1898,
N° 179 IV).*

95. **Associations syndicales autorisées.** — V. I. 3234.

96. **Caisse des Dépôts et consignations.** — Est à la charge de cette Caisse, le droit de timbre de la quittance du
montant d'un bordereau de collocation *(Bayeux 20 Nov.
1890 Rev. prat. 3070 ; R. P. 8041 ; J. E. : 24041).*

97. **Acquits exempts du timbre.** — Voir les Nᵒˢ 6-1, 146-1,
128-2, 215, 228-1, 202-2, 264 et les divers titres de
Dépenses.

1. ACQUITS POUR ORDRE. — Sont exempts de timbre, les acquits
donnés *pour ordre* sur les mandats à l'appui desquels il est produit des quittances séparées et *timbrées*, ou *non sujettes au timbre*
(V. Nᵒˢ 77-2, 81 et 221-1 ; *Inst. 2794-6)* et sur ceux délivrés le 31
Décembre de chaque année au nom des Receveurs et concernant les
*Traitements, Remises et indemnités des agents, les Taxations et Frais
de transport du timbre et les Restitutions sur ventes judiciaires
d'immeubles* (V. N° 77).

98. Vu sans opposition. — Ce vu doit être apposé par le Receveur *sur la caisse duquel les mandats, exécutoires et ordonnances sont délivrés.* C'est à ce Receveur, seul, *sous peine de nullité,* que toutes oppositions ou notifications doivent être faites (V. N°s 159 et 514).

Les mémoires et les mandats ne doivent être payés *par virement* qu'après qu'ils ont été revêtus du *Vu sans opposition* du Receveur *pour le compte duquel le paiement est effectué.* L'oubli de cette règle, peu observée dans la pratique, engage cependant la responsabilité du Receveur qui paie, sauf recours contre les parties (*Sol. 3 Juil. 1897 ; Inst. 1520 ; Voir N°s 308 et 513.*)

Si des oppositions sont faites après l'apposition du visa, il faut en prévenir immédiatement le Receveur qui doit payer.

1. Créances insaisissables. — Il est inutile de revêtir du « Vu sans opposition » les mémoires de *frais d'escorte et de transport de prévenus* qui sont insaisissables (*Inst.* 1520 ; 2697 ; *Voir N° 159*). Sont également insaisissables les contributions et les secours (*Inst.* 1520 ; V. N°s 221 et 202) les *frais de tournée et de bureau des agents autres que les Receveurs* (Géraud 7574 ; Rép. Manut. V. Saisie-arrêt, N°s 3 et 4).

FRAIS DE JUSTICE EN FRANCE

MINISTERE DE LA JUSTICE

99. CLASSEMENT PAR NATURE DE FRAIS. — Les frais que les Receveurs doivent payer au titre de « Frais de Justice » sont à classer au *Sommier de Comptabilité, page 62,* sous les chapitres et articles ci-après :

TITRE I. — DÉPENSES ORDINAIRES

CHAP. FRAIS DE JUSTICE EN FRANCE	Frais de justice criminelle, correctionnelle et de police.
	Frais en matière d'assistance judiciaire.
	Frais en matière de faillite.
	Frais non recouvrés concernant la liquidation des biens des congrégations non autorisées.
CHAP. FRAIS DE REVISION DES PROCÈS CRIMINELS	Indemnités et secours accordés aux victimes d'erreurs judiciaires.
	Frais relatifs à ces affaires.
	Secours aux individus relaxés ou acquittés.

TITRE II — DÉPENSES EXTRAORDINAIRES

CHAP. { **Allocations dues aux assesseurs des commissions arbitrales des loyers.**

Voir pour les dépenses qui doivent être inscrites à ce dernier titre, et qui semblent destinées à disparaître dans un délai assez rapproché les C. C. N°ˢ 2196-237 du 14 Août 1918, et 2267-244, du 20 Décembre 1919. *(Revue Dellour, Art. 283-2 et 299)*.

100. Frais de Justice criminelle. — Un décret du 5 octobre 1920 a déterminé les frais devant être compris sous la dénomination de *Frais de Justice criminelle* et a fixé, en outre, les règles et les conditions relatives au payement de ces frais aux ayants droit ainsi qu'à leur recouvrement sur les condamnés.

Les détails d'application du décret précité ont été notifiés au personnel par une circulaire de la Direction de la Comptabilité publique du 28 Janvier 1922, N° 253-2375 *(Circ. enreg. 23 Février 1922)*.

Nous examinons ci-après, dans l'ordre des articles, les dispositions du nouveau décret, en indiquant également les prescriptions existant précédemment qui doivent, à notre avis, continuer à être exécutées.

Les frais de justice criminelle sont : (Art. 2 du décret).

1° Les frais de translation des prévenus ou accusés, les frais de translation des condamnés pour se rendre au lieu où ils sont appelés en témoignage, mais seulement quand cette translation ne peut être effectuée par les voitures cellulaires du service pénitentiaire, les frais de transport de procédures et des pièces à conviction ;

2° Les frais d'extradition des prévenus, accusés ou condamnés ; les frais de commission rogatoire et autres frais de procédure criminelle en matière internationale ;

3° Les honoraires et indemnités qui peuvent être accordés aux experts et aux interprètes et les frais de traduction ;

4° Les indemnités qui peuvent être accordées aux témoins et aux jurés ;

5° Les frais de garde de scellés et ceux de mise en fourrière ;

6° Les droits d'expédition et autres alloués aux greffiers ;

7° Les émoluments des huissiers ;

8° Les frais de capture ;

9° Les indemnités allouées aux magistrats et greffiers

au cas de transport pour exercer un acte de leur fonction dans les cas prévus au chapitre VII du titre II du présent décret ;

10° Les frais de communication postale, télégraphique, téléphonique, le port des paquets pour l'instruction criminelle ;

11° Les frais d'impression des arrêts, jugements et ordonnances de justice ;

12° Les frais d'exécution des arrêts en matière criminelle et les gages des exécuteurs ;

13° Les indemnités et secours accordés aux victimes d'erreurs judiciaires ainsi que les frais de revision et les secours aux individus relaxés ou acquittés.

101. Frais assimilés. — (Art 3 du décret).

Sont, en outre, assimilés aux frais de justice criminelle en ce qui concerne l'imputation, le payement et la liquidation, les dépenses qui résultent :

1° De l'application des lois sur les tribunaux pour enfants et sur la répression de la prostitution des mineurs ;

2° De l'application de la loi sur le régime des aliénés ;

3° Des procédures d'office aux fins d'interdiction ;

4° Des poursuites d'office en matière civile ;

5° Des inscriptions hypothécaires requises par le ministère public ;

6° Des avances faites en matière de faillite et de liquidation judiciaire dans les cas prévus par l'article 461 du code de commerce et l'article 24 de la loi du 4 mars 1889 ;

7° Des dispositions des lois sur l'assistance judiciaire en matière civile, commerciale et administrative ;

8° Du transport des greffes ou des archives des cours ou tribunaux ;

9° De lois spéciales ou de règlements d'administration publique et dont l'avance doit être faite par l'administration de l'enregistrement.

102. Dépenses exceptionnelles. — L'art. 4 du décret indique que, dans le cas où l'instruction d'une procédure pénale ou d'une procédure assimilée exigerait des dépenses extraordinaires et non prévues par l'article 2 du présent décret, elles ne pourront être faites jusqu'à concurrence de la somme de 1,000 francs qu'avec l'autorisation motivée du procureur général et à la charge par lui d'en informer sans délai le Ministre de la justice ; au-dessus de cette somme, l'autorisation expresse du Ministre de la justice est nécessaire.

Il en sera de même dans le cas où le montant des dépenses ordinaires et visées par l'article 2 précité excéderait la taxe qui pourrait en être régulièrement établie en vertu des tarifs en vigueur, sous réserve que ce dépassement sera justifié par les nécessités particulières de la procédure ou les circonstances exceptionnelles de l'affaire.

103. Frais de translation des prévenus et accusés. — (Art. 5 et suiv.).

D'une manière générale, les frais de translation des condamnés sont exclus des frais de justice criminelle, et, lorsqu'un condamné détenu est appelé en témoignage, la translation, s'il n'y a pas urgence, est effectuée par les voitures cellulaires du Service pénitentiaire, les frais restant ainsi à la charge de ce Service.

Mais s'il y a urgence, le Procureur de la République fait opérer le transfèrement par les voies rapides, les frais occasionnés par l'aller sont payés à titre de frais de justice. Le soin d'assurer la réintégration à l'établissement où la peine doit être subie n'appartient qu'à l'administration pénitentiaire qui la fait effectuer à l'aide des voitures cellulaires. (§ *1 de la circulaire du 28 Janvier 1922*).

L'Art. 5 du nouveau décret indique que les prévenus ou accusés sont, en principe, transférés en chemin de fer, dans un compartiment réservé d'un wagon de 3e classe, ou, à défaut, en voiture, sur la réquisition des Officiers de Justice.

Toutefois, suivant les circonstances, ils peuvent être conduits à pied par la gendarmerie, de brigade en brigade, s'ils sont valides et âgés de plus de 18 ans.

Les individus qui doivent être conduits devant une Cour ou un tribunal siégeant dans une ville autre que celle où ils sont détenus, pour entendre statuer, soit sur l'opposition à un jugement ou arrêt, soit sur l'appel interjeté contre un jugement sont transférés par les voitures cellulaires du service pénitentiaire (et, semble-t-il, aux frais de ce service), toutes les fois que ce mode de transfèrement est possible et qu'il n'y a pas urgence à opérer le transport.

104. Frais qui ne doivent pas être payés par les Receveurs. — Ces frais comprennent, notamment :

1° les frais de translation des condamnés dans les bagnes, maisons de correction, etc.,

2° les frais de conduite des mendiants et vagabonds qui ne sont pas traduits devant les tribunaux ;

3° les frais de translation des condamnés évadés du lieu de leur détention ;

4° les frais de translation des déserteurs des armées de terre et de mer.

5° les honoraires dûs à un médecin pour visite du cadavre d'un suicidé, à moins que la réquisition n'émane du Parquet, par suite de présomption de crime ;

6° les frais d'escorte et de transport des prévenus de délits de contrebande de tabacs, de poudres ou d'allumettes, ou de condamnés soumis à la contrainte par corps, ou allant subir leur peine (V. N°ˢ 103, 107 et 112. I. 531).

7° les indemnités de déplacement et de séjour dues à des Commissaires et inspecteurs de la police mobile, qui sont à la charge du ministère de l'Intérieur ; (C. C. 4 août 1909 § 1. Revue art. 199) ;

8° les frais de déplacement des agents spéciaux ou des autorités qui ont qualité pour opérer des prélèvements en matière de fraudes dans la vente des marchandises et de falsifications des denrées alimentaires (Revue Art. 200 et 226. I. 3278 § 4 in fine).

Voir en outre aux différents titres ci-après :

105. Transport dans un asile d'aliénés. — Les frais de transport dans un asile d'aliénés, d'un *accusé* dont l'examen médical a été ordonné sont payés au titre des *frais de justice criminelle*. Au mémoire dressé et acquitté par le Surveillant qui a escorté l'accusé, et certifié par le Directeur de l'Asile, il faut joindre un extrait du jugement ou de l'arrêt qui a ordonné l'examen. Les frais de séjour de cet accusé dans l'asile sont payés au même titre, sur mémoire dressé par l'économe, appuyé de l'extrait du jugement ou de l'arrêt, et de la quittance à souche (timbrée si elle dépasse 10 fr.), du Receveur de l'Asile (Revue 121-1 et 2).

106. Réquisitions. Conventions avec les transporteurs. — La réquisition, soit à la Compagnie de chemins de fer, soit au voiturier, doit être établie en deux exemplaires dont l'un est remis au greffier chargé de la liquidation des frais du procès, et l'autre à la Cie de Chemin de fer ou au voiturier, pour être produit à l'appui de leur mémoire.

Un marché peut être passé (par le ministre de la Justice ou son délégué) avec un entrepreneur général pour tous les transports à effectuer dans un ressort, un département ou un arrondissement.

Dans les localités où le service n'est pas assuré de cette façon, l'autorité requérante traite de gré à gré pour chaque transport au mieux des intérêts du Trésor. A défaut de voiturier acceptant le prix proposé, des réquisitions sont adressées au Maire qui y pourvoit par les moyens dont il dispose.

Lorsque les frais sont réglés de gré à gré, ils font l'objet de mémoire dans la forme ordinaire, appuyés de la réquisition portant la mention :

VU arriver et Reçu le double de la présente

(C. C. 15 mars 1885 N° 161, p. 7 à 12).

Ces mémoires peuvent être acquittés dans les conditions prévues par les art. 140 et 141 du décret du 5 octobre 1920 *(V. N° 150).*

Ils peuvent être payés par virement. *(Revue Art. 52. Voir N° 156).*

107. Frais d'escorte. — Il est alloué aux gendarmes des frais d'escorte, dans les conditions et conformément aux tarifs fixés par les règlements sur le service de la gendarmerie.

Les Receveurs ne doivent payer, le cas échéant, que les frais d'escorte des *prévenus et accusés, des condamnés par défaut qui font opposition, des condamnés allant en appel, des condamnés à mort qui vont assister à l'entérinement de leurs lettres de grâce* (Revue 79), *et enfin, de ceux dont l'évasion donne lieu à des poursuites correctionnelles.*

Les frais d'escorte des *condamnés définitivement* sont, *sans aucune distinction, comme les frais de transport,* à la charge du *Ministère de l'Intérieur.*

(Circ. Min. Justice. 1ᵉʳ juin et 18 nov. 1864, Revue pratique 4807, C. C. N° 65 V°).

Pour les condamnés soumis à la contrainte par corps, *Voir N° 112.*

Pour les condamnés appelés en témoignage. *V. N° 103.*

Les frais d'escorte sont ordonnancés par le Tribunal devant lequel le prévenu doit comparaître (Voir toutefois N° 1 ci-après) ; ils peuvent être payés par virement et sans visa préalable de non-opposition *(Voir N° 159),* par le Receveur de la résidence des gendarmes. La réquisition (ou la copie certifiée), qu'il faut exiger même quand il s'agit d'escortes dans le département, doit porter la mention :

Vu arriver le_____________19__ ; à _____ heures.

4

1. TRANSFÈREMENT A PLUS DE 500 KILOMÈTRES. — Les mémoires des gendarmes doivent être rendus exécutoires par les magistrats du Tribunal du point de départ de chaque escorte et payés par le Receveur établi près ce Tribunal, non plus par virement pour le compte de son collègue près la juridiction saisie de l'affaire *(C. C. N° 162-2 1. 2697)*, mais à titre définitif pour le compte de son bureau *(Cir. min. Just. 7 novembre 1903. Revue Art. 83.)*

108. Remboursements aux gendarmes des frais qu'ils ont avancés. — Les dépenses que les gendarmes sont obligés de faire en route leur sont remboursées comme frais de justice criminelle, sur leurs mémoires détaillés, auxquels ils joignent les ordres qu'ils ont reçus, ainsi que les quittances particulières *(timbrées si elles dépassent 10 fr.)* pour les dépenses de nature à être ainsi constatées.

(Le bulletin indicatif du N° et du tarif de la voiture (formule imprimée) délivré par les cochers ou chauffeurs, est admis comme justification suffisante des avances faites par les gendarmes pour frais de voiture.)

Si les gendarmes n'ont pas de fonds suffisants pour faire ces avances, il leur est délivré un mandat provisoire de la somme présumée nécessaire, par le magistrat qui ordonne le transport.

Il est fait mention du montant de ce mandat sur l'ordre de transport.

Arrivés à destination, les gendarmes font régler définitivement leur mémoire par le magistrat devant lequel le prévenu doit comparaître.

109. Aliments ou secours fournis aux prévenus. — Les aliments ou secours nécessaires aux prévenus pendant leur transport leur sont fournis dans les prisons et maisons d'arrêt.

Cette dépense n'est point considérée comme faisant partie des *frais généraux de justice criminelle ;* elle est confondue dans la masse des dépenses ordinaires des prisons et maisons d'arrêt.

Dans les lieux où il n'y a point de prison, le maire assure la fourniture des aliments et autres objets et, dans ce cas, le remboursement en est fait aux fournisseurs comme *frais de justice criminelle.*

Si l'individu transféré tombe malade en cours de route et doit être placé dans un hôpital, les frais d'hospitalisation sont payés conformément aux lois et règlements sur l'assistance publique *(art. 13 du décret).*

110. Transport des procédures et pièces à conviction. — Les procédures et les pièces à conviction sont confiées aux gendarmes et aux agents chargés de la conduite des prévenus ou accusés.

Si, en ce cas, des frais exceptionnels ont dû être avancés par les agents chargés du transport, ceux-ci, pour en obtenir le remboursement, en portent le montant sur leur mémoire.

Si, à raison du poids ou du volume, les objets ne peuvent être transportés par les gendarmes ou agents, ils le sont, sur réquisition écrite du magistrat, soit par chemin de fer, soit par un entrepreneur, soit par toute autre voie plus économique, sauf les précautions convenables pour la sûreté desdits objets. *(Art. 12 du décret).*

Le paiement des frais de transport est effectué dans les mêmes conditions que celui des frais de transport des prévenus et accusés.

111. **Dépositaire faisant la remise au greffe de pièces arguées de faux, ou de pièces de comparaison.** — Il a droit à la taxe de comparution et aux indemnités de voyage et de séjour allouées aux témoins.

112. Escorte et transport de condamnés soumis à la contrainte par corps. — Si la contrainte par corps est exercée pour le recouvrement de condamnations pécuniaires, ces frais ne doivent pas être payés par les Receveurs, alors même que le magistrat taxateur en aurait ordonnancé le montant sur leur caisse.

113. Transport de détenus appelés en témoignage. — Pour les détenus subissant leur peine, voir ci-dessus N° 103.

Pour les détenus encore en état de prévention, les frais du transport aller et retour, doivent, à notre avis, être supportés par le budget de la Justice, et, en conséquence, payés par les Receveurs, lorsque les détenus ne sont pas transférés par les voitures cellulaires du service pénitentiaire. Dans ce dernier cas, la dépense est acquittée par ce service.

114. Experts et interprètes. *(Médecins, experts, interprètes et traducteurs).* — Il peut être alloué aux experts ou interprètes des indemnités de voyage ou de séjour, et des indemnités spéciales pour chacune des opérations effectuées d'après les tarifs fixés par les Art. 19 et suivants du nouveau décret.

Les experts ont droit, sur la production de pièces justificatives, au remboursement des frais de transport des pièces à conviction et de tous autres déboursés reconnus indispensables *(Voir C. C. 22 janvier 1914 § III).*

Les magistrats commettants peuvent, sur l'avis conforme des Procureurs Généraux et à charge par ceux-ci d'en informer le Ministre de la Justice, autoriser les experts à toucher, au cours de la procédure, des acomptes provisionnels sur leurs débours, soit lorsqu'ils ont effectué des travaux d'une importance exceptionnelle, soit lorsqu'ils ont été dans la nécessité de faire des transports coûteux ou des avances personnelles.

Les mémoires doivent être appuyés de la réquisition de procéder aux opérations, ou d'un extrait du jugement qui a commis les médecins. Les notes de fournitures qui y sont jointes ne doivent être acquittées et timbrées (timbre de dimension et de quittance), que s'il s'agit de rembourser à la partie prenante des fournitures achetées d'un tiers (*C. C. N° 47. Obs. gén. et prélim. 8° et nom. 11°*).

Les honoraires dus à un médecin commis par le Parquet pour examiner un aliéné qui réclame devant le Tribunal sa sortie d'un asile, doivent être payés à titre de *Frais de Justice* et classés, pensons-nous, à l'Art. 2. *(Sol. 28 nov. 1898. Revue 121-3)*.

115. **Indemnités aux témoins.** — *(Art. 32 et suiv.)*. — Il peut être accordé aux témoins, s'ils le requièrent :

1° *une indemnité de comparution ;*
2° *des frais de voyage ;*
3° *une indemnité de séjour forcé.*

Ces indemnités ne sont avancées par le Trésor qu'autant que les témoins ont été cités ou appelés, soit à la requête du Ministère Public, soit en vertu d'une ordonnance rendue d'office dans les cas prévus par les Art. 269 et 303 du code d'instruction criminelle, et 30 de la loi du 22 janvier 1851.

Les témoins cités ou appelés à la requête, soit des accusés, soit des parties civiles reçoivent les indemnités ci-dessus mentionnées ; elles leur sont payées par ceux qui les ont appelés en témoignage.

Les magistrats sont tenus d'énoncer, dans les mandats qu'ils délivrent au profit des témoins, que la taxe a été requise.

1. Fonctionnaires. — Les témoins qui reçoivent un traitement quelconque, à raison d'un service public, n'ont droit qu'au remboursement des frais de voyage et de séjour forcé, s'il y a lieu *(Art. 35)*.

Toutefois, ont droit à l'indemnité de comparution :

1° les gardes champêtres et forestiers ;
2° les gardes pêche ;
3° les gendarmes ;
4° les facteurs des Postes et tous agents et employés qui sont tenus par les lois et règlements, de se faire remplacer à leurs frais lorsqu'ils sont appelés en témoignage.

2. MILITAIRES. — Les militaires des armées de terre et de mer, en activité de service, lorsqu'ils sont appelés en témoignage, n'ont droit à aucune taxe ni à aucune indemnité payables sur les fonds de justice criminelle, pour frais de voyage et de séjour, à moins qu'ils ne soient cités au lieu de leur domicile pendant qu'ils sont en congé ou en permission, et qu'à la date de leur comparution ce congé ou cette permission soit encore en cours. *(Art. 36)*.

3. TÉMOINS VOYAGEANT GRATUITEMENT OU A UN TARIF RÉDUIT EN RAISON DE LEUR FONCTION OU DE LEUR EMPLOI. — L'indemnité de frais de voyage est réduite du montant des avantages qui leur sont ainsi concédés.

4. TÉMOIN HORS D'ÉTAT DE SUBVENIR AUX FRAIS DE SON DÉPLACEMENT. — Lorsqu'un témoin se trouve hors d'état de subvenir aux frais de son déplacement, il lui est délivré, s'il le requiert, par le président du tribunal de son arrondissement ou par le juge de paix du canton de sa résidence, un mandat provisoire acompte sur ce qui pourrra lui revenir pour son indemnité.

Cette avance peut être égale au prix d'un billet d'aller et retour quand le voyage s'effectue par un chemin de fer ou par un service de transport qui délivre des billets d'aller et retour payables intégralement au moment du départ ; dans les autres cas, elle ne doit pas excéder la moitié du montant de l'indemnité.

Le Receveur de l'enregistrement qui paye ce mandat mentionne l'acompte en marge ou au bas, soit de la copie de la citation, soit de l'avertissement remis au témoin.

L'acquit supporte le droit de timbre quittance, quel que soit le montant de l'acompte, si le total de la somme à revenir au témoin est supérieur à 10 fr., ce qu'il est possible de savoir par le juge taxateur.

Le mandat provisoire doit être payé à titre définitif et non par virement pour le compte du Receveur établi près la juridiction devant laquelle le témoin est cité. Le Receveur qui l'a payé le conserve, le porte en dépense en même temps que les autres taxes à témoins et le comprend dans l'état récapitulatif de ces taxes.

Toutefois, si le témoin est cité devant un tribunal d'Algérie ou de Tunisie, le paiement de l'acompte sera effectué d'après les règles tracées par la circulaire du 16 août 1905 § V et X.

5. TÉMOINS CITÉS DEVANT UN TRIBUNAL ÉTRANGER. — Les Receveurs doivent avancer et porter en dépense au même titre que les autres taxes à témoins, celles relatives aux frais de voyage des témoins cités devant un tribu-

nal étranger, lorsque ces taxes sont délivrées par les magistrats français compétents. *(C. C. 7 mai 1884, 16 août 1905).*

6. TAXES CONCERNANT LA GUERRE ET LA MARINE. — V. Nᵒˢ 317 à 319.

7. PÊCHE ET FORÊTS. — Voir Nᵒ 162.

116. Indemnités aux membres du jury. — Il est accordé aux membres du jury criminel, s'ils le requièrent :

1° une *indemnité de session.*

2° s'il y a lieu, une *indemnité de séjour*, des *frais de voyage*, et, le cas échéant, une *indemnité de séjour forcé en cours de route.*

1. JURÉS VOYAGEANT GRATUITEMENT OU A UN TARIF RÉDUIT A RAISON DE LEUR FONCTION OU DE LEUR EMPLOI. — L'indemnité de *frais de voyage* est diminuée du montant des avantages qui leur sont ainsi concédés.

2. ATTRIBUTION DES INDEMNITÉS DE SESSION ET DE SÉJOUR. — Ces indemnités sont dues pour chaque journée si le juré titulaire ou supplémentaire a été présent à l'appel pour concourir à la formation du jury de jugement.

Les jurés complémentaires n'ont droit à l'indemnité de session que s'ils ont été inscrits sur la liste de service.

Les jurés qui reçoivent un *traitement* quelconque d'une *administration publique* n'ont pas droit à l'indemnité de session.

Le Président de la Cour d'assises délivre, jour par jour, aux membres du jury criminel qui en font la demande, les taxes correspondant aux indemnités journalières auxquelles ils ont droit.

Mention de ces taxes partielles est faite, par les soins du Président des assises, sur la copie de la notification pour être ensuite déduite de la taxe définitive.

3. JURÉ HORS D'ÉTAT DE SUBVENIR AUX FRAIS DE SON DÉPLACEMENT. — Lorsqu'un juré se trouve hors d'état de subvenir aux frais de son déplacement, il lui est délivré, s'il le requiert, par le président du tribunal de son arrondissement ou par le juge de paix de sa résidence, un mandat provisoire à compte sur ce qui lui revient pour son indemnité. Cette avance ne doit pas excéder le montant des frais de voyage à l'aller.

Le Receveur de l'enregistrement qui paye ce mandat, mentionne l'acompte en marge ou au bas de la notification faite au juré, en exécution de l'article 389 du code d'instruction criminelle.

Le payement de ce mandat et la justification de la dépense ont lieu comme pour les avances sur taxes à témoins *(N° 115-4 ci-dessus)*.

117. Frais de garde des scellés et de mise en fourrière. — *(Art. 56 et suivants)*.

1. SCELLÉS. — Dans les cas prévus par les Art. 16, 35, 37, 38 89 et 90 du Code d'instruction criminelle, il n'est accordé de taxe pour garde des scellés que lorsque le Juge d'instruction n'a pas jugé à propos de confier cette garde à des habitants de l'immeuble où les scellés ont été apposés.

II. FOURRIÈRE. — Les animaux et tous les objets périssables, pour quelque cause qu'ils soient saisis, ne peuvent rester en fourrière ou sous le séquestre plus de 8 jours.

Après ce délai, la mainlevée provisoire doit, en principe, être accordée. Elle est ordonnée par le juge de paix ou par le juge d'instruction, moyennant caution et le payement des frais de fourrière et de séquestre.

Si les animaux ou objets ne doivent ou ne peuvent être restitués, la vente en est ordonnée par les mêmes magistrats.

Cette vente est faite à l'enchère au marché le plus voisin, à la diligence de l'Administration de l'Enregistrement. Le jour de la vente est indiqué par affiche, vingt quatre heures à l'avance, à moins que la modicité de l'objet ne détermine le magistrat à en ordonner la vente sans formalité, ce qu'il exprime dans son ordonnance.

Le produit de la vente est versé dans la caisse du Receveur de l'Enregistrement pour en être disposé ainsi qu'il est décidé par le jugement définitif.

Les frais de fourrière sont prélevés sur le produit de la vente par privilège et par préférence à tous autres *(V. N°s 226 et suivants)*.

118. Droits d'expéditions et autres alloués aux greffiers. — Les art. 59 à 85 contiennent les dispositions relatives à l'allocation et au tarif des droits et indemnités revenant aux greffiers.

119. Emoluments et indemnités alloués aux huissiers et aux agents de la force publique. — Les art. 86 à 107 fixent le tarif et règlent les modalités d'allocation des émoluments et indemnités attribués aux huissiers et aux agents de la force publique pour le service des audiences, citations, significations, exécution de mandats d'amener, de dépôt et d'arrêt, captures, en exécution d'ordonnances de prise de corps, de jugement ou arrêt, etc...

1. FRAIS DE CAPTURE. — Toutes les fois que la capture est effectuée, soit avant la condamnation, en vertu d'un mandat d'amener, de dépôt ou d'arrêt, soit après la condamnation, en exécution d'un jugement prononçant l'emprisonnement, ces frais sont à la charge du ministère de la Justice et doivent être payés par les Receveurs de l'Enregistrement, même quand il s'agit de délinquants forestiers définitivement condamnés à la prison *(Revue 120-2)*.

Mais les frais de capture faits pour arriver au recouvrement des condamnations pécuniaires sont payés par les Receveurs des Finances, qu'il s'agisse de condamnés solvables ou insolvables de délits forestiers ou d'autres délits *(I. 2535, annexes N°ˢ 216 et 217)*.

Les mémoires doivent être accompagnés des procès-verbaux de capture, ils sont assujettis au timbre de dimension et au timbre quittance, sauf, toutefois, ceux des gendarmes, des douaniers, des brigadiers et gardes-forestiers *(Voir N° 146-1)*

Les mémoires des gendarmes pour frais de capture sont tous payés par le Receveur du chef-lieu de la Légion, soit pour son compte, soit *par virement* pour le compte de ses collègues placés près la Cour, le tribunal ou la justice de paix qui a ordonnancé la dépense *(C. C. 31 mars 1903 § I. C.)*

120. Indemnités de transport et de séjour accordées aux magistrats et aux greffiers. — L'art. 108 indique les frais de voyage et de séjour alloués aux magistrats et aux greffiers sur les fonds de justice criminelle.

L'Art. 109 indique les frais de voyage et de séjour qui, ordonnancés directement par le Service de la Comptabilité du Ministère de la Justice, ne sont pas imputables sur les fonds de justice criminelle.

Les articles suivants fixent le tarif et indiquent les conditions d'allocation de ces indemnités.

Le greffier ou le commis-greffier qui accompagne le juge ou l'officier du Ministère Public reçoit les mêmes indemnités que ce magistrat.

Pour le payement, il ne doit pas être exigé d'autres pièces que le mémoire régulier certifié et acquitté par tous les ayants-droit. La Chancellerie n'exige aucune autre pièce que ce mémoire.

Les indemnités de transport accordées aux magistrats pour leurs visites dans les établissements d'aliénés sont payées par les Receveurs dans les conditions ci-dessus prévues.

121. Port des lettres et paquets *(Art. 116 et 117)*. —

Les droits relatifs à la correspondance postale, télégraphique et téléphonique, sont perçus pour chaque affaire criminelle, correctionnelle ou de simple police dans les conditions fixées et d'après le tarif établi par les lois de finances.

Lorsqu'une correspondance doit être préalablement affranchie, le prix de cet affranchissement est avancé par le greffier.

Pour obtenir le remboursement de cette avance, il comprend le montant dans un de ses mémoires de frais de justice criminelle, en visant l'article de la loi ou du règlement en exécution duquel l'envoi des lettres ou paquets a été effectué.

122. Frais d'impression *(Art. 118 à 120)*.

L'Art. 118 indique les impressions qui doivent être payées à titre de frais de justice soit :

1° Celle des jugements et arrêts dont l'affichage ou l'insertion ont été ordonnés par la Cour ou le Tribunal ;

2° Celle des signalements individuels de personnes à arrêter, dans les cas exceptionnels, où l'envoi de ces signalements aurait été reconnu indispensable ;

3° Celle de l'arrêt ou du jugement de revision d'où résulte l'innocence d'un condamné et dont l'affichage est prescrit par l'Art. 446 § 9 et 10 du Code d'instruction criminelle.

Les placards destinés à être affichés sont transmis aux maires qui les font apposer dans les lieux accoutumés, aux frais de la commune.

Les impressions payées à titre de frais de justice criminelle sont faites en vertu de marchés passés pour chaque ressort ou pour chaque arrondissement, par le Procureur général ou le Procureur de la République, suivant le cas, et qui ne peuvent être exécutés qu'avec l'approbation préalable du Ministre de la Justice. Toutefois, à défaut d'un tel marché, il peut être traité de gré à gré chaque fois qu'une impression doit être faite. Les imprimeurs joignent à chaque article de leur mémoire un exemplaire de l'objet imprimé, comme pièce justificative, il n'est pas nécessaire de produire la réquisition.

Si le journal ne peut être produit, l'imprimeur y supplée par un certificat du Directeur de l'Enregistrement attestant que l'insertion a eu lieu *(Sol. 10 août 1861. Revue 79-II)*.

123. Frais d'exécution des arrêts criminels. — Des règlements spéciaux déterminent les dépenses nécessaires et règlent le mode de leur payement.

ART. 2. — FRAIS EN MATIÈRE D'ASSISTANCE JUDICIAIRE

I. — ASSISTANCE JUDICIAIRE PROPREMENT DITE

124. Frais à avancer. — Les Receveurs doivent avancer et porter en dépense définitive au titre : *Frais en matière d'Assistance judiciaire* (2° ligne de la page 62 du *Sommier de Comptabilité*) :

1° les frais de transport des juges, des greffiers, des officiers publics et ministériels (*notaires, avoués et huissiers*), et des experts (*médecins, géomètres, arbitres, etc.*) ainsi que les honoraires de ces derniers, lorsque l'expertise a été requise par l'assisté ou ordonnée d'office dans son intérêt ;

2° les taxes des témoins dont l'audition a été autorisée par le tribunal ou le juge commissaire. (*Les experts n'ont pas qualité pour taxer les témoins qu'ils entendent-* V. N° 150 ; Revue 120-1) ;

3° les sommes dues aux imprimeurs, les frais et honoraires des arbitres nommés par les tribunaux de commerce (*C. C. 31 mars 1903, 196-I-2°*) ; les frais de garde ou de transport des objets saisis, les frais des scellés dans le cas où la partie qui en aurait requis l'apposition aurait obtenu l'assistance pour cette mesure conservatoire, et, en général, tous les frais dus à des tiers non officiers ministériels, parmi lesquels il ne faut pas classer les Conservateurs des hypothèques pour leurs salaires (*Inst. 3060 p. 6, V. N° 278*).

Les *honoraires* des notaires pour des actes de leur ministère, ne doivent pas être *avancés* et suivent le sort des dépens de l'instance (*Sol. 20 novembre 1861. Rambouillet 11 mai 1860*). En cas de recouvrement, ils sont, comme les salaires des Conservateurs, payés aux ayants-droits selon le mode indiqué aux N°ˢ 278 et 279.

1. Autres frais a avancer. — La loi du 22 janvier 1851 a entendu accorder aux indigents *toutes les exceptions nécessaires pour suivre leur action.* Aussi, a-t-il été reconnu qu'il y avait lieu d'avancer, bien qu'ils ne soient pas prévus par l'Art. 14 de cette loi :

1° Les salaires des témoins, ouvriers et gardiens employés dans les saisies (*Inst. 1917 ; 3094 p. 5*) ; 2° les frais de publication d'une demande en séparation de biens (*Sol. 28 août 1854*).

2. Frais exposés par les secrétaires des commissions arbitrales. — Voir I. 3613, N° 20. Revue Art. 315.

3. Déchéance. — Le paiement des frais doit être réclamé *avant la fin de l'instance* ; la déchéance prévue au N° 152 leur est applicable (*Inst. 3080-41*).

4. Frais avancés après la délivrance de l'exécutoire. — Voir N° 10-1.

5. INSTANCES DEVANT LES JURIDICTIONS ADMINISTRATIVES. — Les frais exposés dans les instances suivies, avec le bénéfice de l'assistance judiciaire, devant les Juridictions administratives, taxés et liquidés d'après le tarif et suivant les règles de chaque juridiction compétente, sont *admis en dépense par le Ministère de la Justice*. (art. 124 du décret du 5 octobre 1920).

Le payement de ces frais ne sera demandé aux Receveurs qu'après examen, par la Chancellerie, des pièces à produire à l'appui de la dépense ; les Receveurs doivent donc payer sans difficulté les frais au sujet desquels il leur est remis des pièces visées par la Chancellerie.

La dépense est portée au N° 2 des *Frais de Justice* : « *Frais en matière d'assistance judiciaire.* »

Les indemnités allouées aux témoins appelés à déposer devant le Conseil de Préfecture, après taxation régulière par le vice-président du Conseil de Préfecture, sont acquittées sans délai.

Les dépenses ainsi effectuées sont classées aux *Opérations de trésorerie* parmi les *Avances*, sous le titre « *Assistance judiciaire. Indemnités aux témoins* ».

Le Receveur adresse ensuite les pièces justificatives de ces *avances* au Directeur qui en fournit un accusé de réception énonçant la valeur qu'elles représentent et envoie ces pièces au Préfet chargé de les remettre au Ministre de l'Intérieur qui en arrête le montant et les transmet au Ministère de la Justice.

Enfin la chancellerie délivre une *autorisation* de payement au vu de laquelle le Receveur régularise le compte d'avance en effectuant :

1° Une *recette* aux *Opérations de Trésorerie*, compte *Avances*, titre « Assistance judiciaire. Indemnités aux témoins ».

2° Une *dépense* au § 2 des Frais de Justice « Frais d'Assistance judiciaire », dépense justifiée par la pièce provenant de la Chancellerie. *(C. C. 19 août 1911 § 1).*

125. Bureau compétent.— C'est au Receveur des actes judiciaires *près la juridiction saisie du différend*, qu'incombe le paiement de tous les frais. Cette règle est imposée par la nécessité de centraliser au bureau d'un même comptable, *qui est tenu de les relever au compte ouvert au Sommier d'Assistance judiciaire*, toutes les dépenses relatives à la même affaire, et dans le but d'éviter des omissions dans les exécutoires *(V. N° 126).*

Il s'ensuit, que les Receveurs d'autres bureaux appelés à payer des frais, notamment des frais de transport *(V. N° 126)*, ou des taxes de témoins entendus par commission rogatoire *(V. N° 155)*, doivent effectuer ces paiements *par virement* pour le compte de leur collègue du tribunal *chargé de juger l'affaire*.

Les mémoires des transports effectués en dehors du ressort du tribunal saisi de la contestation sont taxés par le Président du tribunal du lieu de transport et payés *par virement* par le Recéveur de la résidence des officiers ministériels *(V. N° 126)*. Il doit, par analogie, en être de même des mémoires des greffiers *en matière d'accidents du travail* (V. N° 128).

1. Frais d'exécution des commissions rogatoires étrangères. Matière civile. Matière criminelle. — Voir circulaire 16 août 1905 § 1, et l'annexe N° 1 de ladite circulaire. N° 150-4 ci-après.

126. Frais de transport. Taxe. Paiement. — Les officiers ministériels *(notaires, avoués, huissiers, etc.)*, doivent, *avant l'issue de l'instance et sans attendre le recouvrement de l'exécutoire*, demander le remboursement de leurs *frais de transport*. Ils *sont tenus* de produire un mémoire revêtu de la Réquisition du Ministère public, du visa du Procureur Général *(Revue pratique 3200)* et régulièrement taxé, dans l'année qui suit la date à laquelle ces frais ont été faits, *sous peine de déchéance* (V. N° 152, Inst. 3080-41), par le Président du *tribunal de leur résidence qui doit*, le cas échéant, *mentionner qu'il agit aux lieu et place de son collègue du tribunal saisi de l'affaire.*

1. Mémoire distinct par juridiction. — Chaque mémoire ne peut comprendre que des frais relatifs à des affaires soumises *au même tribunal et dont l'avance doit être régularisée définitivement par le même comptable* (Inst. 3094 ; C. C. 2 sept. 1902, N° 194-IV). Les Receveurs doivent donc, *sous peine de rejet de la dépense*, refuser de payer les mémoires qui comprennent des frais concernant des affaires qui ne sont pas portées devant la même juridiction *(Cour, tribunal, justice de paix, etc.)*

Il semble toutefois qu'un mémoire peut comprendre les frais relatifs à une même affaire portée d'abord devant le Juge de paix, puis, en appel, devant le tribunal de première instance : et que ce mémoire doit être payé par le Receveur établi près de cette dernière juridiction, ou *par virement* pour son compte.

127. Reversement de frais indûment payés. — Les frais indûment alloués et payés sous le titre « Frais en matière d'assistance judiciaire » *doivent* être reversés *aux Receveurs de l'Enregistrement qui en font recette au titre : Recouvrements de frais de justice*, de la manière indiquée par la Circ. du 16 Août 1905 § IX.

Les Receveurs *doivent* s'abstenir d'encaisser les sommes qui leur sont offertes à titre de reversement tant que l'ordre de payement, établi par le magistrat compétent, ne leur pas été transmis *par l'intermédiaire du Directeur.*

Si la partie condamnée aux dépens a déjà payé la somme reversée, elle doit lui être restituée *(Inst. 2969-2 ; Revue 42-IV, 89-4).*

II. — ACCIDENTS DU TRAVAIL

128. Frais à avancer. — Les Receveurs doivent payer au titre : *Art. 2. Frais en matière d'assistance judiciaire,* les frais de transport des juges, des officiers ministériels et des experts *(médecins commis, arbitres, etc.),* les honoraires de ces derniers et les taxes des témoins *(Inst. 2988 p. 8).* — Les experts n'ont pas qualité pour taxer les témoins *(V. N° 124)* ; les émoluments de toute sorte et les indemnités alloués aux juges de paix et aux greffiers *en ce qui concerne les enquêtes préliminaires* (Voir le détail dans l'Inst. 2988 p. 33 ; Inst. 3084 et 3094), *à l'exception des frais d'envoi de lettres recommandées* dans les hypothèses des Art. 4 et 19 de la loi du 9 avril 1898, modifiés par celle du 31 mars 1905 *(désignation du médecin chargé de visiter la victime et révision de l'indemnité précédemment allouée* (Inst. 3169).

Les émoluments des greffiers, *autres que ceux relatifs aux enquêtes préliminaires,* ne doivent pas être *avancés* par les Receveurs *(Voir Revue Art. 137,5-1 ; Circ. 16 août 1905 p. 14 et 47) ;* ils sont payés *après recouvrement* selon le mode indiqué au N° 278-1 *(C. C. 31 mars 1903, N° 196-1 ; Revue 43-I et 53).*

Chaque mémoire, qui doit être visé par le Parquet général *(Inst. 3013-2),* ne peut comprendre que des frais faits dans des affaires *soumises à une même juridiction* (V. N° 126-1).

1. BUREAU QUI DOIT PAYER LES FRAIS. — VIREMENTS AUTORISÉS. — Voir Nᵒˢ 125 et 126 ; Inst. 3013-2-IV, 3080-40.

2. TIMBRE. — DIMENSION ET QUITTANCE. — Aucun droit de timbre n'est dû si les mémoires ou les taxes indiquent clairement dans leur texte qu'il s'agit de l'exécution de la loi du 9 avril 1898 *(Inst. 3080-I ; 3115-I ; 3118 ; Voir N° 6-1).*

3. CONSIGNATION DES AVANCES. — Les paiements effectués sont relevés, au fur et à mesure, à l'article ouvert au *Sommier d'assistance judiciaire,* ou, pour les bureaux de canton où le nombre des affaires de la compétence des juges de paix est peu considérable, au *Sommier de surveillance* (Inst. 3013 p. 20 ; V. N° 125).

4. RECOUVREMENT DES DÉPENS ET DES AVANCES. — Voir N° 10-1, *suprà* et l'Art. 43-II de la *Revue.*

5. Reversement de frais indûment payés — Mêmes règles qu'au N° 127.

III. — PRUD'HOMMES

129. Instances devant les Conseils de prud'hommes.

1. Actes a viser pour timbre et a enregistrer en débet ou gratis. — Voir Nos 26, 27, 229 et 320; Inst. 3258, 3256, 3121, 3173, 2561, 1861, 1879 et 1958 ; Revue 132.

2. Frais a avancer par les Receveurs. — Les Receveurs ne doivent pas, à l'occasion des procédures devant les conseils de prud'hommes, avancer d'autres frais que l'indemnité de 0,25 allouée aux secrétaires ou greffiers par chaque extrait de jugement délivré. Cette avance est faite sous le titre : *Frais de poursuites concernant l'Administration de l'Enregistrement* et régularisée de la manière indiquée à la page 2 de l'Inst. 3121 et au N° 229 *infrà*.

3. Consignation et recouvrement des droits en débet et des frais avancés. — Signification, avant poursuites, des jugements par défaut. — Péremption. — Prescription. — Voir les Instructions 3121, p. 2. 3060, p. 9 et 2561 ; R. E. 3539-73 et 74.

4. Instances suivies avec le bénéfice de l'assistance judiciaire. — L'Assistance judiciaire peut être accordée devant les Conseils de Prud'hommes dans les mêmes formes et conditions que devant les justices de paix. (I. 3256, 3258).

Lorsque l'Assistance judiciaire n'a pas été *spécialement* accordée, les Receveurs ne doivent pas recouvrer et distribuer les sommes dues aux officiers ministériels.

ART. 3. — FRAIS EN MATIÈRE DE FAILLITE

130. Frais à avancer. — En cas d'insuffisance des deniers de la faillite ou de la liquidation, *et bien que cette faillite ou cette liquidation ne présente aucun actif*, les Receveurs sont tenus d'avancer et de porter en dépense au titre des *Frais de justice criminelle* intitulé : *Frais en matière de faillite*, les frais :

1° *du jugement déclaratif de la faillite et de ceux rendus sur l'opposition du failli ou de tout autre partie intéressée* (Inst. 3030), *à l'exception des droits d'enregistrement des conventions particulières constatées par le jugement déclaratif, lesquels doivent être poursuivis contre les parties* (Inst. 2340-4°).

2° *d'affiche, d'insertion et de signification du jugement déclaratif* (Inst. 3030) ;

3° *d'arrestation du failli* (les frais d'incarcération (aliments, etc.) ne doivent plus être avancés *(Circ. 16 août 1905 p. 40)*.

4° *du procès-verbal d'apposition de scellés* ou du procès-verbal de carence et des ordonnances de référé qui *s'y rattachent* (Circ. 16 août 1905, p. 42) ;

5° *du jugement prononçant d'office la clôture des opérations de la faillite* (Inst. 1697, § 4) ;

6° *de la sommation faite au failli conformément à l'Art. 537 du Code de Commerce* (Inst. 2062-4).

7° *des actes, droits d'enregistrement, etc., etc... énumérés au § III de la Circ. du 28 Novembre 1910.* (Avances du Trésor en Appel).

I. MODE DE PAYEMENT DES FRAIS. — Les frais énumérés ci-dessus sont payés *exclusivement au Greffier du tribunal de commerce qui a prononcé la faillite ou la liquidation,* et non plus indifféremment à ce Greffier ou au Syndic. Toutefois, les frais d'apposition de scellés et d'arrestation peuvent être payés *directement* aux Greffiers de paix et agents de la force publique dans les conditions indiquées ci-après.

Les mémoires de ces frais, au bas desquels doit être mise l'ordonnance du Juge commissaire *(Code Com. Art. 461),* ne sont pas assujettis au visa du Procureur Général et ne doivent pas être revêtus du *Vu sans opposition* du Receveur. Circ. du 16 août 1905 § IV. *(Voir toutefois l'Art. 139 du décret du 5 octobre 1920, N° 149-1 ci-après).*

II. MÉMOIRE UNIQUE PAR AFFAIRE. — ETATS DÉTAILLÉS DES FRAIS. — Tous les frais *d'une même affaire,* y compris ceux de signification du jugement déclaratif, les frais réclamés par l'huissier et les frais d'affiches et d'insertion *(ces trois catégories de frais étant avancés de ses deniers par le Greffier de commerce)* font l'objet d'un seul mémoire établi par ce Greffier. Cependant, les frais d'apposition de scellés et d'arrestation peuvent, après avoir été ordonnancés *par le Juge commissaire de la faillite* (Code com. 461), être payés *directement* et *par virement* pour le compte du Receveur établi près le tribunal qui a prononcé la faillite, aux Greffiers de paix et agents de la force publique, souvent éloignés du siège de ce tribunal. Les frais sont portés *en bloc, par partie prenante,* sur le mémoire du Greffier de commerce, mais le *détail* doit en être fourni par les huissiers et les imprimeurs dans la quittance, (revêtue du timbre quittance, le cas échéant), qu'ils remettent au Greffier, et que ce dernier annexe, à titre de justification, à son mémoire collectif.

III. FRAIS QUI NE DOIVENT PAS ÊTRE AVANCÉS. — Les Receveurs n'ont pas à se préoccuper des erreurs de tarif commises par le juge taxateur *(V. N° 151)* ; mais si un mémoire comprend des frais dont l'avance n'est pas autorisée *(V. N° 130)*, et notamment des frais de *garde* et de *levée* de scellés, de dépôt de bilan, de gestion du syndic, des frais *qui ne sont pas encore exposés*, etc., ils doivent en faire opérer la déduction. Les renvois et ratures qu'entraîne cette rectification du mémoire doivent être approuvés par le magistrat taxateur *(Revue 95)*.

Les frais de l'inventaire dressé sommairement *(C. Com. Art. 455)* avec dispense d'apposition des scellés ne doivent pas être avancés.

IV. TIMBRE. — Le timbre des mémoires et de l'acquit est à la charge des parties prenantes *(V. N° 93, C. 16 août 1905 annexe 3, § IV in fine)*.

V. ORDONNANCE DE RECOUVREMENT. — Le greffier de commerce doit comprendre dans l'état *détaillé* de liquidation qu'il est tenu de remettre au Directeur, en vue du recouvrement, d'une part les avances autorisées, d'autre part le montant des droits de timbre et d'enregistrement *en débet* des actes et jugements.

L'état de liquidation et l'ordonnance du juge commissaire doivent être établis conformément au modèle annexé à l'Inst. 3259, et transmis au Receveur par l'intermédiaire du Directeur pour le recouvrement éventuel des frais, dès que le total de ces frais est connu. I. 3259.

La Circ. de la Chancellerie *(Annexe 3 de la C. 16 août 1905 précitée)* rappelle que les greffiers *ne doivent pas faire l'avance* des droits de timbre et d'enregistrement des actes et jugements, auxquels la double formalité doit être donnée *en débet* sauf dans le cas *où le syndic disp.* *de fonds suffisants pour l'acquit des droits au comptant.* Par précaution, le jugement déclaratif doit toujours être rédigé *sur timbre.*

VI. CONSIGNATION ET RECOUVREMENT. — Les avances faites par le Trésor doivent être consignées au *Sommier N° 1,* au vu de l'ordonnance de remboursement du juge commissaire, *même lorsque la faillite est close pour insuffisance d'actif.* Il appartient aux Directeurs de prescrire le report *aux surséances,* en fin d'exercice, des articles qui, d'après les justifications fournies, paraissent irrécouvrables *(Sol. 19 Sept. 1895 ; Rev. prat. 4172 ; Inst. 1563 I. 2720-97).*

VII. REVERSEMENT DE FRAIS. — Mêmes règles qu'au N° 127.

ART. 4. — FRAIS CONCERNANT LA LIQUIDATION DES CONGRÉGATIONS

131. Frais non recouvrés concernant la liquidation des biens des congrégations. — La Circulaire du 25 Mai 1905 a déterminé les dépenses à classer sous ce titre et fixé les règles relatives à leur justification. Jusqu'à ce que de nouvelles instructions aient été données à ce sujet aucune dépense ne paraît devoir être portée sous ce titre depuis la mise en vigueur de la loi du 29 mars 1910. I. 3.295-3311 *(Voir N° 369).*

FRAIS DE RÉVISION DES PROCÈS CRIMINELS

132. — Les frais qui doivent être classés sous ce chapitre (p. 62 du *Sommier de Comptabilité)* comprennent les articles ci-après :

1° INDEMNITÉS ET SECOURS ACCORDÉS AUX VICTIMES D'ERREURS JUDICIAIRES. — Voir I. 2907 ; C. 31 décem. 1896.

2° FRAIS RELATIFS A CES AFFAIRES. — Voir I. 2907 ; C. 31 Déc. 1896.

3° SECOURS AUX INDIVIDUS RELAXÉS OU ACQUITTÉS.

1. Secours après enquête. — Ils sont accordés par la Chancellerie sur la proposition des parquets ou sur la demande des intéressés. Les Receveurs de l'Enregistrement ne sont pas chargés du payement de cette nature de secours.

2. Secours immédiats. — Ils sont alloués par les magistrats aux détenus remis en liberté, dans les conditions déterminées par la circulaire du Garde des Sceaux en date du 22 avril 1910 annexée à la circulaire de l'Enregistrement du 28 novembre 1910.

Le magistrat du parquet fait l'avance *de ses deniers personnels* des sommes accordées à titre de secours immédiat, il dresse un procès-verbal succinct pour constater la remise des fonds à l'intéressé et adresse d'urgence au Ministère de la Justice un rapport faisant connaître les circonstances dans lesquelles est intervenu l'acquittement ou l'ordonnance de non-lieu et les motifs qui l'ont déterminé à allouer le secours.

Dans la huitaine, la Chancellerie délivre au profit du

magistrat un mandat de remboursement payable à la caisse du Receveur de l'Enregistrement. Ce mandat, dûment acquitté par le magistrat, constitue la seule pièce justificative de la dépense qui est inscrite au *Sommier de Comptabilité* sous le titre qui lui est affecté, page 62, n° 7.

Ces mandats sont exempts du timbre quittance toutes les fois que la Chancellerie atteste l'indigence du bénéficiaire du secours (*I. 2577 § 3 ; C. C. 24 Mars 1893 N° 1642-173*).

133. **Dépenses assimilées aux frais de justice criminelle. Taxe et liquidation.** *(Art. 122 du décret du 5 octobre 1920).* Dans les procédures assimilées, au point de vue des dépenses, aux procès criminels, les frais sont avancés par l'administration de l'enregistrement, conformément aux dispositions du présent décret, mais ils sont taxés et liquidés d'après le tarif et suivant les règles de chaque juridiction compétente.

Les règles de déchéance et le mode de payement sont ceux établis par le présent décret.

(Art. 123). — Par dérogation à la règle établie à l'article précédent, sont payés conformément au tarif fixé par le présent décret les frais des poursuites exercées devant le Tribunal civil ou devant la Cour d'appel :

1° Pour contraventions aux lois sur la tenue des registres de l'état-civil, dans les cas prévus par les articles 50 et 53 du Code civil, et sur la célébration des mariages, dans le cas prévu par l'article 192 du Code civil ;

2° Pour infractions disciplinaires commises par des officiers publics ou ministériels.

134. **Poursuites d'office en matière civile.** — Lorsque le ministère public agit d'office, les actes auxquels la procédure donne lieu sont visés pour timbre et enregistrés en débet conformément aux lois du 13 brumaire et du 22 frimaire an VII. *(Art. 125).*

135. **Procédure d'office aux fins d'interdiction.** — Si l'interdit est solvable, les frais de l'interdiction sont à sa charge et le recouvrement en est poursuivi avec privilège et préférence, conformément à la loi du 5 septembre 1807.

Si l'interdit paraît avoir des ressources insuffisantes, le ministère public doit faire constater cette insuffisance par le bureau d'assistance judiciaire et les frais sont avancés et recouvrés comme en matière d'assistance judiciaire *(Art. 126).*

136. Inscriptions hypothécaires requises par le ministère public. — Les frais des inscriptions hypothécaires prises d'office par le ministère public sont avancés par l'administration de l'enregistrement, sauf recouvrement ultérieur contre les intéressés. *(Art. 127).*

Pour le payement du prix des bordereaux, voir la C. C. du 20 décembre 1919, N° 2267-244 § 2. *(Revue Art. 303-I.).*

137. Recouvrement des amendes. — Les frais de recouvrement des amendes prononcées dans les cas prévus par le Code d'instruction criminelle et par le Code Pénal ne sont pas imputés sur les fonds généraux des frais de justice criminelle et, par suite ne sont pas acquittés par les Receveurs de l'Enregistrement *(Art. 128).*

138. Transport des registres et archives. — Un inventaire est établi sans frais par le greffier ou, à son défaut, par le Président de la Cour ou du Tribunal, ou par le Juge de paix.

S'il s'agit des archives d'un Parquet, l'inventaire est dressé par le Procureur Général, le Procureur de la République, le magistrat du ministère Public près le Tribunal de simple police et, à défaut de ce dernier, par le Juge de Paix. *(Art. 129).*

139. Pupilles de la Nation. Frais de notification de jugements les concernant. — Voir Circulaire de la Direction de la Comptabilité publique du 20 décembre 1919 § III. *(Revue, Art 303-III).*

140. Mode de payement des frais de Justice criminelle. — Ces frais sont payés sur les états ou mémoires des parties prenantes établis, sous peine de rejet, conformément aux modèles arrêtés par le Ministre de la Justice et de manière que les taxes et exécutoires puissent y être apposés.

Les parties prenantes doivent produire un mémoire distinct pour chacun des articles de dépense prévus au *Sommier de Comptabilité.* Un mémoire dont le montant est imputable sur l'Art. 2 *(Voir N°ˢ 126 et 128)* ne doit comprendre que des frais relatifs à des affaires soumises à une même juridiction. *(I. 3094 ; C. C. 5 mars 1902, N° 193-I, et 2 septembre 1902, N° 194-IV).*

141. Exercice. — Toutes les dépenses pour Frais de Justice figurent dans la comptabilité à l'exercice courant *(page 62 du Sommier de Comptabilité).*

142. Plusieurs parties prenantes. — Tout état ou mémoire fait au nom de deux ou plusieurs parties prenantes doit être signé par chacune d'elles; le payement ne peut être fait que sur leur acquit individuel, ou celui de la personne qu'elles ont autorisée à toucher.

143. Fondé de pouvoir. — L'autorisation de toucher est mise au bas de l'état ou mémoire et ne donne lieu à la perception d'aucun droit.

144. Créancier illettré. — Le mémoire présenté par un créancier illettré peut être certifié au moyen d'une croix, mais le paiement est soumis aux règles exposées au N° 84 *suprà*. Ces règles ne sont pas applicables aux taxes.

145. Créancier décédé. — Mêmes justifications qu'au N° 85.

146. Timbre. — Le prix du timbre, tant du mémoire que des pièces à l'appui, est à la charge de la partie prenante.

Les mémoires excédant 10 fr. sont, à l'exception de ceux des gendarmes et assimilés (V. ci-dessous) et de ceux relatifs aux *Accidents du Travail* (V. N° 128-2), assujettis au timbre de la dimension du papier sur lequel ils sont établis *(Rég. 1866, p. 100 N°ˢ 12 et 13)* et au timbre de quittance *(I. 2413)*.

1. GENDARMERIE. — DOUANES. — FORÊTS. — Les gendarmes, considérés comme gens de guerre, les douaniers et les brigadiers et gardes-forestiers qui y sont assimilés *(I. 2887-2 et 3135-3)*, n'ont à supporter ni le timbre de dimension, ni le timbre de quittance. *(L. 13 brumaire an VII, Art. 16)*.

Mais les quittances données par les fournisseurs aux gendarmes ne sont pas exemptes de timbre *(I. 2495-5. Voir N° 108)*.

2. MÉMOIRE COLLECTIF SUPÉRIEUR A 10 FR. — Il est dû un seul droit de timbre de dimension et autant de droits de timbre-quittance qu'il y a de parties recevant distinctement plus de 10 fr. S'il n'y a pas communauté d'intérêts et, par suite, indivision de la créance, *(V. N° 94)*, il n'est dû aucun timbre-quittance quand la somme revenant à chaque partie n'excède pas 10 fr., bien que le total du mémoire soit supérieur à cette somme.

C'est ainsi qu'un mémoire de frais de transport s'élevant à 15 fr., dont 9 fr. pour le juge et 6 pour le greffier est passible du timbre de dimension, mais est exempt du timbre de quittance; tandis qu'un mémoire de 12 fr. revenant à deux agents de police, pour frais de capture, doit être timbré à 2 fr. (dimension) et à 0,25 (quittance).

147. Perte des pièces justificatives. — Voir Nᵒˢ 150-6, 228-7, 79 ; Revue 93.

148. Visa du Procureur Général. — Aucun état ou mémoire ne peut être payé s'il n'a été préalablement visé par le Procureur Général *(C. C. 16 mars 1888, Nᵒ 165)*.

Le visa apposé au moyen d'un timbre humide sans signature manuscrite n'est pas admis *(C. C. 16 mai 1917 § IV-2, Revue Art. 283-I)*.

Le visa du Procureur Général est inutile sur les mémoires revêtus d'une autorisation de payement de la Chancellerie. *(Revue 164)*.

149. Magistrat taxateur. — Les formalités de la taxe et de l'exécutoire sont remplies sans frais par les Présidents, les Juges d'instruction et les Juges de paix, chacun en ce qui les concerne.

Les mémoires sont taxés, article par article; la taxe de chaque article rappelle la disposition législative ou règlementaire sur laquelle elle est fondée.

Le magistrat taxateur délivre ensuite son exécutoire à la suite de l'état ou du mémoire.

Cet exécutoire est toujours décerné sur le réquisitoire écrit et signé de l'officier du Ministère Public.

1. Tribunal de commerce. — Lorsqu'un mémoire porte sur des frais devant le Tribunal de Commerce, il est taxé par le Président ou un Juge de ce tribunal, sans réquisition préalable, mais après avoir été soumis au visa du Procureur Général.

150. Dispositions spéciales applicables à certains frais. Payement par les Greffiers. *(Art. 140 et 141)*.

Les dispositions qui précèdent ne sont pas applicables au payement:

1ᵒ des indemnités des témoins, des jurés et des interprètes;

2ᵒ des dépenses modiques relatives à des fournitures ou des opérations, dont le maximum est fixé par les instructions du Ministre de la Justice (1).

Ces frais sont acquittés sur simple taxe et mandat du magistrat compétent apposés sur les réquisitions, copies de convocations ou de citations, états ou mémoires des

---

(1) Maximum fixé à 50 fr. *(C. C. 31 janvier 1923, § III)*.

parties, sans qu'un exécutoire soit préalablement requis par le Ministère Public.

Le visa du Procureur Général n'est pas exigé.

Les frais rentrant dans cette catégorie ont un caractère alimentaire et sont, par suite, insaisissables (dispense du visa de non opposition). Ils doivent être, en principe, réglés dès la clôture de l'audience, par le greffier de la juridiction compétente, au moyen d'une avance reçue du Receveur de l'Enregistrement, et dont l'importance est fixée par le Directeur de l'Enregistrement d'accord avec le Parquet.

Cette avance n'est pas passée en écritures : le reçu délivré par le Greffier représente dans la Caisse du Receveur une valeur égale à la somme avancée qui est d'ailleurs reconstituée automatiquement par le remboursement des taxes revêtues de l'acquit des parties prenantes *(Circ. 28 janvier 1922 § VI)*.

Ne rentrent pas dans les prévisions du présent numéro les indemnités et allocations, même inférieures à 50 fr., dues soit aux médecins et experts, soit aux greffiers, aux officiers ministériels et, d'une façon générale, à toutes les parties prenantes qui doivent produire des mémoires périodiques.

1. DÉCHÉANCE. — Les Receveurs doivent refuser d'acquitter les taxes dont le payement n'a pas été réclamé dans les *6 mois* de leur date. Mais des taxes peuvent être admises dans les comptes d'un Receveur plus de 6 mois après la date qu'elles portent, s'il est justifié par un certificat du Directeur qu'elles ont été payées dans ces 6 mois *(Sol. 17 novembre 1856. Revue 92)*.

2. CONDITIONS DE RÉGULARITÉ. — En ce qui concerne les taxes des témoins et des jurés, les Receveurs doivent refuser de payer les taxes qui ne sont pas datées et qui ne contiennent pas toutes les indications ci-après :

1° la nature du crime et du délit ;

2° que le témoin a requis taxe ;

3° qu'il ne jouit d'aucun traitement à raison d'un service public, ou qu'il rentre dans l'une des catégories désignées à l'Art. 35 du décret du 5 octobre 1920 ;

4° qu'il n'y a pas de partie civile en cause, ou que la partie civile a obtenu le bénéfice de l'assistance judiciaire, ou qu'il n'y a pas eu de consignation suffisante ;

5° que le témoin sait, ne sait pas ou ne peut pas signer.

Cette dernière indication est seule exigée pour les taxes relatives à l'assistance judiciaire.

Si les taxes satisfont à ces conditions, elles doivent être payées, bien qu'elles contiennent des erreurs *dont le juge est responsable.*

L'indication sur la taxe, que le témoin ne sait pas ou ne peut pas signer suffit pour payer sans l'assistance de témoins ; le Receveur produit la taxe telle qu'elle lui est remise, sans être tenu de la revêtir d'une mention quelconque, ni de signer l'acquit *(C. C. 23 janvier 1839 N° 47 ; I. 283 ; Circ. 16 août 1905 p. 9).*

La femme mariée n'a besoin ni de l'assistance, ni de l'autorisation de son mari pour toucher le montant d'une taxe.

3. Timbre. — Les taxes dont le montant excède 10 fr. (ou d'acompte) *(V. N° 115-4)* doivent supporter le droit de timbre-quittance, à l'exception, toutefois, de celles délivrées aux gendarmes, aux douaniers, et aux brigadiers et gardes-forestiers *(V. N° 146-1)*, et de celles relatives aux accidents du travail *(V. N° 128-2).*

4. Témoins entendus en vertu de commissions rogatoires venant de l'étranger. — Les taxes délivrées aux témoins entendus en exécution d'une commission rogatoire, en matière civile ou criminelle, adressée par un tribunal étranger, aux autorités françaises doivent être portées en dépense à l'Art. *Frais de justice criminelle* (Circ. 16 août 1905).

5. Heures de payement des taxes. — D'après l'instruction 1824, pour le payement des taxes à témoins et des indemnités aux jurés, les bureaux doivent être ouverts tous les jours, sans exception, depuis une heure avant le lever, jusqu'à une heure après le coucher du soleil, et même jusqu'à minuit, lorsque les séances des cours et tribunaux se prolongent après le coucher du soleil.

Il semble que cette règle se trouve abrogée en fait par les dispositions de l'Art. 141 du décret du 5 octobre 1920 qui prévoient le paiement de ces taxes par les greffiers.

6. Perte ou absence de citation. — La taxe est mise soit au bas des copies de citation ou de convocation, soit au bas des avertissements donnés en matière de simple police, *(C. C. N° 47)*, soit enfin au bas du télégramme si le témoin a été mandé télégraphiquement.

Lorsque le témoin ne peut représenter ni sa copie, ni l'avertissement, le paiement a lieu sur la production d'une taxe isolée, dans laquelle le juge indique le motif qui empêche la production de cette copie ou de cet avertissement. (Perte de la copie, citation verbale, etc...)

151. Responsabilité des Magistrats et des Receveurs.
— Les juges qui ont décerné les mandats ou exécutoires, et les officiers du Ministère Public qui y ont apposé leur signature sont responsables de tout abus ou exagération dans les taxes, solidairement avec les parties prenantes et sauf leur recours contre elles.

Les magistrats sont responsables des erreurs qu'ils commettent dans la liquidation des frais, et les Receveurs ne sont pas fondés à refuser le paiement des taxes ou mémoires qui contiennent des erreurs de tarif *(C. C. N° 53-6)* ou qui comprennent, *à la fois,* des frais de justice criminelle et des dépenses étrangères *(Sol. 24 déc. 1856).*

Toutefois, les Receveurs doivent vérifier si les mémoires présentés au paiement ne renferment pas des erreurs « *purement matérielles* » de calcul (erreurs d'addition, de soustraction, de multiplication, etc...) et différer le paiement des mémoires dans lesquels ils relèveraient de semblables erreurs, jusqu'à ce que les rectifications nécessaires aient été faites à la diligence du créancier. *(D. M. 31 août ; 4 septembre 1915 ; I. 3466 § 12. Revue 283-III.)*

Les comptables doivent, *sous peine de rejet,* refuser de payer les mémoires qui ne sont pas visés par le Procureur Général *(V. N° 148) ;* qui ne comprennent *que des dépenses étrangères* au ministère de la justice ; qui comprennent des frais imputables sur *plusieurs articles* (V. N° 140), qui contiennent, *dans la partie manuscrite,* des ratures ou surcharges non approuvées *(C. C. N° 47)* et enfin ceux dont le montant n'est pas indiqué en toutes lettres *(V. N° 153)* ou dont la somme énoncée se trouve raturée, surchargée, sans mention d'approbation régulière, *spécialement* signée (I. 3094 p. 6 *in fine*). Ils sont, de plus, responsables de l'irrégularité matérielle ou du défaut de production des pièces justificatives *(V. N° 153, 106, 107, 108, 109, 114, 119, 122 et suivants),* des paiements effectués après la déchéance *(V. N°s 150-1, 152 et 112)* et de l'irrégularité ou de l'omission des acquits *(V. N° 153).*

152. Délai de paiement. — Les mémoires qui n'ont pas été présentés à la taxe du juge dans le délai d'un an à partir de l'époque à laquelle les frais ont été faits, ou dont le payement n'a pas été réclamé dans les 6 mois de la date de l'ordonnancement, ne pourront être acquittés qu'autant qu'il sera justifié, soit par une mention inscrite sur le mémoire, soit par une pièce qui doit y rester jointe, de l'autorisation spéciale du Ministre de la Justice prévue par l'Art. 143 du décret du 5 octobre 1920 *(cf. C. C. 23 janvier 1839, N° 47).*

Les parties ne sont pas responsables du retard apporté par le juge à la délivrance de l'exécutoire, et la date *du visa du Parquet Général*, ou à défaut, celle du *Réquisitoire*, servent à apprécier si elles ont fait les diligences nécessaires dans l'année où les frais ont été engagés.

Si une opération a été faite à plusieurs dates, c'est à partir de la dernière que court le délai de la déchéance. *Exemple :* Le mémoire des frais relatifs à une opération d'expertise commencée le 15 juin 1900 et terminée le 12 mai 1906, doit être payé si le *Réquisitoire* ou *le visa du Procureur Général porte* une date *antérieure au 15 mai 1907* (Sol. 21 août 1851).

1. RETARD IMPUTABLE AU RECEVEUR. — La déchéance ne s'applique qu'aux parties prenantes ; et un Receveur peut, plus de six mois après la date de l'exécutoire, porter en dépense le montant d'un mémoire s'il résulte de la date de l'acquit que le paiement en a été effectué dans ces six mois. (*Déc. Min. Just. 10 déc. 1901 ; Revue 93).*

2. MÉMOIRE PARTIELLEMENT PÉRIMÉ. — Si un mémoire comprend des articles périmés et non périmés, le Receveur ne doit payer ces derniers qu'après que le Réquisitoire et l'Exécutoire ont été modifiés (*Revue 95*), à moins que le mémoire ne soit revêtu de la décision de la Chancellerie qui l'a relevé de la déchéance.

3. MÉMOIRE PÉRIMÉ PAYÉ PAR INADVERTANCE. — Pour en obtenir le remboursement, le Receveur doit exercer son recours contre la partie prenante qui, ensuite, devra faire le nécessaire pour être relevée de la déchéance et obtenir le payement du mémoire régularisé.

Mais, si la partie prenante refuse le remboursement, l'exercice du droit de recours présente de sérieux inconvénients.

Il semble qu'en invoquant cette raison dans une pétition *(sur timbre)* adressée par lui-même au Ministre de la Justice, le Receveur pourrait obtenir une autorisation de paiement permettant de porter régulièrement en dépense le montant du mémoire (*Cir. N° 45. Revue 233).*

153. Régularité des pièces et de l'acquit. — Avant de payer le montant d'un mémoire, les Receveurs doivent s'assurer que toutes les pièces justificatives énumérées dans la mention d'annexe que doit contenir ce mémoire (*Inst. 3094*) lui ont été remises et sont régulières. Ils refusent de payer les mémoires irréguliers (*V. N° 151*) et notamment ceux dont le montant n'est pas indiqué *en toutes lettres* tant dans le *réquisitoire* que dans *l'exécutoire* (1. 3094-2°) et qui contiennent, dans l'indication de la somme à payer, des ratures, grattages ou surcharges non régulièrement approuvés par une mention *spécialement* signée (V. N° 529) ; Règl. 26 Déc. 1866, Dispositions générales N°ˢ 21 et 27 et Art. 72 ; Circ. 23 Janv. 1839 N° 47 ; N° 151 *suprà).*

On tolère toutefois que les centimes soient indiqués en chiffres, à la condition que ces derniers ne soient ni grattés ni surchargés.

On doit s'abstenir de payer quand les pièces présentées sont écrites, en tout ou en partie, au moyen d'un crayon *quelconque.*

DATE DE L'ACQUIT. — Il est rigoureusement nécessaire que la signature de la partie prenante soit précédée de la mention :

Pour acquit :

A————————, le———————— 192 .

151. **Date d'envoi des pièces.** — Les Receveurs doivent, *le 25 de chaque mois,* adresser à la Direction, pour y être soumises à une vérification préalable, les pièces justificatives des paiements effectués pendant le mois pour *Frais de justice,* les états récapitulatifs des taxes à témoins, aux jurés et de frais payés dans les conditions de l'Art. 141 du décret du 5 octobre 1920 (1) *(V. N° 150)* et une chemise 504 *pour chaque Article.* Cette mesure a pour but d'éviter à la fin du mois des rejets de pièces et, par suite, la rectification de la comptabilité mensuelle *(Revue 67 ; 202).*

1. TAXES ET MÉMOIRES PAYÉS APRÈS LE 25. — Les Receveurs sont autorisés à ajourner au mois suivant l'inscription en dépense des *taxes* payées du 26 au dernier jour du mois, si elles ne doivent pas, dans l'intervalle, être atteintes par la déchéance *(Revue 65-II).* Ces taxes justifient le restant en caisse à concurrence de leur montant *(Sol. 13 déc. 1880 ; Revue 67-II)* Mais les *mémoires* et, en particulier ceux qui parviennent au bureau après le 25, payés *par virement* par un Receveur *du département,* doivent être portés en dépense *dès leur réception* et adressés à la Direction avec une nouvelle chemise destinée à remplacer celle envoyée le 25 *(V. N° 305 — Revue Art. 202).*

2. CHEMISE RÉCAPITULATIVE. — Il doit être établi une chemise *distincte* pour *chacun des 4 Art.* que comprend le Chapitre des *Frais de justice en France* (Voir N° 99 *suprà).* Les frais payés dans la forme ordinaire y sont détaillés *mémoire par mémoire* (ce détail dispense les Receveurs de fournir un état récapitulatif) ; le *total* de chacun des états récapitulatifs des *taxes à témoins, aux jurés* et de *frais payés* dans les conditions de l'Art. 141 précité (1) est inscrit à la suite des mémoires,

————————

(1) Il s'agit là, en somme, des frais qui, antérieurement, étaient qualifiés *frais urgents,* dénomination que le décret du 5 octobre 1920 a supprimée.

Les chemises récapitulatives doivent toujours être adressées à la Direction *en même temps que les pièces justificatives* (Revue 18-4). Ces dernières y sont classées dans l'ordre de leur inscription à la page 1.

3. Envoi au Procureur de la République. — V. N° 164.

155. Lieu de payement. — Les mandats et exécutoires sont payables chez les Receveurs de l'Enregistrement établis près le Tribunal duquel ils émanent, sauf l'exception prévue au N° 156 ci-après.

En conséquence, les Receveurs ne doivent payer que les mémoires et les taxes ordonnancés par les magistrats qui exercent ou qui ont instrumenté dans la circonscription de leur bureau.

Notamment, les Receveurs de canton doivent payer pour leur compte et porter en dépense définitive à l'article qu'ils concernent :

1° les mémoires ordonnancés par les juges de paix du ressort de leur bureau.

2° toutes les taxes des témoins et des frais payés sur simples taxes délivrées par ces mêmes magistrats, à *l'exception*, toutefois, *de celles relatives à des affaires d'assistance judiciaire ou d'accidents du travail portées devant une autre juridiction, qui doivent être payées par virement.*

3° les mémoires de *Frais de transport* dûs à des *Huissiers, etc.*, pour des affaires *d'assistance judiciaire* portées devant des juges de paix de leur ressort.

156. Payements par virements — 1. Les Receveurs en résidence au chef-lieu d'une *Légion de Gendarmerie* sont tenus de payer par virement pour le compte de leurs collègues placés près la Cour, le Tribunal ou la Justice de Paix qui a ordonnancé la dépense, les mémoires de *Frais de Capture* revenant aux gendarmes (*C. C. 31 mars 1903, N° 196-I. C.*).

Le certificat du Receveur constatant que le payement a été inscrit sur le livret de solde n'est plus exigé.

II. Les Receveurs de canton doivent, comme les Receveurs de chef-lieux, payer par virement :

a) *Pour le compte de leur collègue établi près la juridiction chargée de juger l'affaire :*

1° toutes les taxes des *témoins*, des *jurés* et *d'autres frais payés sur simples taxes*, mandatées par des magistrats étrangers au ressort de leur bureau *(C. C. 31 déc. 1890)*, et celles délivrées par les juges de paix de leur ressort aux témoins entendus, soit par commission rogatoire *dans des affaires d'assistance judiciaire* (les autres taxes sont payées à titre définitif — *V. N° 155*), soit dans les enquêtes auxquelles ces magistrats procèdent en vertu de la loi sur les *Accidents du travail*, pour l'instruction des affaires *autres que celles qu'ils doivent eux-mêmes juger* (Inst. 3013-2 ; 3080-40. Voir N°s 126, 129 ; Revue 42-III et 63) ;

2° les mémoires de *frais de transport* des officiers ministériels en matière d'assistance judiciaire *(V. N°s 125 et 128-1)* ;

3° les mémoires des indemnités et émoluments alloués aux Juges de paix et aux greffiers pour les enquêtes en matière d'accidents du travail *(V. N° 128-1)*.

b) *Pour le compte de leur collègue près le tribunal qui les a ordonnancées :*

1° les mémoires des médecins *(C. C. N°s 103-6 et 109-6)* quel que soit le tribunal taxateur *(Revue 67-I)* ;

2° ceux de Frais de transport des Juges de paix et de leurs greffiers *(C. C. 4 janvier 1864, N° 109-7)*, qui ne doivent plus être appuyés de l'extrait du procès-verbal dressé à la suite du transport *(C. C. N° 104-2 ; Voir N° 120)* ;

3° les mémoires de frais d'escorte *(V. N° 107)* et de transport de prévenus *(V. N° 103 à 106)*, ainsi que les taxes des gendarmes appelés en témoignage *(C. C. 9 mars 1885, N° 161-I et 15 mars 1888, N° 165-2)*.

Dans la pratique les mémoires des experts sont payés *par virement*, mais rien, à notre connaissance, n'autorise ce mode de paiement *(Revue 67-IV)*.

157. Mémoires des huissiers.

1. ACTES ET DILIGENCES. — C'est au Receveur du chef-lieu *d'arrondissement* qu'incombe le paiement de ces mémoires, qui ne peuvent pas être payés, *même par virement*, par les Receveurs de la résidence des huissiers de canton.

Toutefois, par suite de *tolérance* ou de *décisions spéciales* il est des départements où les mémoires *d'actes et diligences* des huissiers sont payés au bureau de la résidence de ces derniers, et portés en dépense *directement* dans les écritures de ce bureau *(Revue Art. 126)*.

Il va sans dire que si le mémoire est ordonnancé *par le Juge de paix* c'est le Receveur de canton qui doit le payer *à titre définitif* et non par virement *(V. N° 156)*.

En procédant comme l'indique la circulaire annexée à l'Instr. 3094 p. 5, dernier alinéa, les huissiers peuvent être remboursés des taxes dont ils ont fait l'avance à des *témoins instrumentaires*.

2. Frais de transport en matière d'assistance judi-. ciaire. — Pour les frais de transport des huissiers en *matière d'assistance judiciaire* voir N°ˢ 125 et 126-1 *suprà.*

158. Mémoires des greffiers. — Il en est de même des mémoires des greffiers, autres que ceux relatifs aux *frais de transport* et aux *accidents du travail* (V. N°ˢ 125, 128 et 156) *qui ont reçu la formalité de l'exécutoire du Président du tribunal civil de leur arrondissement.* Mais, si un mémoire a été rendu exécutoire par le Juge de paix, le Receveur du canton doit en payer le montant et en faire dépense au titre : *Art. 1ᵉʳ Frais de justice criminelle*, etc. (V. N° 156).

159. Visa de non-opposition. — Les mémoires ne peuvent être acquittés qu'après avoir été revêtus de la mention : *Vu sans opposition* suivie de la signature du Receveur sur la caisse duquel le paiement est imputable.

Toutefois, ce visa n'est pas exigé quand il s'agit, soit *des frais payés sur simple taxe*, soit des *mémoires de la gendarmerie.*

1. Virement. — Un mémoire ne peut être payé par virement qu'après l'apposition par le Receveur pour le compte duquel le payement doit être effectué, du *Vu sans opposition.*

160. Partie Civile *(Art. 147 et 148, 151 à 156 et 162 du décret du 5 octobre 1920).* — Toutes les fois qu'il y a partie civile en cause et que celle-ci n'a pas obtenu le bénéfice de l'assistance judiciaire, les exécutoires pour les frais d'instruction, expédition et signification des jugements sont décernés contre la partie civile s'il y a consignation.

Dans tous les cas où la consignation n'a pas été faite ou, si elle est insuffisante, les frais sont avancés par l'administration de l'enregistrement.

Dans les exécutoires décernées sur les caisses de l'administration de l'enregistrement pour des frais qui ne restent pas définitivement à la charge de l'État, il doit être mentionné qu'il n'y a pas de partie civile en cause ou que la partie civile a obtenu le bénéfice de l'assistance judiciaire ou qu'il n'y a pas eu de consignation suffisante.

1. Consignation par la partie civile. — Remboursement après la décision du Tribunal.

Les Art. 151 à 153 prescrivent, en matière criminelle, correctionnelle, ou de simple police, le versement au greffe par la partie civile qui n'a pas obtenu l'assistance judiciaire, de la somme présumée nécessaire pour tous les frais de la procédure, et dont le greffier est constitué comptable.

Mais la partie civile qui n'a pas succombé, n'est jamais tenue des frais, sauf de ceux occasionnés par elle et qui ont été déclarés frustratoires.

Le montant de la consignation par elle effectuée lui est restitué dans les conditions ci-après :

Lorsque l'affaire est terminée par une décision qui, à l'égard de la partie civile, a force de chose jugée, les sommes non employées lui sont remises par le greffier, sur simple récépissé.

Pour obtenir remboursement des sommes qui ont servi à solder les frais de la procédure, la partie civile doit établir un mémoire en double expédition qui est rendu exécutoire par le Président de la Cour d'assises, de la Cour d'appel, ou du Tribunal, ou par le Juge de Paix, suivant le cas, et qui est payé par le Receveur de l'Enregistrement dans les conditions ordinaires, comme les autres frais de justice criminelle.

161. **Administrations publiques assimilées aux parties civiles** *(Art. 163)*. — Sont assimilés aux parties civiles, *sauf en ce qui concerne la consignation préalable :*

1° Toute administration publique, relativement aux procès suivis, soit à sa requête, soit d'office et dans son intérêt ;

2° Les départements, les communes et les établissements publics, dans les procès instruits à leur requête ou d'office pour délits commis contre leurs domaines publics et privés.

1. Administration. — Elles doivent, dans les instances en matière *correctionnelle et de simple police,* payer directement aux intéressés les frais qui seraient à la charge des parties civiles ordinaires *(Inst. 1494).* En matière criminelle, les frais sont payés par les Receveurs au titre: *Frais de justice criminelle,* si la taxe du juge contient la

mention que l'affaire peut donner lieu à une peine afflictive ou infamante (*V. N° 162, 115, 119-1, 333 ; Inst. 531, 1195, 1518 , 1702, 1820-2, 1931, 1973, 2273-2, 2535, 2711-2 et 2881*).

S'il s'agit d'une action connexe : *V. Inst. 1973 ; C. C. 147-4.*

L'initiative des poursuites, *l'avance des frais* et le recouvrement des condamnations pécuniaires en matière de contravention aux lois sur les vélocipèdes et appareils analogues munis d'un moteur, incombent à l'Administration des Contributions Indirectes (*I. 3276 p. 5, II*).

Lorsque, pour les infractions qui ont un caractère mixte, comme les fraudes en matière de boissons, l'action publique et l'action fiscale sont mises parallèlement et simultanément en mouvement, les frais des instances sont à répartir de la façon suivante :

Si l'action publique est mise en mouvement par un procès-verbal judiciaire dressé par les Agents de la Régie et en conséquence d'une analyse par laquelle le laboratoire du Ministère des Finances a confirmé les soupçons de ce service, l'Administration des Contributions indirectes fait l'avance des frais d'expertise ; les autres frais d'instruction et ceux de signification du jugement sont supportés, en principe, par le Ministère de la Justice, à moins que le caractère de frais communs ne leur ait été reconnu par le tribunal.

Si l'action publique est exercée à la suite de constatations faites en dehors de la Régie, soit par les officiers de police judiciaire, soit par tous autres fonctionnaires, et notamment par les agents spéciaux chargés de la recherche des fraudes commerciales, les frais d'expertise doivent être avancés sur les fonds généraux de la justice criminelle et, si l'administration des Contributions indirectes se porte partie civile, elle est tenue simplement de l'avance des frais exposés à sa requête, sauf au tribunal à en décider autrement. (*I. 3278*).

2. Communes et établissements publics. — Les communes supportent les frais de poursuite toutes les fois qu'il s'agit de délits commis dans leur communaux, bois ou autres propriétés : de dégradations, anticipations ou usurpations de chemins vicinaux ; de destruction ou de dégradation de monuments publics ; de destruction d'arbres dans les plantations publiques, etc. (*Inst. 1826, CXXXI ; Inst. 726. Voir aussi les injonctions publiées dans les suppléments de la Revue*).

Les établissements publics supportent les mêmes frais que les Administrations (*V. N° 87-1, ci-dessus*).

Tous ces frais sont avancés par les Trésoriers-Généraux. Toutefois, les Receveurs sont tenus, dans les instances concernant les communes et établissements publics, *d'avancer sur les fonds de leur caisse :* 1° les taxes à témoins ; 2° les droits de timbre et d'enregistrement des jugements, procès-verbaux et autres actes de la procédure *(C. C. 8 janv. 1877, N° 147-4).* Le mode de remboursement de ces avances est indiqué dans la Circulaire du 3 juin 1888.

162. Délits de pêche. — Les mémoires des frais de transport d'engins saisis *ainsi que les taxes* pour délits de pêche sont payés par les Receveurs et versés pour comptant aux Receveurs des Finances sans constatation dans les écritures du bureau *(C. C. 15 avril 1865, N° 112-1. I. 2262 et 2285).*

Tous les frais relatifs à la même affaire sont payés par le Receveur établi près le Tribunal chargé de la juger, ou par virement pour son compte. *(C. C. 16 août 1905 p. 33).*

Si les frais sont payés par virement, le Receveur pour le compte duquel le payement aura été effectué, fera la recette prévue au N° 302-2 puis il complètera le Bordereau de virement en y certifiant « *qu'il a ce jourd'hui employé les pièces justificatives en dépense en les versant pour comptant au Receveur des Finances.* »

Les frais des actes de poursuites et le coût des expéditions ou extraits des jugements sont, en matière de pêche, payés directement par l'administration des Eaux et Forêts, ou par celle des Ponts et Chaussées *(I. 2262-2984 ; C. C. 26 octobre 1900, N° 183-3).* Ils ne sont à la charge du Ministère de la Justice que dans les deux cas ci-après: 1° si un délit d'outrages ou de rébellion s'ajoute au délit de pêche *(I. 1973 ; C. C. N° 147-4) ;* 2° si le Parquet poursuit d'office la répression d'un délit sans consulter le Service des Eaux et Forêts, ou contrairement à l'avis formulé par ce service *(C. C. N° 183-3 et annexe 3).*

163. Frais de justice payés sur simple taxe du magistrat compétent, *dans les conditions de l'art. 141 du décret du 5 octobre 1920.* (Voir N° 150). — *Etats récapitulatifs.* Modèles :

1° **Frais autres que les indemnités aux témoins et aux jurés :**

DÉPARTEMENT
d————————

BUREAU
d————————

M. X..., Receveur.

ART. 1ᵉʳ - FRAIS DE JUSTICE CRIMINELLE, ETC.

ÉTAT des frais *autres que les indemnités des témoins et des jurés payés sur
simple taxe* ou sur mémoire, pendant le
mois d————————192 .

Nᵒˢ des pièces	NATURE DES FRAIS	NOMS ET QUALITÉS des parties prenantes	MONTANT des taxes	
1	Transport de pièces à conviction. .	Paul, voiturier. .	2	50
2	Exhumation d'un cadavre	Pierre, médecin .	6	»
3	Fourniture d'un cercueil	Jean, menuisier .	12	»
4	Translation d'un prévenu.	Louis, voiturier .	10	»
		Total. . . .	30	50

Le présent état montant à *trente francs cinquante centimes*, est
certifié par le Receveur soussigné,

A————————, le———— 192——,

(Signature).

NOTA. — Il n'est pas utile de produire cet état s'il n'existe, parmi les dépenses du mois, qu'une seule taxe de frais de cette nature.

**2° Indemnités aux témoins et aux jurés. — Classement
des taxes.** — Le 25 de chaque mois (*V. Nᵒ 154*), les Receveurs classent *séparément* les taxes imputables sur l'*Art.
1ᵉʳ : Frais de justice criminelle, etc.*, et celles concernant
l'*Art. 2 : Frais en matière d'assistance judiciaire.* Ils les
assemblent, par quotité, dans une petite chemise (*inutile
quand il n'y a qu'une taxe d'une quotité*), de manière à
former autant de liasses qu'il y a de taxes de quotité
différentes. Après avoir attaché chaque liasse au moyen
d'un fil ou d'une épingle, on numérote les taxes de 1 à......
(*en commençant par celles du tarif le moins élevé. —
Mod. 34 du Règlement 18 Juin 1811*) puis on remplit les
petites chemises d'après les deux exemples suivants :

Nᵒˢ des taxes : 1 à 5	Nᵒˢ des taxes : 6 à 8
5 taxes à 0,75 = 3,75	3 taxes à 1 fr. = 3 »

Etats récapitulatifs. — Le classement des taxes terminé, on établit un Etat récapitulatif pour *chacun* des
Art. 1 et 2, dont voici le modèle :

6

FRAIS DE JUSTICE   ART. 1er. FRAIS DE JUSTICE CRIMINELLE, ETC.
EN FRANCE

o u

ART. 2. FRAIS EN MATIÈRE D'ASSIST. JUDICIAIRE

Mois d................192

M. X..., Receveur.

ÉTAT des sommes payées aux témoins *(ou aux jurés)* pendant le mois d..........................
192 , par le Receveur de l'Enregistrement
à............................. département d..............

NUMÉROS des taxes	MONTANT de chaque taxe		NOMBRE de taxes	PRODUITS	
1 à 5	»	75	5	3	75
6 à 8	1	»	3	3	»
9 à 10	1	50	2	3	»
11	2	73	1	2	73
Moyen de contrôle : L'addition de la col. 3 doit donner un total égal au N° de la dernière taxe (11).			Total...	12	48

Je soussigné, Receveur de l'Enregistrement, certifie véritable le présent état montant à la somme de *douze francs 48 centimes.*

A________________, le 25___________ 192___.

Le montant de chaque état est porté en dépense *en bloc* à la date de son envoi à la Direction *(V. N°s 154 et 399)*.

Voir, pour l'envoi à la Direction des états récapitulatifs et des pièces justificatives, le N° 154 *suprà.*

164. Envoi au Procureur de la République. — Un double de chacun des États de *Frais payés sur simple taxe,* et *d'Indemnités aux Témoins et aux Jurés,* acquittés pendant le mois, doit être adressé au Procureur de la République de l'arrondissement le 3 du mois suivant, au plus tard *(C. C. N°s 47 et 166 § 2. Art. 149 du décret du 5 octobre 1920).*

165. Frais de justice criminelle restant définitivement à la charge de l'État *(Art. 157 du décret du 5 octobre 1920).* — Sont déclarés dans tous les cas à la charge de l'État et sans recours envers les condamnés : 1° les frais de voyage et de séjour des magistrats délégués pour la tenue des Cours d'assises ; 2° les frais de transport et de séjour des Juges de paix pour l'établissement de la liste annuelle du jury ; 3° toutes les indemnités payées aux Jurés ; 4° les frais de transport des prévenus et accusés dans les cas prévus par l'article 11 du présent décret ; 5° les droits d'expédition pour la copie gratuite de la procédure qui doit être délivrée aux accusés conformément à l'article 305 du Code d'Instruction criminelle ; 6° toutes les dépenses pour l'exécution des arrêts criminels.

166. Recouvrement des frais qui ne restent pas définitivement à la charge de l'Etat (*Art. 160-161-168 du décret*). — En conformité des art. 162-176-194-211-360 du Code d'Instruction criminelle, et 55 du Code Pénal, tout arrêt ou jugement de condamnation doit assujettir au remboursement des frais les condamnés et les personnes civilement responsables.

La condamnation aux dépens n'est prononcée solidairement que contre les individus condamnés pour un même crime ou pour un même délit.

Dès que la condamnation est devenue définitive, le Greffier remet au Trésorier-payeur général un extrait de l'ordonnance, jugement ou arrêt, pour ce qui concerne la liquidation et la condamnation au remboursement des frais, ou une copie de l'état de liquidation rendu exécutoire.

Le recouvrement de ces frais est poursuivi à la diligence des Percepteurs des Contributions directes.

167. Frais de justice indûment alloués. Reversement. (*Art. 167-168 du décret*). — Toutes les fois que le Ministre de la Justice reconnaît que des sommes ont été indûment allouées à titre des *Frais de justice criminelle*, il en fait dresser des rôles de restitution dont le recouvrement est poursuivi à la diligence des percepteurs des Contributions directes.

MINISTÈRE DES FINANCES
BUDGET ORDINAIRE

168. FRAIS DE CORRESPONDANCE TÉLÉGRAPHIQUE. — Les télégrammes officiels sont soumis, depuis le 1er avril 1919, à la même taxe que les télégrammes privés.

Le versement, effectué lors de l'envoi du télégramme, est constaté par un reçu délivré par le Receveur des Postes du bureau expéditeur.

La dépense, liquidée par les Directeurs, en fin d'année ou par trimestre comporte le groupement des reçus dans un état récapitulatif destiné à être joint au mandat de remboursement établi au nom de l'agent qui a fait l'avance des taxes.

169. ALLOCATIONS POUR CHARGES DE FAMILLE. — Ces indemnités sont allouées en exécution de l'Art. 11 de la loi du 18 octobre 1919 (décrets des 9 mars 1921 et 27 juin 1921 et par la loi du 20 juillet 1922. *(Voir Revue Art. 833. I. 3712 § II)*.

En ce qui concerne les agents à traitements fixes, les indemnités dont il s'agit sont comprises dans l'état mensuel d'émargement. V. ci-après Nᵒˢ 177 et suiv.

Les Receveurs, Receveurs-Conservateurs et Conservateurs sont autorisés à prélever les indemnités chaque mois sans mandatement préalable. Un mandat de régularisation est délivré le 31 décembre.

170. INDEMNITÉS EXCEPTIONNELLES DE CHERTÉ DE VIE. — Cette indemnité, fixée à 720 fr. par an, a remplacé l'indemnité exceptionnelle du temps de guerre, dont les modalités d'attribution, qui avaient été réglementées par un décret du 15 novembre 1918, sont applicables, en principe, à l'indemnité exceptionnelle de cherté de vie. Toutefois, certaines modifications ont été apportées à cette réglementation par un décret du 29 juin 1920.

L'indemnité est acquise, savoir :

1° sans égard à la situation de famille :

Aux agents temporaires et intérimaires dont les émoluments nets sont égaux ou inférieurs à 6.540 fr.

Aux agents permanents dont les émoluments nets sont égaux ou inférieurs à 6.900 fr.

2° Aux agents mariés sans enfants dont les émoluments nets ne dépassent pas 8.000 fr.

3° Aux agents mariés, ou veufs, ou divorcés, ayant un ou deux enfants, dont les émoluments nets ne dépassent pas 10.000 fr.

4° Aux agents mariés, ou veufs, ou divorcés ayant plus de deux enfants, dont les émoluments nets ne dépassent pas 12.000 fr.

Les célibataires ayant à leur charge des ascendants, des frères ou sœurs, des enfants recueillis, reconnus ou adoptés, sont assimilés aux fonctionnaires mariés, d'après le tableau de correspondance suivant :

Ascendant : traitement limite .... 8.000 fr.
Un ou deux enfants (y compris les frères et sœurs) .... 10.000 —
Plus de deux enfants (y compris les frères et sœurs) .... 12.000 —

Les agents dont les émoluments nets dépassent, respectivement, suivant les distinctions qui précèdent, les taux de 6.540, 6.900, 8.000, 10.000 et 12.000 fr., reçoivent, le cas échéant, une indemnité réduite calculée de telle manière que leur émolument soit égal à celui des agents de même catégorie touchant l'émolument limite ci-dessus.

Entrent en ligne de compte, pour la détermination des maxima indiqués ci-dessus, les traitements, les remises, *les indemnités ayant le caractère de supplément de traitement* ainsi que les rétributions ou salaires payés par les particuliers et faisant régulièrement partie du produit de l'emploi. On ne tient pas compte de l'indemnité de résidence, ni (en ce qui concerne les Receveurs et Receveurs-Conservateurs), de l'indemnité de frais de gestion.

Les *remises ou salaires*, dont le produit est *variable*, sont calculés d'après les résultats du dernier exercice connu au premier janvier de l'année pour *le poste actuel de l'agent*.

Les retenues pour le service des pensions civiles sont déduites. Il est fait état, pour l'application des maxima ci-dessus :

1° de tous les enfants *vivants* jusqu'à l'âge de *16 ans* ;
2° de ceux qui *sont à charge*, jusqu'à l'âge de *18 ans* ;
3° de ceux qui sont *infirmes* ou *incurables* et n'ont aucune *ressource propre*, sans *limite d'âge* ;
et 4° des enfants morts pour la France au cours de la guerre.

Le droit à l'indemnité est individuel. Chacun des conjoints peut donc y prétendre s'il remplit par ailleurs les conditions requises.

L'indemnité est payable mensuellement en même temps que le traitement dont elle suit exactement le sort. En cas de congé, elle est réduite dans les mêmes proportions que le traitement.

Elle est comprise dans les états mensuels des traitements revenant aux agents à traitements fixes. Les Receveurs et Receveurs-Conservateurs sont autorisés à prélever mensuellement l'indemnité, dans les mêmes conditions que les remises et autres indemnités accessoires. (*V. N°ˢ 183 et suiv.*)

L'indemnité de cherté de vie n'est pas soumise aux effets des saisies arrêts.

Il faut remarquer que pour déterminer les droits d'un fonctionnaire à l'indemnité de cherté de vie, il n'y a pas lieu de comparer les émoluments d'une année entière avec le maximum de traitement annuel correspondant à sa situation de famille. Il convient de rapprocher du douzième de ce *maximum*, les émoluments *effectivement* perçus chaque mois.

171. AVANCES REMBOURSABLES AUX FONCTIONNAIRES EN INSTANCE DE PENSION. (Voir *Revue*, Art. 334).

Ces avances sont payables sur la production d'un mandat délivré par le Directeur sur la Caisse du Receveur des actes civils du chef-lieu du département, conformément aux prescriptions d'une circulaire autographiée du 22 août 1921. *(Exécution de l'Art. 28 de la loi du 31 décembre 1920).*

172. INDEMNITÉS EXCEPTIONNELLES AUX FONCTIONNAIRES SUPÉRIEURS. — Ces indemnités sont comprises sur les états de traitements et inscrites dans une colonne spéciale.

173. DEPENSES DES EXERCICES PÉRIMÉS. — Le paiement des dépenses d'exercices périmés est effectué selon les règles ordinaires. Les mandats sont payables jusqu'à la clôture de l'exercice sur lequel ils ont été délivrés. Ils figurent en dépense dans la comptabilité, soit à l'exercice précédent, soit à l'exercice courant, selon qu'ils sont payés dans l'année de leur délivrance ou dans les 4 premiers mois de l'année suivante *(C. C. N° 40-3 ; V. N° 78).*

174. DÉPENSES DES EXERCICES CLOS. — Toutes ces dépenses doivent figurer *à l'exercice courant* et sont soumises aux mêmes règles que les dépenses ordinaires. *Toutefois, le délai de paiement expire le 31 décembre de l'année pendant laquelle le mandat a été délivré* (V. N° 78 ; C. C. N° 96 ; Inst. 2005-2).

175. INDEMNITÉS SPÉCIALES AUX FONCTIONNAIRES DES RÉGIONS DÉVASTÉES. — Ces indemnités sont payées dans des conditions variant suivant les localités où résident les fonctionnaires intéressés et sur mandats délivrés par les Directeurs.

176. FRAIS CONCERNANT L'EXÉCUTION DE LA LOI DU 9 MARS 1918. TRAITEMENTS ET SALAIRES. INDEMNITÉS AU PERSONNEL. MATÉRIEL. IMPRESSIONS ET FRAIS DIVERS. — Voir les Instructions N°⁵ 3569, 3582, 3584, 3587, 3613, 3633, 3634, 3673, 3733, 3752. — *Revue art. 315.*

177. TRAITEMENTS DES AGENTS ADMINISTRATIFS DE TOUS GRADES. — Le Receveur des *actes civils*, chargé du paiement, appose la griffe du bureau et sa signature dans le cadre de la page 1 de *l'Etat nominatf*, remplit et signe le certificat de la page 4 relatif à la retenue pour les pensions civiles et, s'il est autorisé à recevoir *(Voir col. 19 de l'Etat)*, signe également l'acquit. Il appose ensuite les timbres quittances correspondant aux sommes nettes à payer.

1   MANDATEMENT. — Il est établi, le 31 décembre, au nom du Receveur, un mandat pour l'année entière, qui doit être acquitté *pour ordre* par la personne autorisée à recevoir les traitements de décembre. Ce mandat, enfermé dans une chemise 504, doit être transmis par le Directeur à la Comptabilité publique *avec la comptabilité de décembre* (C. C. 28 février 1900, N° 182-7).

Les chemises 504 concernant les états de traitements, indemnités et frais divers, ne doivent être fournies qu'avec les mandats, fin décembre de chaque année.

2. EMPLOYÉS SUPÉRIEURS ABSENTS DU CHEF-LIEU. — Les traitements, frais de tournée et indemnités diverses des employés supérieurs absents du chef-lieu pour raison de service ou en résidence hors du chef-lieu sont payés par virement *(C. C. 30 janv. 1912).* A cet effet le Receveur des actes civils du chef-lieu établit, en fin de mois, sur imprimé bleu, un bordereau de virement de la somme à payer et le transmet à son collègue à la résidence duquel l'employé supérieur se trouve en fonctions ou en opérations.

Ce dernier receveur inscrit le montant du bordereau sous le titre *Dépenses par virement,* après avoir payé à l'employé supérieur la somme qui lui revient.

3. DERNIER JOUR DU MOIS FÉRIÉ. — Lorsque le dernier jour du mois est un dimanche ou un jour férié, le paiement doit être reporté au lendemain. Les Receveurs peuvent réserver une somme suffisante pour assurer le paiement des traitements ; ils expliquent sur l'*Inventaire des dépenses* et sur le *Bordereau du mois,* la cause du restant en caisse *(Inst. 2949-1 ; V. N° 394-2).*

Les traitements sont payés à la date du 30 lorsque le mois a 31 jours, si le 31 de ce mois et le premier du mois suivant sont fériés *(Circ. 3 Novembre 1909).*

178. Directeur par intérim. — L'Inspecteur ou l'Inspecteur-adjoint chargé de l'intérim d'une direction vacante cesse de toucher ses émoluments personnels, (traitement et frais de tournée), et reçoit en échange le traitement d'un Directeur de 3ᵉ classe augmenté de l'indemnité pour frais de bureau *(I. 3713, p. 6. Revue Art 338).*

Un directeur changé de résidence *sans avancement,* conserve l'intégralité de son traitement jusqu'à l'expiration du délai qui lui a été accordé pour se rendre à son nouveau poste. Pendant ce même délai, l'intérimaire de la Direction vacante touche son traitement *personnel* et les *frais de bureau ;* ses frais de tournées font retour à l'Etat *(Revue 57).*

179. Inspecteur nouvellement promu. — Il a droit au traitement d'Inspecteur à partir du jour *inclus,* où il s'est présenté devant le Directeur, sans qu'il soit besoin qu'il ait mis un vu d'arrivée dans un bureau quelconque *(Sol. 6 oct. 1881, Rev. prat., 2525, qui paraît applicable aux agents promus Inspecteurs-adjoints)*

**180. Rappel de traitement. Mandatement nonobstant

l'insuffisance des crédits délégués. — Voir le renvoi du
N° 488.

**181. Agents changés de résidence. — Mandatement de
leur traitement.** — Le certificat constatant jusqu'à quel jour
un employé supérieur nouvellement nommé dans un département, a été payé dans le département qu'il vient de
quitter *(Inst. 812)*, n'est plus exigé. Il semble, en effet,
que ce certificat n'a aucune utilité, puisque si l'employé
change de grade, il ne peut être payé dans son nouveau
département *qu'à partir du jour de son installation ;* et
que s'il est changé *sans avancement*, c'est le Directeur
du département où il exerce ses fonctions le dernier
jour du mois au cours duquel le changement a eu lieu,
qui doit, *dans tous les cas*, et nonobstant l'insuffisance
des crédits *(V. N° 488)* ordonnancer *l'entier traitement
dudit mois (Régl. 1866, Art. 63)*. A notre avis, la règle contraire tracée par l'Inst. 812-2, ne doit plus être suivie.

**182. TRAITEMENT DES RECEVEURS-RÉDACTEURS ET
CONTROLEURS.** — Ces agents figurent sur l'état mensuel des
employés supérieurs, et la dépense est, en fin d'année,
régularisée de la manière indiquée au N° 177-1.

**183. REMISES DES RECEVEURS, RECEVEURS-CONSERVA-
TEURS ET CONSERVATEURS.**

1. PRÉLÈVEMENTS MENSUELS. — Le *dernier* jour de chaque mois, les comptables prélèvent la somme fixée par le
Directeur suivant les indications de l'I. 3464, p. 4 et suivantes *(Revue 295)*.

Le chiffre fixé est revisé en cours d'année, si le Receveur vient à être élevé de classe sur place. Il en est de
même en cas de changement de titulaire du bureau, si
le premier titulaire appartient personnellement à une
classe différente de celle de son bureau.

En cas de changement de titulaire d'un bureau, s'il
paraît certain que les remises du comptable partant n'at-
teindront pas le total des mensualités qu'il a été autorisé
à retirer de sa caisse, ses derniers prélèvements devront
être réduits en conséquence.

2. EPOQUES DES PRÉLÈVEMENTS. — Le prélèvement des
remises ne peut avoir lieu *qu'en fin de mois* (C. C. 20 déc.
1872, N° 138-2). Si le dernier jour du mois est un dimanche ou un jour férié, les Receveurs ont la faculté de prélever leurs remises ce jour-là ou au commencement du
mois suivant *(Inst. 2949-1)*.

3. CESSATION DE FONCTIONS. — Le Receveur qui quitte

un bureau *définitivement,* doit prélever, avant son départ,
la somme nécessaire pour compléter les remises auxquelles il a droit pour toute la durée de sa gestion, et en donner quittance sur l'état émargé *(V. N° 183-4).* Celui qui
part en congé *dans le courant d'un mois,* n'a pas le droit
de prélever les remises afférentes aux jours écoulés de ce
mois *(Revue 108).*

4. EMARGEMENT. — Les Receveurs doivent, au moment
même de la dépense, donner quittance sur l'état à ce destiné, des sommes qu'ils prélèvent. Ces sommes sont inscrites *en chiffres seulement,* et l'état, produit à l'appui du
mandat annuel, *(V. N° 186)* supporte le droit de timbre-
quittance pour chaque émargement supérieur à 10 fr.

L'état d'émargement *(mod. 471 bis)* doit être signé par
chaque ayant droit aux remises prélevées. *(C. 21 Déc.
1910, I).*

Le Surnuméraire chargé de l'intérim d'un bureau *qui
n'est pas vacant,* ne doit pas donner quittance des remises ; cette formalité est remplie par le titulaire, à son
retour.

L'état d'émargement est définitivement arrêté le 31 décembre de chaque année et transmis à la Direction dans
les premiers jours suivants. Il doit présenter l'acquit de
la somme exacte prélevée par chaque comptable pendant
l'année écoulée.

Le total de l'état doit donc être égal au total des remises portées en dépense jusqu'au 31 décembre. L'acquit du
montant des remises restant dues au comptable est donné ultérieurement sur le mandat complémentaire délivré
par le Directeur après réception des instructions de
l'Administration *(I. 3464, p. 10).*

Si le Receveur est constitué en débet : *Voir N° 374.*

184. Liquidations provisoires. — **Bordereaux** — A l'expiration des mois d'Octobre et de Novembre, il est fait une
liquidation provisoire des remises *(Voir les modèles N°*
530 et 531, Inst. 1017, 1172 et 3464).

Les Receveurs joignent les Bordereaux de ces liquidations à leurs Bordereaux mensuels.

Si le total des prélèvements des mois de janvier à septembre (inclus), ou de janvier à octobre inclus, excède les
9 douzièmes, ou les 10 douzièmes du montant des remises
provisoirement liquidées, le comptable *réduit* en conséquence le montant du prélèvement à opérer pour chacun
des mois d'octobre et de novembre.

En cas de *changement de titulaire,* les réductions à
faire pour les derniers mois sont fixées, s'il y a lieu, en
tenant compte uniquement des droits et des prélèvements

du *titulaire en fonctions au moment de chaque liquidation provisoire.*

Les liquidations provisoires ne doivent jamais avoir pour effet *d'augmenter* les prélèvements. Dans le cas où le total des prélèvements faits est inférieur au chiffre des remises résultant de ces liquidations, les comptables continuent à ne prélever, chaque mois, qu'une somme égale à celle précédemment touchée.

185. **Liquidation définitive.** — A la fin du mois de décembre les Receveurs, Receveurs-Conservateurs et Conservateurs établissent sur bordereau mod. 471, la liquidation définitive des remises de l'année.

S'il résulte de cette liquidation que les prélèvements effectués au cours des mois précédents par le comptable en fonctions au 31 décembre excédent ses droits, le dernier prélèvement est réduit en conséquence.

Mais ce prélèvement ne peut, en aucun cas, être supérieur à celui des mois précédents.

186. Mandats :

I. Mandat annuel de régularisation. — A la date du 31 décembre le Directeur délivre, pour *chaque bureau,* un mandat de régularisation s'appliquant *exclusivement* aux remises prélevées mensuellement pendant l'année écoulée.

Ce mandat est émis au nom du Receveur en fonction le 31 décembre, acquitté par lui, *pour ordre, (exempt de timbre)* et transmis à la Direction (sous chemise enveloppe mod. 504), appuyé :

1° de l'état quittancé et dûment timbré des sommes *prélevées* dans le courant de l'année par *chacun* des ayants droit *(V. N° 183-4).*

2° du bordereau de liquidation définitive des remises.

II. Mandat pour complément de remises. — Dans les premiers jours de chaque année et au plus tard le 31 mars, lorsque, après vérification du bordereau de liquidation, le montant des remises a été définitivement arrêté, le Directeur délivre, s'il y a lieu, au titre de l'*exercice précédent*, un mandat pour le *complément* d'émoluments revenant à *chaque* Receveur.

Il n'est plus admis que le comptable en fonctions remette à ses prédécesseurs la portion supplémentaire de remises à laquelle ils ont droit, ou se fasse restituer par eux les excédents de prélèvements.

Le Directeur délivre *autant de mandats distincts* qu'il y a d'ayants-droit. Chaque bénéficiaire de mandat, *nomi-*

nativement désigné, appose en conséquence sur ce document, non plus une quittance d'*ordre*, mais une décharge véritable passible du droit de timbre : *(C. C. 21 déc. 1910-1)*.

Les mandats de cette nature sont classés en dépense à l'exercice *précédent* (p. 56 du *Sommier de Comptabilité).*

Pour la retenue du 5 % voir N° 191.

187. Prélèvements excessifs. — Reversements. — Le Receveur qui a prélevé, dans le courant de l'année écoulée, une somme supérieure aux remises réellement dues, doit en reverser le montant à la Recette des Finances, d'après un *ordre de reversement,* qu'il reçoit du Directeur. Il se fait délivrer un *récépissé* de la somme versée, et une *déclaration de versement ;* puis il transmet sans retard ces pièces au Directeur qui fait parvenir la première au bureau de l'Ordonnancement et adresse la seconde à la Direction de la Comptablité publique pour être annexée au mandat erroné *(C. 21 déc. 1910-I).*

Pour la retenue du 5 % voir N° 191.

1. ERREURS DE PEU D'IMPORTANCE RECONNUES APRÈS LA CLÔTURE DE L'EXERCICE. — D'après M. Dayrem (p. 25) les erreurs de peu d'importance reconnues lors de la vérification du bureau et qui résultent d'une liquidation inexacte des remises peuvent être mentionnées au procès-verbal de vérification et tirées hors ligne seulement pour la somme revenant au Trésor ou au comptable, après déduction de ce qui a été versé en trop ou en moins à la caisse des *Pensions civiles.* Cette opinion est consacrée par de nombreux précédents qui n'ont donné lieu à aucune critique.

188. Receveur décédé. — Les remises d'un agent décédé sont dues à ses héritiers jusques et y *compris* le jour de son décès (V. Revue Art. 210).

Les prescriptions de la Circ. du 21 Décembre 1910-I semblent ne plus permettre à l'agent en fonctions à la fin du mois pendant lequel un Receveur est décédé, de donner acquit, sur l'état d'émargement 471 *bis,* de la portion des remises revenant aux héritiers de ce Receveur. Ce sont ces derniers qui doivent, par suite, signer l'émargement ou délivrer une quittance séparée et produire les justifications règlementaires *(V. N° 85)* qui restent annexées au dit état 471 *bis.*

Les *mandats* relatifs aux *compléments* de remises *(V. N° 144)* sont aussi acquittés par les héritiers de l'agent décédé, de même que ceux-ci sont tenus, s'il y a lieu, de reverser les prélèvements excessifs *(V. N° 187).*

189. Changement de résidence pendant un congé. — D'après une ancienne règle, le Receveur qui obtenait son changement au cours d'un congé cessait d'avoir droit aux remises à dater de l'acceptation de son nouveau poste ; le bureau qu'il venait de quitter étant dès lors considéré comme vacant, les remises de ce bureau étaient intégralement attribuées à l'intérimaire.

L'Administration a décidé (Note Bureau du Personnel du 17 juin 1909) que cette règle cesserait d'être appliquée.

Le Receveur se trouvant dans les conditions ci-dessus indiquées continue à toucher les remises de son ancien bureau jusqu'à la fin de son congé, à moins que le nouveau titulaire ne s'installe auparavant.

Dans ce dernier cas, le Receveur perd le droit à toutes remises dès le jour de l'installation de son successeur. Il est en outre tenu de se rendre à son nouveau poste dans le délai qui lui a été assigné s'il n'obtient pas *sur sa demande,* la prolongation de ce délai.

190. Vacance d'emploi. — Le Surnuméraire chargé de gérer un bureau vacant, cesse de toucher l'indemnité de 4.500 fr.

Il a droit aux remises réelles, quelle que soit la classe du bureau, sauf application du minimum de la 6e classe.

Les remises sont liquidées d'après le tarif fixé par l'Art. 6 du 2e décret du 21 février 1920 (*I. 3614*), mais le surnuméraire ne peut, en aucun cas, toucher une somme supérieure au maximum de la classe du bureau.

Les Receveurs-Rédacteurs, Receveurs-Contrôleurs et Commis-titulaires ont la faculté d'opter entre leur traitement personnel et les remises réelles du bureau calculées d'après les tarifs de l'Art. 2 du 2e décret du 21 février 1920 précité, avec application du minimum et du maximum de la classe du bureau.

Les employés supérieurs n'ont pas droit aux remises et continuent à toucher leur traitement personnel ainsi que leurs frais de tournée.

Tous les intérimaires ont droit, indistinctement, à l'indemnité de frais de gestion du bureau, à charge par eux de supporter ces frais.

191. Retenue de 5 %. — Elle est calculée sur la somme prélevée *sans déduction du quart pour frais de bureau.*

1. RETENUE VERSÉE INSUFFISANTE. — Si les remises définitivement arrêtées après le 31 décembre donnent lieu à la délivrance d'un mandat *complémentaire* (V. N° 186-II) le Receveur verse la retenue de 5 % afférente au montant de ce mandat. La recette de cette retenue doit être classée parmi les produits de l'exercice *précédent* (p. 9 du *Sommier de Comptabilité*).

2. RETENUE VERSÉE EXCESSIVE. — Au contraire, si le Receveur a dû effectuer un reversement de remises comme il est expliqué au N° 187 *suprà,* il doit lui être restitué

la portion de 5 % de retenue afférente au montant de ce versement. *(C. 21 Déc. 1910 p. 5).*

3. RETENUE DU PREMIER DOUZIÈME. — Voir N° 520.

4. RETENUE POUR CONGÉ. — Voir N° 438.

192. TRAITEMENTS DES AGENTS DU CADRE SPÉCIAL. — Mêmes justifications que pour les *Traitements fixes.* (V. N° 177, *suprà).*

1. VÁCANCE D'EMPLOI. — Les Surnuméraires et Commis titulaires remplissant par intérim les fonctions de Contrôleurs spéciaux, reçoivent, en cas de vacance d'emploi, une indemnité journalière *(art. 4 du décret du 26 octobre 1921. I. 3713, p. 6).*

Ils ont droit, en outre, aux indemnités de travail, de menues dépenses du timbre, et de timbrage.

2. CHANGEMENT PAR PERMUTATION. — Deux Gardes-Magasins qui changent de résidence par permutation *et sans avancement,* sont fondés à toucher *dans le département de leur nouvelle destination,* le traitement de leur emploi pendant le temps qui leur a été fixé pour se rendre à leur nouvelle résidence *(Sol. 10 nov. 1891 ; Rev. prat. 3826).* Mais, ils sont privés, pendant le même temps, de leur indemnité de travail et des menues dépenses du timbre. *(Sol. 8 décembre 1891 et 20 octobre 1898 ; Revue pratique 3906 et 4701).*

193. TRAITEMENTS ET INDEMNITÉS DES COMMIS TITULAIRES ET DES DAMES EMPLOYÉES. — Les divers émoluments des Commis et Dames employées font, chaque mois, l'objet d'un mandat unique, délivré sur la Caisse du bureau auquel chacun d'eux est attaché.

Les Commis et Dames employées des Directions sont payés par le Receveur des actes Civils du chef-lieu.

Il peut d'ailleurs être procédé par voie d'états de traitements analogues à ceux concernant les agents administratifs, pour les commis du chef-lieu du département.

194. FRAIS DE BUREAU DES DIRECTEURS. — Mêmes observations et mêmes règles que pour le N° 182.

195. FRAIS DE TOURNÉE DES INSPECTEURS ET INSPECTEURS-ADJOINTS. — Comme au N° 182.

196. INDEMNITÉS POUR FRAIS D'INTÉRIM ET DE DÉPLACEMENT. — Un nouveau régime de rémunération des agents chargés de gérer, par intérim, des emplois vacants ou dont les titulaires sont en congé a été établi par un décret du 26 octobre 1921 *(I. 3713).*

Les agents chargés de suppléer, durant leurs congés, les Receveurs, les Conservateurs, les Receveurs-Contrôleurs, les Contrôleurs spéciaux, reçoivent, en sus de leur traitement ou de leur indemnité annuelle, une indemnité journalière de 2 à 6 fr., non sujette aux retenues pour le service des pensions civiles.

Cette indemnité est mandatée en fin de mois ou d'intérim, au nom de l'intérimaire, par le Directeur du département où a eu lieu l'intérim. (Acquit soumis au timbre-quittance si la somme payée excède 10 fr.)

Le même décret alloue à tous les intérimaires autres que les employés supérieurs, et pour tous déplacements, une indemnité égale au coût réel du transport, lequel est déterminé, pour les parcours en chemin de fer, d'après les tarifs de la 2ᵉ classe.

Le payement a lieu dans les conditions prévues par l'instruction 3110 pour les frais de voyage alloués précédemment uniquement aux surnuméraires envoyés en intérim dans un département autre que celui de leur résidence.

197. Indemnités de déplacement et aux membres élus du Conseil de discipline. — V. 1. 3219-3588.

Ces indemnités sont payées par le Receveur de la résidence des ayants-droit, au vu de mandats émis par les Directeurs départementaux, appuyés :

1° d'un mémoire sur timbre, indiquant avec les frais accessoires de déplacement, s'il y a lieu, le trajet parcouru (aller et retour) détaillé comme il est indiqué par l'instruction 3110, ainsi que le nombre de journées ou de fraction de journée marquant la durée de leur séjour à Paris ;

2° la lettre de convocation adressée par l'Administration suivie d'une mention datée et signée par le Secrétaire du Conseil, attestant, en ce qui concerne les délégués, qu'ils ont assisté à la séance (ou aux séances) pour laquelle ils étaient convoqués, et, en ce qui concerne les inculpés, non seulement qu'ils se sont présentés, mais encore que leur comparution en personne a été, ou non, reconnue justifiée.

198. Indemnités de résidence. — Voir I. 3712 § Iᵉʳ. — Le payement de l'indemnité de résidence suit les mêmes règles que le payement des traitements et des remises et doit être effectué dans la même forme.

Les Receveurs, Receveurs-Conservateurs et Conservateurs prélèvent leurs indemnités de résidence, sans mandatement préalable, dans les mêmes conditions que leurs remises. Une colonne est ajoutée au cadre ouvert, au verso de l'état d'émargement.

Les indemnités revenant aux agents à traitement fixé figurent sur les états mensuels des traitements.

199. Indemnités de logement aux Receveurs des bureaux de successions pourvus de contrôleur et non installés dans les locaux de l'Administration — V. I. 3624 § 4. — Sont payées sur mandat émis par le Directeur, sur la caisse du bénéficiaire.

200. Indemnités aux Contrôleurs spéciaux des divers services. — Ces indemnités figurent sur les états mensuels de traitements.

201. Indemnités aux Surnuméraires. (V. I. 3614 et 3640). Sont payées sur mandats du Directeur.

202. Secours aux veuves et orphelins d'employés. — Mandat du Directeur appuyé d'une copie de la décision qui accorde le secours ; quittance de la partie prenante *ou certificat de vie du titulaire, si le paiement est fait à un fondé de pouvoir.*

Les secours sont toujours *personnels.* S'ils n'ont pas été payés lors du décès du titulaire, ses héritiers n'y ont droit qu'en vertu d'une nouvelle décision *(Règl. 1866, Art. 36 § 285).* Ils sont incessibles et insaisissables *(Inst. 1520),* ce qui dispense le Receveur qui paie de signer le *Vu sans opposition* du mandat.

1. Acquit. — Si le créancier est illettré, s'il ne peut pas signer ou s'il se fait représenter par un fondé de pouvoir, exiger les justifications indiquées aux Nᵒˢ 83, 84 et 202.

Les certificats de propriété produits à l'appui des dépenses de l'espèce sont exempts de l'enregistrement (V. Nᵒ 85).

2. Timbre. — L'acquit est exempt de timbre *(C. C. Nᵒ 173-1 ; Inst. 2776),* lorsque le mandat est revêtu de la mention suivante, *signée* par le Directeur : « *Exemption du timbre, loi du 13 brumaire an VII, Art. 6.* »

203. Allocations aux Directeurs, Receveurs et Receveurs-Conservateurs pour attribution à leurs Commis d'indemnité de cherté de vie et pour charges de famille. — Le montant de ces allocations est fixé : pour les Commis des Directions, par le Directeur Général ; pour les autres Commis, par les Directeurs départementaux *(Décret du 31 mars 1920 ; Revue, Art. 311, 321 et 335).*

Ces allocations qui ne peuvent, en aucun cas, dépasser le montant du traitement payé au Commis auxiliaire par l'employeur, font l'objet de mandats délivrés par le Directeur.

Les agents doivent fournir chaque mois, au Directeur, les quittances qu'ils ont retirées de leurs auxiliaires pour le mois précédent.

Ces quittances doivent indiquer, distinctement :

1° les sommes payées par les employeurs ;

2° le montant de l'allocation prévue par le décret du 31 mars 1920 ;

3° celui de l'indemnité exceptionnelle de cherté de vie, avec cette mention que ces deux dernières allocations ont réellement été versées par les employeurs à leurs Commis.

204. Frais de gestion des Receveurs. (V. I. 3624 § V). — L'indemnité de frais de gestion allouée aux Receveurs et Receveurs-Conservateurs est soumise aux mêmes règles de prélèvement, liquidation et mandatement que les remises allouées aux mêmes Comptables.

A titre transitoire, ces frais de gestion ont été fixés par l'Art. 5 du décret du 25 mars 1920, à une somme égale au quart du montant des remises réelles calculées sur le chiffre des recettes de chaque bureau, d'après le tarif fixé par l'Art. 2 du décret du 23 janvier 1915 (I. 3435), sans que cette somme puisse être inférieure au quart du minimum afférent à la classe du bureau.

Les tarifs à appliquer pour la liquidation du montant des remises réelles sont ceux correspondant à la classe du bureau, sans qu'il y ait lieu de tenir compte de la classe personnelle du Receveur.

205. Indemnités de déplacement aux Contrôleurs spéciaux chargés de la vérification de la taxe sur le chiffre d'affaires. — Sont payées en vertu de mandats délivrés par les Directeurs sur justification des dépenses faites.

206. Indemnités de déplacement aux agents changés de résidence dans l'intérêt du service ou par suite de suppression d'emploi. — Voir Inst. Nos 3352 et 3368.

207. Allocations (gestion des biens ecclésiastiques). — Sont payées sur mandat délivré par le Directeur, d'après la répartition effectuée par le Ministre.

208. ENTRETIEN ET RÉPARATION DES BATIMENTS ET DOMAINES DE L'ÉTAT. — Mandat du Directeur, visé sans opposition ; pièces justificatives y détaillées ; acquit de la partie prenante (*timbré, s'il y a lieu*).

Voir Inst. 320, 919, 1444, 1520, 1946, 2256, 2323, 2686, 2914, 2939-8, 3222, 3530, 3656-3, 3698. *Pour l'exercice :* Voir les Inst. 919 et 1580.

209. FRAIS DE TRANSPORT DES PAPIERS TIMBRÉS.

I. DANS LES DÉPARTEMENTS OU IL EXISTE UN ENTREPRENEUR GÉNÉRAL : Mandat du Directeur, avec pièces à l'appui ; visa de non-opposition ; acquit timbré s'il y a lieu.

II. DANS LES AUTRES DÉPARTEMENTS : Si les frais de transport ne paraissent pas exagérés (*les comparer avec ceux payés l'année précédente*), ils sont, *après examen des ballots* (V. N° 210), payés par les Receveurs sur la remise de la lettre de voiture acquittée par la partie prenante, et timbrée au-dessus de 10 fr.

Certains Receveurs avancent ces frais *de leurs deniers personnels,* pour ne les porter en dépense en bloc, qu'après avoir reçu le dernier envoi de l'année.

Mais dans la plupart des départements la Direction exige que les frais de transport soient portés en dépenses dès que le payement a été effectué. Les pièces justificatives (lettre de voiture et, s'il y a lieu, quittance des frais de transport de la gare au bureau) sont alors produits à la fin du mois courant.

Lorsque le Directeur a indiqué, sur la lettre de voiture, la somme à payer *à la Compagnie,* le Receveur ne doit payer que cette somme *exactement.* Si l'envoi du ballot est fait *en gare* le Receveur paye, *en sus,* les frais de transport *de la gare au bureau,* et retire du voiturier une quittance qui est produite à l'appui de la dépense.

En fin d'année les Receveurs dressent un état des frais de transport payés pendant l'année écoulée, (imprimé fourni avec le N° de Décembre de la *Revue de Comptabilité).* Cet état et toutes les pièces justificatives des dépenses sont annexés au mandat de payement que le Directeur délivre, à la date du 31 Décembre, sous le titre « Frais de transport de papiers timbrés ».

210. Examen des ballots. — **Constatation des déficits.** — Avant de payer les frais de transport, les Receveurs doivent s'assurer que le ballot ne présente pas d'avarie ni de différence dans le poids, et que la somme réclamée, si elle n'a pas été fixée par le Directeur sur la lettre de voiture, est en rapport avec l'importance de l'envoi et la distance parcourue (*V. N° 160).*

Lorsque des ballots de papiers timbrés parviennent en mauvais état dans les bureaux, les Receveurs ont soin de les ouvrir *en présence du voiturier*. En cas d'avarie ou de déficit ils dressent, contradictoirement avec l'agent de transport, un procès-verbal des quantités avariées ou perdues.

Quand, après s'être assurés du bon état extérieur des ballots et en avoir délivré un récépissé au camionneur, les comptables constatent une différence en moins entre les quantités reçues et celles dont l'envoi leur a été annoncé, ils doivent prier le *Juge de paix* de se rendre au bureau à l'effet de constater le déficit et d'en dresser procès-verbal. Ce procès-verbal doit être rédigé en deux originaux, dont l'un est conservé au bureau et l'autre joint à la reconnaissance adressée au Garde-Magasin. Il en est de même du procès-verbal dressé avec le voiturier dans le cas ci-dessus spécifié.

Les Receveurs doivent procéder *immédiatement* à la vérification des ballots parvenus en bon état afin de pouvoir en cas de déficit, le signaler au Directeur, en lui faisant parvenir, *par le plus prochain courrier*, le procès-verbal du Juge de paix *(Lett. Com. 25 Sept. 1897 N° 205)*.

211. **Accusé de réception.** — Dès qu'il a accepté les ballots et reconnu les papiers timbrés qu'ils contiennent, le Receveur inscrit ces papiers sur son *Registre de compt. du timbre*, détache la formule de reconnaissance annexée à l'état d'envoi qu'il a reçu du Garde-Magasin, la remplit et *l'adresse immédiatement à la Direction*. (Il ne doit pas attendre pour accuser réception des *timbres-mobiles* d'avoir reçu les *papiers timbrés* et réciproquement).

1. Impressions non timbrées. — Le Receveur indique dans la colonne à ce destinée de sa demande, les N°⁸ sous lesquels les registres qu'il a reçus ont été inscrits sur l'inventaire du bureau, date et signe le reçu imprimé au bas de cette demande, *qu'il renvoie à la Direction avec l'accusé de réception du timbre* et, s'il y a lieu, la quittance à souche du prix des formules de déclarations de succession *(V. N° 379-6)* et des formules de transcriptions et d'inscriptions hypothécaires. *(V. N. 379-7)*.

212. **MENUES DÉPENSES DU TIMBRE.** — Elles figurent sur l'état des *Traitements des agents du Cadre Spécial*. *(V. N° 192)*.

213. **TAXATIONS SUR LA DÉBITE DES PAPIERS TIMBRÉS ET TIMBRES MOBILES ET SUR LE PRODUIT DE LA DISTRIBUTION DES PASSEPORTS.** — Les remises payées aux débitants de tabacs, Receveurs des Douanes et Entreposeurs, sont portées en dépense à ce titre *et sans la production d'aucune justification mensuelle* (V. N° 216).

Les livraisons sont inscrites : 1° sur le Registre de Compt. du timbre ; 2° sur le Carnet spécial de chaque distributeur ; 3° sur un Etat qui est joint au mandat annuel de régularisation *(V. N° 220)*.

1. APPROVISIONNEMENT DES RECEVEURS DES POSTES. — I. 3180-3194. — Payement au moyen de *fonds de subvention* pour les achats supérieurs à 200 fr. ; Voir Circ. 28 Novembre 1910.
Les Receveurs des Postes n'ont droit à aucune remise. *(I. 3616)*.

214. Liquidation de la remise. — La remise est liquidée pour chaque livraison, et retenue par le distributeur sur le prix, payé comptant, des papiers timbrés délivrés. Les fractions de centimes *sont toujours négligées au profit du Trésor ;* ainsi la remise à 1 fr. % sur 7 fr. 80 doit être de 0,07 et non de 0,078 ou de 0,08 *(Inst. 2295)*.

Le taux de cette remise est fixé ainsi qu'il suit :

1° à 1 % pour tous les distributeurs auxiliaires, à l'exception de ceux de la Corse. *(I. 2775, 3005, 3046)* ;

2° à 2 fr. 50 %, pour tous les distributeurs de la Corse. *(I. 2481, 2775)* ;

3° à 1 fr. % ou à 2 fr. 50 %, *suivant les distinctions établies par l'Inst. 3149,* pour les Receveurs des Douanes.
Pour la remise sur les passeports : *Voir N° 219*.

215. Emargements. — Le distributeur donne quittance, par émargement, de *chacune* des sommes inscrites sur un état spécial *(Voir ci-après)*, et *chaque acquit supérieur à 10 fr.* doit être timbré. Les quittances délivrées par les Entreposeurs, qui agissent à titre d'intermédiaires entre les Receveurs de l'Enregistrement et les débitants de tabacs, *sont exemptes de timbre* (Sol. 20 févr. 1873).

1. DISTRIBUTEUR RÉSIDANT DANS UNE LOCALITÉ DÉPOURVUE D'ENREGISTREMENT. — Le débitant qui ne réside pas dans une localité pourvue d'un bureau d'enregistrement adresse par la poste, *en franchise,* sa commande au Receveur de l'enregistrement chargé de l'approvisionner.
A cette commande il joint le carnet de livraison, la somme représentant le prix des papiers et timbres à lui expédier, déduction faite de la remise, et une quittance (timbrée si elle dépasse 10 fr), du montant de cette remise *(I. 3616)*.
L'envoi du timbre est fait également par la poste, sous pli chargé et en franchise.

2. MANDATAIRE. — Les distributeurs auxiliaires et autres intermédiaires qui ne peuvent se déplacer eux-mêmes sont autorisés à charger une tierce personne de prendre livraison des papiers et des timbres, et de toucher la remise en leur nom. Dans ce cas le mandataire produit une quittance dont la Circulaire du 16 Août 1905 donne le modèle, et qui doit rester annexée à l'état d'émargement. (1)

3. Etats d'émargement. — Il est formé un état d'émargement pour *chaque* distributeur. Cet état, notablement simplifié par la Circulaire du 16 Août 1905, ne doit plus comprendre que 4 colonnes, savoir :

Colonne 1 : Date de chaque livraison ;
— 2 : Valeur des quantités délivrées ;
— 3 : Montant de la remise ;
— 4 : Emargement.

En fin d'année le Receveur arrête en toutes lettres le montant de l'état, par une mention signée.

Les quittances transmises par la poste, avec leurs commandes, par certains débitants, dans les conditions prévues par l'I. 3616, sont jointes à des états nominatifs semblables à ceux concernant les autres distributeurs, destinés à être mis à l'appui du mandat de régularisation, visé ci-après *(V. N° 220)* (1).

4. Envoi des états a la direction. — Voir N° 468.

216. Epoques du paiement et de la dépense. — Les Receveurs peuvent se borner à faire, le *dernier jour de chaque mois*, une dépense ainsi libellée : « Payé aux distributeurs auxiliaires pendant le mois d........ la somme de...... »

La Circ. du 20 fév. 1908 a, en effet, accordé aux Receveurs la facilité de ne porter au « Registre des dépenses » à la fin de chaque mois, qu'un seul article de dépense comprenant la *totalité* des remises payées, pendant le dit mois, aux distributeurs de papiers timbrés et de timbres mobiles.

Mais le mode de justification de ces dépenses n'a pas été changé et les états à produire en fin d'année doivent présenter un émargement ou être accompagnés d'une quittance pour *chacune* des livraisons faites à chaque distributeur dans le courant de l'année. (1)

217. Etat récapitulatif. — Voir N° 469.

218. Valeur des tableaux indicateurs des prix des papiers timbrés. — Voir Inst. 2887 § 7.

Les tableaux qui ne sont pas collés sur carton ne doivent être payés que 0,10 *(Note Bur. Cent. 28 sept. 1899)*.

219. Passeports. — La remise de 3 % est accordée seulement sur la distribution des passeports à l'intérieur, dont la débite appartient exclusivement aux Receveurs municipaux et aux employés de préfecture *(Inst. 2058)*. Elle est

---

(1) Il est très pratique et particulièrement recommandé de détruire les quittances *séparées* après avoir obtenu, tout au moins en fin d'année, sur l'état d'émargement, l'acquit du distributeur lui-même.

payée, portée en dépense et régularisée selon les règles exposées aux Nᵒˢ 213 à 216 et 220.

220. Mandat de régularisation. — Après avoir vérifié *les états,* le Directeur délivre, au nom du Receveur, un mandat de la somme totale des remises payées pendant l'année *(papiers timbrés et passeports).*

L'acquit de ce mandat *est exempt de timbre.*

221. CONTRIBUTIONS DES DOMAINES DE L'ÉTAT, ETC. — Dès que l'avertissement lui est remis, c'est-à-dire *aussitôt après la publication du rôle* (V. N° 224), le Receveur l'adresse à la Direction *(Inst. 909 ; 1065).*

Cet avertissement doit être certifié conforme au rôle par le Percepteur *(le certificat imprimé du Directeur est insuffisant* — Revue 102), visé par le maire de la commune de la situation des biens, revêtu du sceau de la mairie et d'un certificat du Receveur attestant que l'immeuble imposé est la propriété de l'Etat, ou est administré par lui, et qu'il en perçoit le revenu.

L'avertissement peut être remplacé par un extrait du rôle établi et complété de la même manière *(Inst. 2231).*

La contribution foncière des *bacs* et *francs-bords* est payée par les Receveurs au titre ci-dessus *(C. C. 30 janv. 1902, N° 190).*

1. MANDAT. — Il est délivré par le Directeur au nom du Percepteur *(ou du Receveur ou du fermier si ceux-ci en ont fait l'avance.* Inst. 1065, 2231 ; (Voir N° 320), *appuyé de l'avertissement ou de l'extrait du rôle et, en outre, de la quittance à souche du Percepteur.* Il doit être revêtu de l'acquit *pour ordre (exempt de timbre)* du titulaire désigné dans la 1ʳᵉ colonne. Les contributions étant insaisissables *(Inst. 1520)* il paraît inutile de signer le *Vu sans opposition.*

2. DEMANDES EN DÉGRÈVEMENT. — Recette des sommes remboursées par le Percepteur. Dépense du timbre de la demande *(I. 2231 Revue 170).*

3. TAXE VICINALE REMPLAÇANT LES PRESTATIONS. — Mêmes règles. Revue 171.

222. Exemptions. — D'une manière générale, les propriétés du domaine privé de l'Etat ne peuvent faire l'objet d'une cotisation dans le rôle foncier *qu'autant qu'elles donnent un produit effectif* (Inst. 3156). Pour les immeubles momentanément improductifs : *V. J. E. 26080 ; R. P. 9977 ; R. E. 2670.*

Sont exonérés de l'impôt, *comme propriétés bâties,* les terrains nus concédés par l'Etat notamment dans les ports, pour servir à un usage industriel *(Inst. 3205).*

Les Directeurs des Contributions directes doivent, avant d'établir les impositions qui paraissent devoir être mises à la charge de l'Adm. des Domaines, se concerter avec leur collègue de cette Adm. En cas de désaccord, le différend est réglé par les deux Directeurs Généraux ou par le Ministre *(Inst. 3156).*

223. Portes et fenêtres. — Les bâtiments *employés à un service public* sont exempts de cet impôt, bien qu'ils n'appartiennent pas à l'Etat ; il suffit qu'ils soient occupés par lui, notamment à titre de locataire *(B. C. 1875-1-29).*

Les Receveurs sont tenus de payer à titre d' « avances à régulariser » *(V. N° 320),* l'impôt des portes et fenêtres afférent aux immeubles domaniaux loués, à charge de répétition contre les occupants *(V. N° 320).* Ils peuvent toutefois, *mais à titre purement officieux,* s'entendre avec les percepteurs pour que cet impôt soit réclamé directement aux locataires qui, finalement, doivent en supporter la charge *(Inst. 3099-18 ; V. N° 222).*

224 Exercice. — Les contributions appartenant à l'exercice *de l'année pour laquelle les immeubles ont été imposés,* les Receveurs doivent veiller à la remise des avertissements, et, au besoin, provoquer leur envoi, pour que le paiement puisse être fait avec célérité *(V. N° 221, Note 1re Div. 2e B. 25 sept. 1905).*

225. Contributions d'immeubles dépendant de successions en déshérence. — Voir N° 227-8.

DÉPENSES RELATIVES AUX ÉPAVES, DÉSHÉRENCES, ETC.

I. ÉPAVES (Inst. 531, 2247, 2587, 2614, 2476-I et 3139).

226. Mode d'aliénation. — Le Receveur auquel il est remis une épave *(objets mobiliers et animaux abandonnés et sans maîtres connus — V. J E. 26136),* doit présenter au Juge de paix une requête sur timbre à 2 fr. ; enregistrer l'ordonnance rendue sur cette requête, et faire apposer les affiches annonçant la vente.

Il convient de réaliser promptement la valeur des épaves, afin de réduire autant que possible les frais de garde. C'est pourquoi il suffit que les affiches, *qu'il est inutile de soumettre à l'approbation du Directeur,* soient apposées *24 heures avant la vente.* Le magistrat qui ordonne cette vente peut même décider qu'elle aura lieu sans formalités. *(Art. 57-58 du décret du 5 octobre 1920 — Circ. 23 février 1922).*

Le Domaine est tenu d'accepter la remise et de procéder à la vente des épaves, alors même que les frais de cette vente paraîtraient devoir être supérieurs au prix *(V. § 2, ci-après)*. Mais la remise n'est pas obligatoire et l'autorité peut faire disparaître *à ses frais* les objets sans valeur qui embarrassent la voie publique *(Sol. 28 mars 1840)*.

1. Recette. — Le produit de la vente, calculée comme il est indiqué au N° 347 ou 349, est consigné au *Sommier N° 2* et porté en recette au *Registre à souche* sous le titre : *Epaves et biens vacants*. Il est, à la fin du mois, classé à la page 40 du *Sommier de Comptabilité* en regard du N° 473.

Le prix de vente des objets confiés aux messageries et non réclamés dans les six mois de l'arrivée à leur destination, est consigné et porté en recette de la même manière *(Inst. 493 et 2247 ; Voir N° 357)*.

2. Frais. — Les frais de vente des épaves *(la totalité, quel que soit le prix obtenu)* et ceux de conservation *(dans les conditions indiquées ci-après, § § 3 et 4)* sont *avancés* par le Receveur au titre « *Frais de poursuite concernant l'Enregistrement* » et classés, en fin de mois, à la page 70 du *Sommier de Comptabilité* N° d'ordre 51.

Les droits de timbre des mémoires et de l'acquit peuvent être ajoutés au montant de ces mémoires *(V. N° 77-2)*.

Les payements ayant pour objet le remboursement de lettres de voiture et de droits d'octroi, doivent être appuyés des pièces justificatives de ces dépenses. Le Domaine ne doit les frais auxquels le transport et la conservation des objets ont pu donner ouverture, que jusqu'à concurrence des prix de vente *(Sol. 23 Juin 1898)*.

Le mandat de régularisation est délivré *sur les crédits de l'exercice courant, et porté en dépense au titre : Dépenses relatives aux épaves, etc. ;* la recette correspondante est faite au titre : *Frais de poursuites concernant l'Enregistrement* (Revue 68-IV).

3. Frais de garde. — Les frais de garde ou de magasinage sont arbitrés d'après les tarifs de l'entreprise de transport et taxés par le Juge de paix *en cas de difficulté*. C'est aux tribunaux civils qu'il appartient de régler le différend et de déterminer le chiffre de la rémunération *(Sol. 17 avril 1893 : Revue 8)*.

Ces frais ne doivent pas être alloués pour plus de six mois et ne peuvent, *en aucun cas*, excéder le prix de la vente, déduction faite des frais privilégiés et du 5 0/0 pour frais de régie *(Inst. 2247)*. L'administration a cependant autorisé, le 21 novembre 1892, et à raison de circonstances exceptionnelles, le paiement intégral des frais de garde supérieurs au prix de la vente.

4. Fourrière. — En principe, il ne peut être payé plus de *huit jours* de frais de fourrière, en sus des frais de garde. Toutefois, l'Administration autorise le paiement, *à concurrence du produit net de la vente*, de la totalité des frais si la prolongation de la fourrière provient de causes indépendantes de la volonté du créancier *(ajournement de la vente en vue d'en assurer le succès, exécution des instructions du maire de la localité etc.)*, et quand l'animal a été trouvé errant sur la voie publique *(J. E. 26027 ; R. E. 2438 ; Revue pratique 3553)*.

Ces frais sont payés en vertu d'un mémoire *timbré* (V. N° 77-2) *et taxé par le Juge de Paix* (Inst. 531, 2066, 2247).

5. ANIMAUX SAISIS. — Il faut distinguer :

1° les animaux saisis dans les bois des particuliers *(V. N° 41, 274)* ;

2° les animaux saisis dans les bois soumis au régime forestier *(Géraud. 3212-1 et 3223-3 ; Garnier, V° Domaine 956 ; Maguèro V° Epaves ; Code forestier, Art. 161, 168 et 169)* ;

3° les animaux saisis partout ailleurs à la suite d'un crime, d'un délit ou d'une contravention *(Articles 39 et 40 du décret du 18 juin 1811 ; Inst. 531 et 2614 ; Géraud. 762 et suivant ; Garnier, V° Domaine, 957 et suivant ; Revue pratique 3553, 3760 et 4504 ; J. E. 16380, 24067 et 26136 ; R. E. 3001).*

6. OBJETS ABANDONNÉS DANS LES HÔTELS. — *Voir Inst. N° 2904.*

7. BOISSONS EN TRANSIT. — *Voir N° 357 ; Revue 8.*

8. RESTITUTION. — *V. Géraud 3100. Maguèro V° Epaves ; I. 2939-9.*

L'épave est restituée en nature si la revendication se produit avant la vente, à charge par le propriétaire de rembourser au Domaine les frais qu'il a avancés *(Géraud 3102 ; Dict. Dom. V° Epaves N°s 90 et 93).*

II. SUCCESSIONS EN DÉSHÉRENCE

(I. 22041 ; 598 § 3, 2602 § 7 ; 3028 § 3, 3658).

227. Bureau compétent. — Toutes les dépenses relatives à ces successions doivent être faites par le Receveur du *chef-lieu de l'arrondissement* où elles se sont ouvertes *ou par virement pour son compte* (V. N° 20).

1. FRAIS D'ENVOI EN POSSESSION ET AUTRES. — Les frais d'envoi en possession, d'apposition, de garde et de levée de scellés, d'inventaire, de vente, d'instance, etc. *(V. Inst. 2602-68)*, peuvent être payés au fur et à mesure de l'accomplissement des formalités. Ils sont alors *avancés* sous le titre : *Frais de poursuites concernant l'Enregistrement* (V. N° 320) et classés à la page 70 du *Sommier de Comptabilité.*

Les mémoires de frais d'insertions doivent être appuyés d'un exemplaire du journal certifié par l'imprimeur. Le Receveur timbre ce certificat à 2 fr. et l'enregistre à 3 fr. *(Inst. 2602-18).*

Après paiement de toutes les avances, le Receveur en provoque la régularisation en adressant au Directeur un état des sommes payées *(mod. au N° 352 infrà, dont on modifiera l'intitulé)* et les pièces justificatives *(Inst. 2602-24)*. Il indique dans la colonne des observations de cet état le reliquat net disponible du compte, dont il n'est pas tenu de fournir une copie *(Inst. 2925-9).*

Les frais *d'instances* doivent, cela va sans dire, être payés nonobstant l'insuffisance de l'actif net. Il suffit d'annexer au mandat les pièces justificatives et une copie certifiée de la lettre de l'Administration qui autorise le paiement. Ceux exposés *sans la participa-*

tion et avant l'envoi en possession de l'Administration rentrent dans la catégorie des dettes successorales et doivent être payés au titre de l'exercice courant sur le crédit des *Restitutions aux héritiers, etc.* (V. Nos 227-9, 248 ; Revue pratique 4564).

2. RÉGULARISATION. — Le Directeur arrête cet état (Inst. 2939-8 ; puis il délivre au profit du Receveur, *et toujours sur l'exercice de l'année courante* (Inst. 2602-24), un mandat que celui-ci porte en dépense sous le titre : *Dépenses relatives aux épaves, etc.* et qu'il classe, en fin de mois, à la page 66 du *Sommier de Comptabilité*. *Immédiatement après qu'il a fait cette dépense*, le Receveur procède aux autres opérations détaillées au N° 228-2, *(2e alinéa)*.

3. TIMBRE. — L'acquit du mandat est exempt du timbre de quittance. Mais les mémoires de sommes supérieures à 10 fr. qui y sont joints doivent supporter le timbre de dimension et de quittance. Le droit de timbre de ces mémoires, ainsi que celui des quittances et actes qui sont fournis à l'État ou faits avec lui, est à la charge de l'État tant que dure le délai pendant lequel une épave, une déshérence, peuvent être revendiquées par le propriétaire ou les héritiers (Inst. 1946-6 ; 2602-21 et 81 ; Sol. 13 juillet 1893).

L'instruction 3147 a, il nous semble, décidé implicitement que le timbre des mémoires de frais *exposés après l'envoi en possession définitive* doit être supporté par les parties (V. Nos 20 ; 77-2 ; 248-1).

4. MENTIONS AU COMPTE OUVERT. — Chaque dépense doit *au moment même où elle est faite*, être inscrite au compte ouvert de la déshérence ; le Receveur certifie sur *le mandat* que cette inscription a été faite.

5. FRAIS DE VENTE. — La vente du mobilier dépendant de successions en déshérence est faite *par les Receveurs*, et toujours aux enchères, alors même que ce mobilier n'aurait qu'une minime importance (Inst. 3147 p. 4). Les frais de cette vente sont avancés au titre : *Frais de poursuites concernant l'Enregistrement.* (V. N° 320). Le Receveur en provoque la régularisation selon les règles tracées au N° 352 et le mandat est délivré au titre : *Dépenses relatives aux épaves, etc.* (Inst. 2602-68).

Les adjudicataires ont à payer 7,50 0/0 en plus du prix *sur lequel on impute les droits de timbre et d'enregistrement du procès-verbal* (Inst. 2066 et 2602-32). Voir les exemples des Nos 347 et 349, *infra*.

Les affiches relatives aux ventes des biens en déshérence sont affranchies du droit de timbre (Inst. 3095-13) ; les procès-verbaux d'adjudication de ces mêmes biens sont assujettis au droit d'enregistrement *et de timbre.* (Inst. 3166-1).

6. VIREMENTS. — Si c'est un Receveur de canton qui a procédé à la vente, il en transmet le montant *(déduction faite des droits de timbre et d'enregistrement. V. § 5, ci-dessus) par virement à son* collègue du chef-lieu d'arrondissement. Il paye *également par virement*, les frais de la vente. (V. N° 20-3).

7. IMPUTATION DES DÉPENSES. — L'Instruction 2602-68 contient la nomenclature des dépenses à imputer sur le crédit des « *Dépenses relatives aux épaves, etc.* » Les frais de régie à retenir par le Trésor sont, *au moment de la restitution de la succession* (V. N° 20) portés en dépense à ce titre *(sur mandat du Directeur)*, et en recette au titre « *Frais d'administration et de perception* » (Page 42 du *Sommier de Comptabilité*, N° 495) Inst. 2602-65 et 68 ; 2939-8 ; C. C. 28 février 1900 N° 182-V. A.

8. CONTRIBUTIONS. — Celles dues *pour l'année du décès et les années suivantes* sont payées sous le titre : *Dépenses relatives aux épaves, déshérences, etc.* Celles des années *antérieures au décès* sont mandatées sur les crédits des *Restitutions aux héritiers, etc.* (Inst. 2602-68 ; 2939-8.

Pour les justifications : *V. N° 221.* Pour l'exercice : *V. N° 224.*

9. DETTES PRIVILÉGIÉES. — Ces dettes *(Voir l'énumération dans l'Inst. 2602-55)*, peuvent être liquidées et payées avant l'envoi en possession définitive, quand les deniers disponibles de la succession sont suffisants, et qu'il n'y a pas d'opposants. Les sommes payées sont portées en dépense au titre : *Avances concernant l'Administration de l'Enregistrement*, (V. N° 320) ; les mandats de régularisation sont délivrés et portés en dépense au titre : *Restitution aux héritiers et payements aux créanciers de successions en déshérence* (V. N° 248).

Pour simplifier les écritures, les Receveurs peuvent réunir ces frais dans un état unique *(Voir N° 227-1)* qu'ils adressent au Directeur avec les mémoires *(sur timbre)*, produits par les ayants-droit, et toutes les autres pièces justificatives.

Le notaire, ou toute autre personne, qui aurait fait l'avance de ces frais devrait produire un mémoire *(sur timbre)*, auquel il annexerait les quittances (soumises seulement au timbre quittance), des parties prenantes. Les droits de timbre *peuvent être ajoutés au montant du mémoire* (V. N° 227-3).

10. RESTITUTION AUX HÉRITIERS ET PAIEMENTS AUX CRÉANCIERS DE SUCCESSIONS EN DÉSHÉRENCE. — Voir N° 248.

FRAIS JUDICIAIRES : FRAIS DE POURSUITES, ETC.

I. FRAIS DE POURSUITES ET D'INSTANCES

228. **1. Justifications.** — Mandat du Directeur, visé sans opposition et appuyé, s'il y a lieu, des pièces justificatives *(V. N°s 323 à 329)*, acquit de la partie prenante *(V. N° 328)*.

L'acquit des mandats délivrés au nom du Receveur *est exempt de timbre* (V. N° 97).

2. ÉCRITURES. — Si le mandat est délivré au nom de la partie, il suffit d'en porter le montant en dépense dès qu'il a été payé.

S'il s'agit de la régularisation d'une avance *(V. N°s 323 et 324)* le Receveur porte le mandat en dépense ; puis il fait recette au *Registre à souche des droits constatés* d'une somme égale au montant de ce mandat, qu'il tire hors ligne dans la dernière colonne intitulée : *Opérations de trésorerie*, et qu'il classe, à la fin du mois, à la page 54 du *Sommier de Comptabilité*. Enfin il annule l'article du *Sommier des opérations de trésorerie*, après l'avoir émargé du N° et de la date de la recette.

La dépense doit être classée à la page 66 du *Sommier de Comptabilité*, au chapitre des *Dépenses diverses*, à moins qu'elle n'appartienne à l'exercice précédent *(Voir en tête du mandat)* auquel cas il faudrait l'inscrire à la page 60 au même chapitre.

3. TIMBRE DES ÉTATS DE FRAIS. — Le prix du timbre des états de frais *compris dans la taxe du Juge* (V. N° 328-2), doit être remboursé aux parties adverses qui ont eu gain de cause contre l'Administration *(C. C. 26 janvier 1901, N° 184-IV)*.

Pour le timbre de l'acquit : Voir N° 328.

4. CONSERVATION DES PIÈCES AU BUREAU. — V. N° 325.

5. RÉGULARISATION DES FRAIS DES INSTANCES. COMPÉTENCE DES DIRECTEURS. — Voir N° 323-2 ; Revue 80 ; Règl. 1866 p. 179.

6. EXERCICE QUI DOIT SUPPORTER LA DÉPENSE. — V. N° 332.

7. PERTÉ DES PIÈCES. — En cas de perte des pièces justificatives des avances, on annexe au mandat : 1° les copies des articles du *Sommier des opérations de trésorerie ;* 2° un certificat de perte délivré par le Directeur et 3° une copie de la lettre de l'Administration ou du Directeur, autorisant la régularisation de ces avances *(Sol. 15 octobre 1873 ; V. N° 79)*. Les *duplicata* des pièces détruites par des événements de force majeure ou égarées par la poste, sont visés pour timbre gratis *(Sol. 20 février 1896)*. Lorsqu'il est nécessaire de les produire à l'appui de la dépense le Directeur indique dans son certificat de perte que les originaux étaient dûment timbrés *(V. N° 147, 150-6. Revue 93)*.

II. FRAIS D'EXTRAITS DE JUGEMENTS ET D'ARRÊTS

229. **Justifications.** — Mandat du Directeur, visé sans opposition par le Receveur et acquitté *pour ordre* par le greffier ; mémoire du greffier arrêté par le Président du tribunal, le Président du Conseil des Prud'hommes ou le Juge de paix, acquitté et timbré, s'il y a lieu *(V. N° 146)*.

Les seuls frais d'extraits restés à la charge de l'Administration, sont ceux relatifs :

1° aux condamnations en matière civile *(Inst. 2474 ; 2535)* ;

2° aux jugements et arrêts rendus dans les matières qui sont de la juridiction des prud'hommes et dans certaines instances de la compétence des juges de paix. *(Les Receveurs ne doivent pas, dans ces matières, avancer d'autres frais* (Inst. 3121) *qui rappelle les règles à suivre pour l'application des lois relatives aux Conseils de prud'hommes* — (V. N°ˢ 320 et 27. Revue 132).

3° aux expéditions ou extraits délivrés au Directeur du domicile d'un contumax, de l'ordonnance de se représenter ou de l'arrêt de condamnation *(Inst. 2587-4, 5 et 37)*. Mention du paiement doit être faite au compte ouvert et certifiée sur le mandat *(Inst. 2229 ; V. N° 247)*.

230. **FRAIS D'AFFRANCHISSEMENT D'AVERTISSEMENTS ADRESSÉS EN FRANCE ET A L'ÉTRANGER.** — Voir Inst. 2918.

231. REMISES AUX BANQUIERS, AUX CHANGEURS ET AUTRES ASSUJETTIS TENUS DU RECOUVREMENT DE LA TAXE SUR LES VALEURS MOBILIÈRES ÉTRANGÈRES. — Voir I. 3412, p. 37 et 3667.

232. REMISES AUX RECEVEURS DES POSTES COMMISSIONNÉS EN QUALITÉ D'AGENTS AUXILIAIRES DE L'ADMINISTRATION. — Voir I. 3469 et 3497.

233. FRAIS D'ESTIMATION, D'AFFICHES ET DE VENTE DE MOBILIER ET DE DOMAINES DE L'ÉTAT. — Mandat du Directeur ; visa de non-opposition et acquit du Receveur *(exempt de timbre)*.

Voir aux Nᵒˢ 344 et suivants, le détail des opérations que nécessitent l'avance et la régularisation de ces frais. Les frais de ventes *d'épaves et de biens vacants* et ceux relatifs aux *successions en deshérence*, ne sont pas payés au titre ci-dessus *(V. Nᵒ 226-2 à 7 ; 227-2 et 5)*.

Pour les objets déposés dans les greffes : Voir Nᵒ 268.

Les dépenses inscrites à ce chapitre, se subdivisent en deux articles :

1° Vente de stocks français remis au Domaine après le 1ᵉʳ Janvier 1922.

2° Autres opérations.

(Inst. 3721 § 10).

1. EXERCICE. — Les frais de vente sont rattachés à l'exercice de l'année pendant laquelle ils ont été faits *(Inst. 3095-25)*, et la responsabilité pécuniaire des Receveurs pourrait être mise en jeu si, par suite de leur négligence, ils n'étaient pas régularisés avant la clôture de cet exercice *(Inst. 3095-27)*.

234. RÉCEPTION DES DÉCLARATIONS DE LOCATIONS VERBALES PAR LES PERCEPTEURS. — Dans les communes où il n'existe pas de bureau d'enregistrement les déclarations de locations verbales peuvent être reçues par les Percepteurs lesquels sont, à cet effet, pourvus de formules de déclarations *(Inst. 2148)*.

En ce qui concerne la liquidation et la perception des droits ainsi que la délivrance des quittances, ils opèrent de la même manière que les Receveurs de l'Enregistrement.

Les Percepteurs remettent chaque mois aux Receveurs des finances un *état détaillé des droits perçus* et les *déclarations reçues*. Ces documents sont transmis par les Receveurs des finances au Trésorier général qui délivre, au nom de chaque Receveur de l'enregistrement intéressé, un *récépissé de versement* des sommes encaissées pour son compte.

Ces récépissés, états et déclarations, sont ensuite adressés par le Trésorier général au Directeur qui les transmet aussitôt aux Receveurs.

Chaque Receveur inscrit un numéro d'ordre sur l'état et porte immédiatement le montant des droits en recette au registre à souche des droits de locations verbales, dans une colonne particulière où il mentionne la date et le numéro de l'état ainsi que la date et le numéro du récépissé du versement.

La quittance à souche est établie au nom du Trésorier général à qui elle est transmise sans retard par l'intermédiaire du Directeur.

L'état dressé par le Percepteur, annoté de la date et du numéro du registre de recette, est conservé au bureau et enliassé pour être représenté aux employés supérieurs.

Le Receveur inscrit au *registre des dépenses*, le montant des droits perçus, sous le titre « Versements aux Receveurs des finances » et il classe ce récépissé sous chemise enveloppe (mod. 504) portant ce même titre, sans distinction avec les récépissés de versements ordinaires, le montant de ce récépissé devant se trouver aussi classé, sans distinction, sous le même titre de dépense au *Sommier de Comptabilité*.

L'Administration de l'Enregistrement ne paye plus aux Percepteurs aucune *rémunération pour la réception des déclarations de locations verbales*.

235. REMISES AUX ÉCLUSIERS (DROITS DE TOUAGE. — Voir C.°C. 13 janv. 1902, N° 190 ; Inst. 3098.

Supprimé : *Inst. 3390 § 24.*

236. REMBOURSEMENTS DE DROITS ET D'AMENDES INDUMENT PERÇUS. — Mandat du Directeur et pièces justificatives qui y sont désignées *(toutes celles citées dans l'ordre de restitution ou dans la lettre qui en tient lieu)* ; visa de non-opposition et certificat de mention de la restitution en marge de la recette *(V. N° 238).*

Il faut joindre au mandat, le cas échéant :

1° la pétition de la partie, si le droit de timbre de la feuille sur laquelle elle est établie est restitué *(V. N° 433-8° ; Revue 64)* ;

2° lorsque la restitution comprend *des droits de transcription*, un certificat du Conservateur attestant que l'acte n'a pas été transcrit *(Régl. 1866, p. 216 ; Inst. 3089-6.)*

Régularité et timbre de l'acquit : Voir N° 240.

Taxes perçues pour la ville de Paris : Voir N° 286 *infrà.*

237. Bénéficiaires des mandats. — La partie prenante dénommée dans un mandat doit toujours être le *créancier réel, c'est-à-dire la personne qui a un droit à exercer con-*

tre le Trésor (Règl. 1866, Art. 9 ; Lett. Com. 209 ; Inst. 1328 ; L. 22 frim. an VII, Art. 29).

C'est aux Directeurs qu'il appartient d'apprécier, sous leur responsabilité, et de résoudre suivant les circonstances, les difficultés que peut présenter l'application de cette règle *(Sol. 16 mai 1896 ; V. N° 81 ; Revue 112).* Le comptable qui paie doit exiger, *sous sa responsabilité,* la justification de la qualité des ayants-droits *(V. N°ˢ 80-1 et 81).*

1. Avis aux parties. — C'est le Receveur qui prévient les *titulaires* des mandats qu'ils peuvent se présenter à son bureau pour en toucher le montant *(V. N° 77-3).* La Direction n'avise que les parties intéressées *non dénommées sur les mandats* ou le notaire rédacteur de l'acte qui a donné lieu à la restitution, *lorsque le mandat est délivré au nom des parties.*

2. Paiement des mandats par virement. — Voir N° 77-4.

238. Ecritures. — Le paiement d'une restitution doit être mentionné en marge de l'article de recette par le Receveur, qui complète et signe le certificat de cette mention *imprimé sur le mandat.* Il ne faut pas omettre de faire au *Registre de dépense* le détail du montant de la restitution, de prendre note du droit de timbre de la pétition s'il est restitué et d'indiquer le N° du mandat. Ces renseignements sont indispensables pour établir, à la fin de l'année, le Bordereau de liquidation des remises.

239. Restitution de droits de timbre (Déchets et maculatures). — Voir N° 338 *infrà.*

240. Acquit. Responsabilité des Receveurs. — L'acquit doit être daté et *signé* par tous les titulaires désignés sur le mandat, ou par leurs représentants, *devant le Receveur qui paie* (V. N° 80-1).

Le Receveur doit veiller à ce que l'orthographe du nom des parties concorde absolument sur toutes les pièces : copie de recettes, ordre de payement et mandat, ainsi qu'entre ces pièces et la signature de l'acquit. — En cas de différence il doit en être référé à la Direction, le mandat ne devant jamais être modifié par les Receveurs ni par les parties.

1. Timbre. — L'acquit des mandats délivrés sous le titre « Remboursement de droits *indûment perçus* » est *exempt de timbre* dans tous les cas, même quand il s'agit du remboursement de *résultats de vérification de régies* (V. N° 81).

241. Mandats non payés à la clôture de l'exercice. — Les Receveurs doivent les renvoyer à la Direction avec une note explicative *(V. N°ˢ 78 et 482).*

242 Déchéance quinquennale. — Voir, pour son application et le point de départ, l'Inst. 2780-9. La déchéance n'est pas applicable lorsque l'ordonnancement et le paiement de la créance n'ont pu être effectués dans les délais déterminés, par le fait de l'Administration ou par suite de pourvois formés devant le Conseil d'Etat *(L. 29 janv. 1831, Art. 10 ; Inst. 2780-9).*

1. RÉORDONNANCEMENT. — Le réordonnancement d'un mandat périmé *(V. 78)* peut avoir lieu dans les cinq ans *à compter du 1er janvier de l'année pendant laquelle l'ordre de restitution a été signé* (Note 15 février 1896, 1er div. ; Sol. 19 avril 1900 ; Rev. prat. 4923). Au nouveau mandat il faut joindre : les pièces produites à l'appui du premier, la demande de réordonnancement *(sur timbre)* et une copie, certifiée par le Directeur, de l'autorisation de l'Administration, le cas échéant. Il résulte en effet d'une note de service du 30 juin 1919, que cette autorisation n'est plus nécessaire. Les Directeurs statuent eux-mêmes sur les demandes de l'espèce. Il n'en est référé à l'Administration que dans le cas de difficultés spéciales.

243. REMBOURSEMENTS DE DROITS ET D'AMENDES :

§ 2 : par suite d'évènements postérieurs à la perception ;
§ 3 : à titre de remise gracieuse.

Justifications générales des *Remboursements de droits indûment perçus* (V. N° 236 ; Inst. 2925-8 ; 2939-9).

1. TIMBRE DES PIÈCES JUSTIFICATIVES. — Les pièces justificatives que les parties ont à produire à l'appui des demandes en restitution de droits de mutation par décès fondées sur des erreurs de fait *qui leur sont imputables,* doivent être préalablement soumises au timbre et à l'enregistrement, lorsque, A RAISON DE LEUR NATURE, *elles sont sujettes à ces formalités.* La copie de la déclaration dans laquelle l'erreur a été commise est fournie sans frais par l'Adm. *(Inst. 3080-21).* Les copies de documents administratifs *(arrêtés ministériels, lettres de Préfets, de Procureurs, etc)* sont exemptes de timbre *(L. 13 brum. an VII, art. 16-1°).*

Les extraits ou expéditions d'actes de l'état civil doivent être timbrés *à 3 fr.* lorsqu'ils sont produits dans l'intérêt des parties *(L. 13 brum. an VII, art. 12 ; Inst. 1273* — Pour la légalisation : *V. N° 85, dernier alinéa).* Le certificat d'un maire attestant *qu'il a dressé un acte de décès, de mariage, etc.* doit être timbré à 3 fr. *(Inst. 2329-11 ; 2679-1) ;* tandis que le certificat constatant *qu'il n'a été dressé aucun acte,* peut être établi sur une feuille de 2 fr.

Le certificat d'un greffier attestant qu'un avoué a pris une pénalité à sa charge doit, semble-t-il être exempt de timbre, puisqu'il est délivré pour sauvegarder la responsabilité du Directeur ordonnateur *(Revue 112).*

2. MARIAGE RÉSILIÉ — DROIT DE TRANSCRIPTION. — Les droits perçus sur un contrat de mariage comprenant une donation immobilière ne sont restituables, en cas de non-célébration, que sous réserve du droit de transcription, *si la formalité hypothécaire a été*

remplie. Si ce droit est restitué, le mandat doit être accompagné d'un certificat du Conservateur attestant que la formalité n'a pas été requise *(Inst. 3089-6)*.

3. CESSION D'OFFICE. — Les Receveurs n'ont plus à exiger la représentation du traité de cession lors du payement des mandats délivrés pour le remboursement des droits perçus sur les transmissions d'office *(I. 3345 § 25)*.

4. COMPÉTENCE DES DIRECTEURS. — V. I. 3656 § 1er.

5. AMENDE DE NON-COMPARUTION. — Doit être restituée au titre du § 2 : *Évènements postérieurs*, l'amende pour non-comparution à un ordre prononcée contre une personne qui en a été déchargée après paiement *(Revue pratique 4822)*.

244. Timbre de l'acquit. — L'acquit des mandats délivrés sous les deux titres du N° 243 § 2 et § 3 ci-dessus est passible d'autant de droits de timbre-quittance qu'il y a de parties *non-solidaires (bailleur et preneur; vendeur et acquéreur, nu-propriétaire et usufruitier, etc.)* touchant plus de 10 fr. (V. N°s 93-3 ; 94 ; 146-2 ; 240-1).

245. RESTITUTION D'AMENDES CONSIGNÉES. — Mandat du Directeur, qui doit comprendre le montant *en principal et décimes* de l'amende, *sans déduction de 5 %* ; visa de non-opposition ; acquit, *timbré à 0,10 si la somme excède 10 fr.* (un seul timbre), *quel que soit le nombre des amendes restituées à la même partie ou au même avoué.*

Les pièces produites à l'appui des mandats de *Restitutions d'amendes consignées* peuvent être établies sur du papier *non timbré* (Revue 154).

Le mandat est délivré au nom de la partie qui a consigné l'amende ou de son avoué, et appuyé : 1° de la quittance donnée lors de la consignation, ou d'une copie certifiée de la recette *(J. E. 15159-1)* ; 2° d'une copie, signée par l'avoué, du dispositif du jugement ou de l'arrêt qui ordonne la restitution *(cette copie dispense le Directeur d'établir un ordre de restitution ; elle peut être remplacée par une pétition faite par l'avoué et contenant la copie du dispositif)*. Si le jugement ou l'arrêt est par défaut, il faut joindre aussi un certificat de non-opposition délivré par l'avoué, et une copie de la signification du jugement, signée de la partie et de son avoué.

Si les parties transigent avant jugement, il sera produit une copie de la transaction, établie par l'avoué.

1. MENTION DE LA RESTITUTION. — Le Receveur doit mentionner la restitution en marge de la recette de l'amende et signer sur le mandat le certificat *imprimé* attestant cette mention *(C. C. N°s 61-3 et 165-3)*.

246. RESTITUTION DE REVENUS ET DE PRIX DE VENTE DE MEUBLES ET D'IMMEUBLES. — Mandat du Directeur : visa de non-opposition ; acquit, timbré s'il y a lieu *(Inst. 2587-36-38-39 ; 2939-8-9).*

Les Receveurs doivent, toutes les fois que cela est possible, mentionner la restitution en marge de la recette ou au compte ouvert, et signer le certificat imprimé sur le mandat. Si la mention ne peut pas être faite, le Receveur en fait connaître les motifs au pied du mandat. *(C. C. N° 165-3).*

Les dépenses à inscrire à ce titre se subdivisent en deux articles :

1.° Vente de stocks français remis au Domaine après le 1er janvier 1922.

2.° Autres opérations.

(Inst. 3721 §. 10).

247. **Contumace.** — **Séquestre.** — Si le mandat a pour objet le paiement des dettes ou de frais dus par un contumax, ou une restitution après levée du séquestre *(Inst. 2587-39 et 52),* il faut y joindre, indépendamment des pièces justificatives, une copie du compte ouvert, et signer sur le mandat le certificat constatant que le paiement a été inscrit à ce compte *(V. N°s 246 et 325).* Dans les deux premier cas, un *extrait* du compte ouvert faisant connaître : 1.° *le total des recettes* ; 2.° *le total des dépenses* augmenté de 5 % du montant *brut* des sommes encaissées ; 3.° *l'excédent des recettes,* nous paraît suffisant.

S'il s'agit de *frais de justice,* le mandat à délivrer au nom du Percepteur sera appuyé d'un arrêté de liquidation du Directeur qui visera l'arrêt de condamnation, de l'avertissement du Percepteur *(facultatif),* d'un *extrait* du compte ouvert et d'une quittance à souche du Percepteur, timbrée si elle dépasse 10 fr. Le prix du timbre de cette quittance est compris dans le mandat, sur lequel le Receveur certifie avoir mentionné la dépense au compte ouvert.

1. FRAIS DE RÉGIE À RETENIR. — Voir N°s 20, 21 et 227-7.

2. CONTUMAX ACQUITTÉS. — EXONÉRATION DES FRAIS DE SÉQUESTRE. — L'Art. 2 de la loi du 22 décembre 1917 dispose : « Le contumax qui, après s'être représenté, obtiendra son renvoi de l'accusation, pourra être dispensé par la Cour du payement des frais occasionnés par sa contumace ».

Cette dispense est de droit pour les condamnés de l'armée de terre, mais elle reste facultative pour les condamnés de l'armée de mer *(Art. 8 et 9 de la même loi).*

Les frais que l'Administration est amenée à exposer comme conséquence du séquestre (notification, scellés, inventaires, etc...) et le 5 % pour frais de régie prélevé sur les sommes encaissées ne tombent pas sous l'application des dispositions qui précèdent (*Inst. 3597. ; Revue, Art. 298*).

248. RESTITUTIONS AUX HÉRITIERS ET PAIEMENTS AUX CRÉANCIERS DE SUCCESSIONS EN DÉSHÉRENCE. — Mandat du Directeur : visa de non-opposition ; quittance de l'ayant droit sur le mémoire *(timbrée)* ; acquit du mandat *pour ordre*, par la partie *ou* par le Receveur au nom duquel il est délivré ; certificat du Receveur sur le mandat que le paiement a été mentioné au compte ouvert (*Inst. 2602, 2939-IX ; Voir N° 227-7 à 9*).

Les paiements de dettes ne pouvant avoir lieu que dans la limite des fonds disponibles (*Inst. 2602-55 à 57*), il est nécessaire d'annexer au mandat un *extrait* du compte ouvert, ou d'inscrire dans la colonne « *Observations* » de l'état du Receveur (*Voir N° 227-1*) la mention « *Le reliquat net du compte ouvert s'élève à.... »*. Cette justification, qui se trouvait autrefois dans l'arrêté du Préfet, est exigée depuis que cet arrêté n'est plus nécessaire (*Inst. 2969-8*).

Pour les *frais d'instances* à payer à ce titre : V. N° 227-1.

1. Prescription. — déchéance. — Voir Inst. 2602-21-60-61 et 81. L'Adm. n'invoque la déchéance quinquennale à l'égard des créanciers, que s'il est régulièrement établi que ceux-ci n'ont pas réclamé en temps utile le paiement de ce qu'il leur est dû.

249. Frais de régie à obtenir. — Voir N° 227-7.

250. REMBOURSEMENTS. — VENTES JUDICIAIRES D'IMMEUBLES. — Les droits qui doivent être restitués à ce titre sont énumérés dans l'Inst. 2704-15 à 17. Ils sont comptés pour leur chiffre *exact* : 1,88 ; 5,63 ; etc. (*Sedan 17 oct. 1892 ; R. E. 2667*).

Le Receveur ne peut être contraint d'opérer la restitution qu'après l'expiration du délai d'opposition, c'est-à-dire 3 *jours francs après l'enregt. de l'acte ou du jugement* (Inst. 2704-26).

Les notaires doivent produire un état taxé comme les avoués.

Chaque restitution doit, *au moment même où elle est effectuée*, être portée en dépense et mentionnée en marge de l'enregt. du jugement ou du procès-verbal d'adjudication. *L'oubli de cette dernière formalité engagerait la responsabilité du Receveur* (Lett. Com N° 170).

Les sommes restituées ne sont pas déduites des recettes passibles des remises du Receveur *(Voir N° 437)*.

1. Surenchère. — Le bénéfice de la loi n'étant acquis *que quand le prix est devenu définitif*, les Receveurs doivent s'abstenir de restituer avant l'expiration du délai des surenchères de *huitaine* et de *quinzaine*, et quand il résulte du certificat du greffier que l'adjudication a été frappée de surenchère non suivie d'une seconde adjudication *(Inst. 2704-10 et 25 ; 2790-5 ; 2811-9 ; Rev. prat. 3317)*.

2. Bureau compétent. — Les droits perçus sur les actes de la procédure antérieurs au procès-verbal *notarié* d'adjudication doivent être restitués par le Receveur *qui a enregistré ce procès-verbal ;* et ceux qui ont été payés à l'occasion de la surenchère doivent être remboursés par le Receveur qui a donné la formalité au jugement prononçant définitivement l'adjudication *(Sol. 6 nov. 1891 ; Revue 75)*. Ce dernier Receveur doit donc, à notre avis, former opposition *(Inst. 2704-20)* quand le jugement ordonne la restitution des droits perçus à l'occasion du procès-verbal notarié, *si ce procès-verbal n'a pas été enregistré à son bureau*.

3. Opposition. — L'opportunité, le délai, la forme et la procédure de l'opposition sont indiqués dans l'Inst. 2704-20 à 22.

251. Justifications. — Elles sont comprises dans une formule unique *(Mod. 154)*, fournie par l'Adm., *exempte du timbre de dimension (V. N° 252) et dont l'emploi est obligatoire (C. C. N° 180-VII)*.

L'extrait du procès-verbal ou du jugment d'adjudication doit être signé par le *greffier* ou par le *notaire commis* et non par l'avoué *(Inst. 2704-23)* ; le sceau du tribunal ou du notaire doit être apposé à côté de *chaque* signature.

L'extrait de l'état des frais *(verso de l'imprimé)*, peut être signé par le notaire, par le greffier, ou par le Receveur *qui doit, lors de l'enregistrement* du procès-verbal, opérer les vérifications nécessaires afin de constater la régularité de l'ordre de restitution et s'assurer de la concordance du montant des frais compris dans l'état taxé avec la somme indiquée dans l'ordre de remboursement *(I. 2720-23)*. Le Receveur doit signer le *Vu sans opposition* imprimé en tête de la formule et le certificat du bas de la page 2.

252. Bénéficiaire de la restitution. — **Acquit.** — L'acquit doit *toujours* être donné *par l'avoué poursuivant (le plus diligent, s'il y en a plusieurs*, la restitution ne pouvant être opérée partiellement entre chacun d'eux — *Inst. 2704-27, à consulter en cas de décès de l'avoué ou de cession d'office)*. S'il y a eu surenchère, l'avoué poursuivant paraît être celui du saisissant et non celui du surenchérisseur *(Revue 54-1)*.

L'acquit est assujetti au timbre quittance *(I. 2704-20)*,

qui ne peut être ajouté à la somme à restituer *(J. E. 24812)*.

L'acquit, *pour ordre*, du mandat délivré à la fin de l'année *(V. N° 253)*, est exempt de timbre *(V. N° 97-1)*

253. **Envoi des pièces justificatives.** — Ces pièces, renfermées dans une chemise 504, sont envoyées à la Direction *à la fin de chaque mois* ; le Directeur les annexe au mandat qu'il délivre le 31 décembre. C'est l'Etat récapitulatif *(V. N° 254)* et non le mandat, qui doit être revêtu du certificat attestant que les restitutions ont été mentionnées en marge des enregistrements.

1. Restitutions de décembre. — Dans certains départements la Direction demande aux Receveurs d'adresser *du 5 au 7 décembre de chaque année,* une note faisant connaître le montant des restitutions effectuées ou à effectuer pendant ce mois. Afin d'assurer l'exactitude de cette note, les Receveurs invitent les avoués à réclamer *le 5 décembre au plus tard,* le paiement de ce qui leur est dû, et les préviennent que les restitutions demandées après cette date ne pourront leur être payées que dans les premiers jours de l'année suivante.

Il va sans dire que cette manière de procéder, — préconisée par l'Administration — ne saurait être *imposée* ni aux Receveurs ni aux Avoués.

254. **Etat récapitulatif.** — *Deux exemplaires* de cet état *(il est inutile d'en conserver minute au bureau),* établis sur des formules N° 485, fournies par l'Adm. sont adressées à la Direction avec le *Compte d'année.* Les restitutions y sont classées dans l'ordre chronologique, *non pas des paiements, mais des enregistrements des jugements et des procès-verbaux d'adjudication* (C. C. 8 fév. 1899, N° 180-VII).

Cet état contient le certificat *imprimé* attestant que les restitutions ont été mentionnées en marge des enregistrements.

255. **Déchéance.** — Le délai de restitution est de *cinq ans,* à partir de l'ouverture de l'exercice au cours duquel l'enregistrement a été effectué. Ainsi, les droits perçus sur une vente enregistrée le 15 juin 1920 ne peuvent être restitués que jusqu'au 31 décembre 1924, et non pas jusqu'au 15 juin 1925 *(Inst. 2704-30 ; C. C. N° 180-7).*

1. Responsabilité des receveurs. — Le Receveur qui a effectué une restitution après la déchéance, doit reverser dans sa caisse le montant de la dépense rejetée de sa comptabilité. Un jugement de Gap, du 4 février 1902, a même décidé que ce Receveur n'a pas d'action en répétition contre les parties ; mais, de l'avis de tous les auteurs, ce jugement est manifestement erroné *(Revue 54-II ; R. P. 10205).*

256. **Reversement de sommes restituées en trop.** — Ces sommes sont, *dans tous les cas*, reversées au Receveur qui les a indûment payées. Elles sont portées en recette au *Registre à souche*, après consignation au *Sommier N° 2*, et classées à la page 42 du *Sommier de Compt.* sous le titre : *Ventes judiciaires — Reversement de sommes restituées en trop* (Inst. 2949-V ; Revue 54-III).

257. **Remboursement de l'impôt sur le revenu aux titulaires de titres nominatifs ayant moins de 6.000 francs de revenus.** — Voir I. 3669. *Revue*, Art. 328.

258. **Remboursement du droit de conversion prévu par l'art. 17 de la loi du 31 juillet 1920.** — Voir I. 3687 et 3720 § 11. Revue, Art. 341.

259. **PAIEMENT D'AMENDES ATTRIBUÉES A DIVERS.** — Mandat du Directeur, appuyé de l'état des sommes à payer *(V. N° 260)* ; Visa de non-opposition ; Certificat sur le mandat que mention du paiement a été faite en marge de la recette *(Inst. 2055 ; 2213 ; 2463 ; 2636 ; 2803- 23)*.

L'exercice est celui de l'année du mandatement.

Les mandats peuvent être payés *par virement* (V. N° 307-4°).

Lorsqu'il y a lieu de payer une part d'amende attribuée le Receveur adresse au Directeur, avec une copie de la recette, l'état dont modèle est donné au N° 260 ci-après.

S'il s'agit d'attributions à payer à des agents des Contributions Indirectes, des Douanes ou des Octrois, l'état doit être fourni en *double expédition* ; l'une est annexée au mandat, l'autre est remise, au moment du payement, au *Receveur* des Contributions indirectes, des Douanes ou des Octrois, au nom duquel le mandat doit être délivré *(I. 1701-1706)*.

Au cas de restitution à titre de remise, d'amendes de contravention, la restitution ne peut s'appliquer à la portion revenant à l'agent verbalisateur, sauf le cas où ce dernier a renoncé à son droit.

260. **Modèle de l'état à joindre au mandat :**

DÉPARTEMENT

d.....................

⸺

BUREAU

d.....................

ÉTAT des sommes à payer à M. (*nom, grade et domicile de l'ayant-droit*) pour le quart lui revenant sur les amendes de contravention au timbre des quittances recouvrées pendant le trimestre de.....................192 .

Titres des colonnes : *N° du Sommier ; N° du registre de recette ; Noms des contrevenants ; Noms, grades et domiciles des préposés qui ont constaté les contraventions ; Date de leurs procès-verbaux ; Date de la recette des amendes ; Montant des amendes ou des portions d'amendes recouvrées (le principal seulement) ; Un quart attribué aux préposés ; A déduire 5 % pour frais de régie ; Reste net à payer ; Observations.*

<table>
<tr><td>Le présent état montant à (indiquer la somme en lettres) est certifié par le Receveur, soussigné
A ...., le 192
(Signature du Receveur)</td><td>Le Directeur de l'Enregistrement, soussigné, arrête le présent état à la somme de ....
A ...., le 192
(Signature du Directeur)</td></tr>
</table>

La mention relative au recours en grâce prescrite par la Circ. N° 119-3, n'est plus utile *(Lett. Com. N° 119)*.

1. Répartition des amendes de contravention a la loi du 29 mars 1914. *(Impôt sur le revenu des valeurs mobilières étrangères).* L'allocation n'est définitivement fixée que 4 mois après la date du payement des amendes.

Le modèle de l'état à fournir dans les dix premiers jours des mois de *février, mai, août et, novembre* est donné par l'instruction 3467, p. 14 *(V. Revue art. 288).*

261. **Frais de régie.** — La part attribuée est calculée sur le *principal de la somme recouvrée,* sous la retenue de 5 % pour frais de régie, *même pour les gendarmes* (Inst. 2045).

262. **Acquit.** — Sauf pour les exceptions ci-après, N°⁵ 1 et 2, les mandats sont acquittés par les agents qui ont verbalisé, et au nom desquels ils sont délivrés. Ceux délivrés au nom des Receveurs des Douanes, des Contributions indirectes ou des Octrois, doivent être accompagnés d'une quittance *à souche,* exempte de timbre *(V. N° 264),* qui est indépendante de l'acquit *(pour-ordre),* à inscrire sur le mandat *(Inst. 2055).*

1. Gendarmerie. — Les mandats d'attribution à la gendarmerie, *acquittés par le Conseil d'administration de la légion,* au nom duquel ils sont délivrés, sont payés selon le mode indiqué au N° 119-1. L'autorisation de toucher donnée par les gendarmes ne doit plus être exigée ; mais les Receveurs doivent certifier au bas des états d'attribution que les sommes payées ont été inscrites au livret de solde, 3° partie *(C. C. 26 déc. 1891, N° 171-4 et 31 mars 1903, N° 196-1-C).*

2. Contributions indirectes ; Douanes ; Octrois. — Les mandats d'attributions aux *préposés* de ces divers services sont délivrés au nom du *Receveur principal* (impersonnellement), qui répartit les sommes dues à chaque ayant droit *(I. 1701, 1706). Voir N°⁵ 260 et 262).*

263. **Affiches peintes.** — Voir l'Inst. 2803-23.

264. **Timbre.** — *Sont exempts du timbre :* les mandats au-dessus de 10 fr. délivrés au profit de la gendarmerie et des assimilés *(V. N° 146-1),* au nom des Receveurs des Douanes, des Contributions indirectes et des Octrois, ou de tous comptables touchant à titre d'intermédiaires entre l'Administration et les ayants-droit. Les mandats au-dessus de 10 fr. payés aux autres agents sont assujettis au timbre.

OPÉRATIONS DE TRESORERIE

265. ADMINISTRATION DES POSTES. Remboursement du port des lettres. — Voir au N° 288 *infrà*.

266. SUCCESSIONS VACANTES. — Versements aux Receveurs des finances. — Le Receveur doit faire, *le jour même de la recette, ou le lendemain au plus tard*, le versement à la Caisse des Dépôts, des sommes provenant des successions vacantes qui lui sont remises par les curateurs. Les Receveurs *des cantons où siège un tribunal de 1ro instance* ont un délai maximum de 3 jours *(Inst. 2065)*. Les recettes faites le 31 décembre doivent être versées le même jour *(Inst. 1203 ; 2065 ; V. N.° 30)*.

Il est produit à l'appui du versement un état contenant les colonnes suivantes : *1° Numéro de la recette ; 2° Date de la recette ; 3° Nom du décédé et lieu de l'ouverture de la succession ; 4° Désignation de chaque nature de recouvrement ; 5° Montant des recouvrements ; 6° Observations.*

Les oppositions *formées entre les mains des Receveurs ou des curateurs* sont inefficaces et ne font pas obstacle au versement des sommes à la Caisse des Dépôts *(Inst. 2598-21)*.

Le Receveur pour le compte duquel une recette a été faite *par virement* doit demander des fonds de subvention *(V. N° 65)*, s'il n'a pas en caisse une somme suffisante pour en verser immédiatement le montant à la Caisse des Dépôts *(Sol. 26 nov., 1892)*.

Le Receveur prélève sur la somme que lui a remise le curateur, le 5 % pour frais de régie, *et ne verse que la différence.*

EXEMPLE

```
Somme reçue du curateur.....................   96 25
A déduire 5 % pour frais de régie (pour 4 fr. 8125).    4 82
                                               ───────
     Différence à verser au Receveur des finances..   91 43
                                               ═══════
```

DÉPENSE. JUSTIFICATIONS. — Le Receveur porte en dépenses : 1° la somme versée à la Caisse des Dépôts *(indiquer au Registre de dépense la date et le N° du Récépissé)* 91 43
2° le 5 % dont il a fait recette au titre : *Frais d'administration et de perception* (V. N° 31)....   4 82

Total *égal à la somme versée par le curateur*....   96 25

Cette dépense est justifiée, *à la fin du mois :*

1° par le récépissé *(exempt de timbre — Inst. 2598-37)* ;

2° par une copie certifiée de la recette du 5 % *(C. C. N°
88).*

4. Versement excessif ou insuffisant. — Voir les Art. 34 et 44
de la *Revue.*

**267. CAUTIONNEMENTS DE PERSONNES A REPRÉSENTER
EN JUSTICE.** — Le versement intégral *(sans déduction du
5 %)* des sommes portées en recette à ce titre *(Voir N° 32)*,
doit être fait à la Caisse des Dépôts *le lendemain de la recette au plus tard,* ou dans les 3 jours *par les Receveurs
de canton* (Inst. 1203 et 2065). La dépense est justifiée, à
la fin du mois, par le récépissé du Receveur des finances,
enfermé dans une chemise 504.

**268. PRIX DE VENTE D'EFFETS MOBILIERS DÉPOSÉS DANS
LES GREFFES.** — Le versement à la Caisse des Dépôts des
produits de l'espèce, à lieu *sous déduction de 5 %* du
montant *brut* de la vente, *pour frais de régie* (Inst. 2045 ;
C. C. 6-10 janv. 1859, N° 101-8 ; I. 3247 ; V. N° 34).

EXEMPLE, déjà cité à la Recette (Voir N° 36).

Produit *brut* de la vente...................... 80   »

A déduire les frais de vente *et les droits de timbre et d'enregistrement du procès-verbal*........   6   »

Reste.................... 74   »

A déduire les Frais de régie à 5 % sur 80 fr....   4   »

Reste net, *à verser à la Caisse des Dépôts*.... 70   »

Le Receveur porte en dépense immédiatement au titre
« *Prix de vente d'effets mobiliers déposés dans les greffes* » : .

1° la somme versée à la Caisse des Dépôts.... 70   »

2° celle de 4 francs montant des frais de régie.   4   »

Total égal à la Recette *(Voir N° 36, supra)*.... 74   »

269. Justifications. — La Circ. Comp. du 31 Janvier 1900,
N° 182- V. C., prescrit de justifier cette dépense par :

1° *un état indiquant le montant brut de la vente ;*

2° *une copie certifiée de la recette du 5 % ;*

3° *le récépissé du Receveur des finances.*

270. **Versement.** — Le versement doit être fait à la Caisse des Dépôts dans les 24 heures.

Le Receveur produit à l'appui de ce versement : 1° une copie certifiée du procès-verbal de vente ; 2° un état dont le modèle est annexé à l'Inst. 3247.

Les Greffiers sont tenus d'indiquer, dans leurs bordereaux de remise, tous les renseignements utiles pour la rédaction de cet état *(Inst. 3247)*.

1. DENIERS COMPTANTS. — Rien ne semble s'opposer à ce que les deniers comptants, *simplement déposés*, figurent sur l'état ci-dessus, et soient versés en même temps que le produit net de la vente des objets mobiliers *(V. N° 38)*.

271. **Effets confisqués.** — La vente des objets *confisqués* et remis au Domaine, a lieu selon les formes prescrites pour le mobilier de l'Etat *(Voir N° 344)*.

272. **Frais de vente.** — Si la même vente comprend des objets *confisqués* et des objets *déposés*, la masse des frais est répartie proportionnellement au produit de la vente de chaque nature d'objets. La part afférente aux objets *confisqués* est régularisée de la même manière que les frais de vente de mobilier de l'Etat *(Voir N° 344)*. Celle afférente aux objets *déposés* est, comme on l'a vu au N° 35, prélevée sur le produit de la vente *(Inst. 1275-1375-1788-1812)*.

L'état que le Receveur adresse à la Direction pour obtenir la régularisation de la part de frais adhérente aux objet *confisqués* (V. N° 352) doit contenir le détail de *tous* les frais de la vente y compris, s'il y a lieu, l'excédent des droits de timbre et d'enregistrement sur le 5 p. % perçu en sus du prix des objets *confisqués*. Du total des frais on déduit la part relative aux objets *déposés* ; la différence est arrêtée en lettres sur l'état et portée en dépense au titre : *Avances — Frais de vente de mobilier de l'Etat* (V. N° 345. — Voir Revue, Art. 267).

273. **Restitution.** — Les Receveurs restent étrangers à la restitution des prix de vente d'effets *déposés* dans les greffes, qui doit être effectuée par la Caisse des Dépôts.

274. **VENTE DES BESTIAUX SAISIS DANS LES BOIS DES PARTICULIERS.** — *Mêmes règles que pour les ventes d'effets déposés dans les greffes* (V. N°ˢ 41 et 268 ; C. C. N°ˢ 38 § 7 ; 44 § 9 ; 45 § 4 ; Inst. 2065).

275. **DOMMAGES - INTÉRÊTS EN MATIÈRE DE REQUÊTE CIVILE.** — Voir Inst. 2045, 2391-3.

276. FONDS DE GARANTIE. — ACCIDENTS DU TRAVAIL. — Les perceptions spéciales prises en charge dans les conditions déterminées par la Circ. du 20 février 1908 *(Voir N° 43 suprà)* sont versées par les Receveurs, *dans les départements,* aux caisses des Receveurs des finances, *aux mêmes époques que les versements ordinaires.*

Toutefois, il doit toujours être effectué un versement *pour solde* le 31 décembre de chaque année.

Les Receveurs produisent à l'appui de leurs versements un état sommaire des recettes, conforme au modèle N° 1 annexé à la Circ. du 20 février 1908.

Le récépissé *spécial* délivré au titre « Fonds de garantie » sert de justification de la dépense.

Pour la recette voir N° 43.

Voir, pour plus de détails, l'étude parue sous le N° 217 de la Revue Deltour.

1. FRANCE ET ALGÉRIE. — CONTRIBUTION DE 6 0/00 ET DE 12 0,00. — Voir, en dernier lieu, l'Inst. 3742 et la C. C. du 15 juin 1922, § II.

2. LOI DU 15 JUILLET 1922. — TAXES DE 5 0/0 ET 10 0/0. — Voir l'Instruction N° 3754.

277. FONDS SPÉCIAL DES BLESSÉS DE GUERRE VICTIMES D'ACCIDENTS DU TRAVAIL. — Voir I. 3503, 3671 § 4, 3721 § 8, 3742, p. 3 et C. C. 14 Septembre 1918, § II. *Revue,* Art. 287.

278. ASSISTANCE JUDICIAIRE (Distribution aux ayants-droit).— Il ne doit être porté en dépense à ce titre, *sous peine de rejet,* (Revue 42-11 et 53) que les sommes distribuées, après recouvrement *(V. N° 279),* aux greffiers, aux officiers ministériels et aux avocats pour *droits, émoluments et honoraires,* et aux Conservateurs des hypothèques pour *tous* leurs salaires *sans exception* (R. E. 3462-23 ; V. N° 124).

Les frais de transport des juges, des officiers ministériels et des experts, les honoraires de ces derniers, les taxes des témoins et, *en général, tous les frais dus à des tiers non officiers ministériels, doivent, avant l'issue des instances et le recouvrement des exécutoires,* être payés au titre : *Frais de justice-Art. 2* (N°ˢ 124 et 124-1 et 2).

1. ACCIDENTS DU TRAVAIL. — Les frais *relatifs aux enquêtes dans les affaires d'accidents du travail,* sont avancés par les Receveurs au titre : *Art. 2, Frais en matière d'assistance judiciaire* (V. N° 128), et portés en recette, lors du recouvrement, au titre : *Recouvrement de frais de justice* (V. N° 10-1). Les Receveurs doivent donc, *sous peine de rejet de la dépense,* certifier sur les états de distribution comprenant des paiements faits à des Greffiers *de paix,* que les sommes payées étaient dues à ces greffiers *pour tout autre objet que*

les enquêtes préliminaires (C. C. 31 mars 1903, N° 196-I ; Revue 53 et 69).

2. Prud'hommes. — Voir N° 129.

279. I. Mode de payement. — Classement de la dépense. — Justifications. — La distribution des sommes dues à des officiers ministériels est faite d'après les indications de l'extrait du jugement ou de l'exécutoire et sans retenue de 5 % pour frais de régie *(Inst. 2045).*

Les sommes payées sont portées en dépense au titre *«Assistance judiciaire — Distribution aux ayants-droit »* et classées sous ce même titre en fin de mois, à la page 68 du *Sommier de Comptabilité.*

La dépense est justifiée, à la fin de chaque mois, par un extrait de l'exécutoire suivi de l'état détaillé de ces sommes, émargé par les parties prenantes ou appuyé, le cas échéant, des quittances individuelles. *(V. § V infrà).* Le *total* de l'état, *qui doit comprendre le montant des quittances séparées* (Voir le mod. I, ci-après) est inscrit *en bloc* sur la chemise 504 intitulée : *Assistance judiciaire.* **Distribution aux ayants-droit.**

1. Honoraires des avocats. — Les *avocats* et officiers ministériels désignés pour prêter leur ministère à l'assisté n'ont à prétendre à aucun paiement de droits, émoluments et honoraires *jusqu'à la fin de l'instance,* et à ce moment même, ils ne peuvent pas en réclamer si l'assisté est condamné aux dépens. *Arg. des art. 14 et 19 de la loi du 22 janvier 1851 ; Inst. 1879. Sol. 4 septembre 1854 ; Géraud 934. Sol. 20 novembre 1861 ; T. A. V° Assist. jud. N° 16).*

Les *honoraires des avocats* ne doivent donc pas être *avancés par le Trésor ;* ils sont, *après recouvrement,* distribués de la même manière que les émoluments des officiers ministérie's.

II. Remboursements partiels. — Si le *total* des sommes distribuées, *y compris celles quittancées individuellement* (V. N° 279) est inférieur à la somme qui, d'après l'extrait de la recette, a été recouvrée pour le compte des officiers ministériels, *le Receveur doit indiquer sur l'état quittancé si la différence a été payée antérieurement ou si elle reste due* (V. § VI infrà et le modèle I, qui suit).

III. Effets de l'appel ou du pourvoi en cassation. — Voir tous les ouvrages au mot : *Assistance judiciaire.*

IV. Timbre des acquits. — Les acquits des sommes *supérieures à 10 francs* doivent être timbrés s'il s'agit de frais *d'assistance judiciaire proprement dite ;* ceux qui ont pour objet des frais en matière *d'accidents du travail* sont exempts de timbre, à la condition que l'état émargé ou la quittance individuelle contiennent l'indication « *Loi du 9 avril 1898* » (Inst. 3080-1).

Voici deux modèles d'extrait et d'état émargé :

I. MODÈLE POUR L'ASSISTANCE JUDICIAIRE

DÉPARTEMENT

d...............

BUREAU

d...............

Suivant exécutoire délivré par le greffier d (*indiquer la juridiction*) en date du   192 .

Il est dû par M

En vertu du jugement rendu le   192 , dans l'instance en   introduite par le Sieur assisté judiciairement suivant décision du bureau de   en date du   192 .

1° au Trésor 162 50
2° aux officiers ministériels 143 25

Total........ 305 75

Cette somme totale a été portée en recette le   192 , N^r   du Registre à souche.

Celle recouvrée pour le compte des officiers ministériels revient :

Pour acquit le (*date de la dépense*).			
Martin	1o à M. Martin, Greffier du tribunal civil à.... pour Seize francs 28 cent.	16	28
Gibert	2o à M. Gibert, avoué à ... pour Quatre-vingt sept francs 74 centim.	87	74
Quittance ci-jointe	3o à M. David, huissier à......... pour Trente-six francs 28 centimes.	36	28
Michel	4o à M. Michel (1), Trésorier des huissiers à... pour Un franc 75 cent.	1	75
Pascal	5o au Conservateur des hypothèques de.. pour Un franc 20 centim.	1	20
	Total égal (2)........	143	25

Certifié véritable et Vu sans opposition par le Receveur, soussigné, qui atteste avoir mentionné les paiements ci-dessus en marge de l'article du Sommier N° 1.

Signature du Receveur.

(1) Le nom *de l'ayant-droit* doit toujours être indiqué, même lorsque l'exécutoire porte le « *Trésorier des huissiers, avoués, etc.* », sans indication de son nom, et le paiement ne peut être effectué *que sur l'acquit de cet ayant-droit ou sur celui d'un mandataire* (Revue 131-1 ; C. C. 16 août 1905 p. 15).

(2) Lorsque ce total, qui doit comprendre le montant des quittances individuelles, est *inférieur* à la somme totale recouvrée *pour le compte des officiers ministériels*, le Receveur est tenu d'indiquer, à la suite de l'état quittancé, si la différence a été payée antérieurement ou si elle reste due. Exemple :

Le Receveur soussigné, certifie que la différence entre la somme recouvrée pour le compte des officiers ministériels 143 25
et celle qui leur a été payée d'après le présent état 106 97

soit 36 28

reste due à M. David, huissier à ....,
ou a été remboursée le .... 192 .   (*Signature du Receveur*)

II. MODÈLE POUR LES ACCIDENTS DU TRAVAIL

DÉPARTEMENT

d............

—

BUREAU

d............

Nota. — Les acquits donnés ci-dessous sont exempts de timbre (Voir § IV supra).

LOI DU 9 AVRIL 1898 — ACCIDENTS DU TRAVAIL

Assistance judiciaire accordée de droit à M   contre M
Conciliation (*ou jugement*) du   192
État de frais (*ou exécutoire*) du   192
Il est dû par M   sus-nommé :
1° au Trésor...................... 22 50
2° aux officiers ministériels........ 40 50

Total........ 63 »

Cette somme totale a été portée en recette le   192 , N°   du Registre à souche.
Celle recouvrée pour le compte des officiers ministériels revient :

Pour acquit le ... (*date de la dépense*).

Martin

Denis

David

Gibert

1o à M. Martin, Greffier du tribunal civil à pour Six francs 15 cent..	6	15
2o à M. Denis, greffier de paix à pour Trois francs 26 centimes.;....	3	26
3o à M. David, huissier à pour Onze francs 18 centimes..........	11	18
4o à M. Gibert, avoué à pour Dix-neuf francs 91 centimes........	19	91
Total égal (1)........;	40	50

(2) Le Receveur certifie que la somme de 3 fr. 26 payée à M. Denis, Greffier de paix, ne concerne pas des frais d'enquêtes préliminaires.

(Signature).

Certifié véritable et Vu *sans opposition par le Receveur soussigné, qui atteste avoir mentionné le présent paiement en marge de l'article du Sommier N° 1.*

(Signature).

(1) Voir le renvoi (1) de la page précédente.

(2) Ce certificat est *obligatoire* toutes les fois que les sommes sont distribuées à des Greffiers *de paix*, parce que ces derniers sont tenus de se faire payer, *avant recouvrement*, et au titre : *Frais de justice* (V. N° 278-1°) les *frais d'enquêtes préliminaires* (Circ. 31 mars 1903, p. 7).

V. Payement par virement. — Lorsque les ayants-droit sont domiciliés hors du ressort du bureau, les sommes leur revenant peuvent leur être payées par *virement* par le Receveur de leur domicile *(Inst. 2720-10)* soit sur l'acquit donné sur l'état émargé, s'il est communiqué à cet effet, soit, afin d'éviter les retards et les risques de cette communication, sur quittances *individuelles* que le Receveur pour le compte duquel le payement par virement doit être effectué, prépare et transmet à ses collègues, *après les avoir revêtues de son « Vu sans opposition ».*

Voici un modèle de quittance individuelle :

ASSISTANCE JUDICIAIRE   ou   ACCIDENTS DU TRAVAIL   M. DAVID, huissier
Décision du... 192 .   *Loi du 9 avril 1898*   *à Catus*

Reçu de M. le Receveur de l'Enregistrement de *Cahors*, la somme de *Trente six francs vingt-huit centimes* pour mes droits et honoraires dans l'instance poursuivie contre X... par Y... assisté judiciairement

A *Catus*, le________________190__.

David.

VU SANS OPPOSITION

(Signature du Receveur de CAHORS*).*

VI. Avertissements aux ayants-droit. — Ils doivent être adressés aussitôt après le recouvrement, *et il ne faut pas omettre d'en indiquer la date en marge de l'article du Sommier N° 1* (V. § VII ci-après).

Dans le cas de paiements par acomptes *(V. N° 17)*, les avertissements ne sont envoyés qu'après le recouvrement intégral de l'article, ou lorsque le débiteur se trouve libéré par la prescription décennale *(C. C. 8 février 1899-V)*. Aussitôt après la prescription, les acomptes encaissés sont distribués au marc le franc.

VII. Sommes non réclamées dans les 5 ans. — Les sommes revenant aux officiers ministériels qui, pour un motif quelconque, n'ont pu être payées aux ayants-droit dans les 5 ans *à partir du 1er janvier de l'année où ces derniers ont été avisés du recouvrement* intégral ou partiel *(V. N° 279-VI)*, doivent être versées aux Receveurs généraux ou particuliers. Chaque versement est appuyé d'un état faisant connaître le nom du titulaire de la créance, le montant et la cause de ce versement.

Le récépissé du Receveur des finances et un extrait de l'exécutoire et de la recette *(V. N° 279)*, justifient, à la fin du mois, la dépense qui doit être faite au titre : *Assistance judiciaire*, page 68 du *Sommier de Comptabilité.* **(Circ. 8 février 1899).**

A la suite de l'extrait de l'exécutoire et de la recette, le Receveur indique les nom, qualité et domicile du créancier *de la somme versée* et le montant *en chiffres*, de cette somme ; il inscrit au-dessous la date et le montant *en bloc* des paiements antérieurs, fait le total des deux sommes ainsi inscrites et s'assure qu'il est égal à la somme *totale* recouvrée pour le compte des officiers ministériels.

280 ÉTABLISSEMENTS D'ALIÉNÉS (Versement des pensions, etc.). — L'Administration n'est plus chargée du recouvrement et, par suite, du versement aux Receveurs des Finances des frais de pension d'aliénés. *(I. 3697 § IV).*

281. PRODUIT DE L'ALIÉNATION D'IMMEUBLES MILITAIRES, A CLASSER. — Voir C. 31 Décembre 1890.

282. PRODUIT DE LA VENTE DE MATIÈRES PROVENANT DU MINISTÈRE DE LA GUERRE, A CLASSER. — Voir C. 15 Janvier 1898, page 18-2° et Circ. 4 Août 1909, page 6-IV.

283. PERFECTIONNEMENT DU MATÉRIEL D'ARMEMENT ET RÉINSTALLATION DE SERVICES MILITAIRES. — Voir L. C. 20 Déc. 1898, Circ. 8 Fév. 1899 et 22 Janv. 1914 § IV.

284. RECETTES A CLASSER. — Lorsque l'affectation des recettes *provisoirement* classées comme il est dit au N° 50 supra a été déterminée, le Receveur fait une dépense correspondante sous le même titre « Recettes à classer » page 52 du *Sommier de Comptabilité* ; puis il inscrit la recette au titre *définitif* qui lui a été assigné. *(C. 8 février 1899 § XI ; exemple cité à l'Art. 212 de la Revue).*

La dépense est justifiée par une copie certifiée de l'article ouvert au registre des dépenses.

285. CHÈQUES REÇUS EN PAYEMENT DE DROITS ET PRIX DE VENTE. — Voir N° 536 ci-après.

286. TAXES ADDITIONNELLES PERÇUES POUR LE COMPTE DE LA VILLE DE PARIS. — Les recettes classées comme il est dit au N° 52 supra sont versées, *dans les départements*, à la caisse des Receveurs des Finances qui doivent en délivrer un récépissé *spécial*.

Or, il arrive souvent qu'au lieu de ce récépissé *spécial* (formule *blanche*) il est délivré un récépissé *ordinaire* de « versement des receveurs des Régies financières » (formule *rouge*). Parfois aussi le versement *spécial* du montant de ces produits est *omis* ou *confondu* par le Receveur avec le versement des recettes ordinaires du bureau.

Tout récépissé de versement *ordinaire* ne pouvant justifier qu'une dépense classée aux « Mouvements de fonds — Versement aux Trésoriers payeurs généraux..... » et non une dépense imputée au compte « Correspondants du Trésor — Taxes additionnelles perçues pour la ville de Paris », ce dernier compte présente par suite des irrégularités spécifiées ci-avant, un excédent de recettes qui ressort de la « situation des comptes de trésorerie » faite aux pages 2 ou 10 du bordereau mensuel.

Pour régulariser cette situation, le Receveur doit effectuer, aussitôt que possible, un versement régulier.

Afin d'éviter les diverses irrégularités qui peuvent se présenter, il est utile que le Receveur établisse un *bordereau* de versement *spécial*, représentant exactement le montant des taxes additionnelles encaissées, et qu'il *exige* de la Recette des finances la remise d'un récépissé spécial (sur formule *blanche*, série II).

1. Restitutions. — Rectifications d'erreurs de classement. — Etat annuel. — Voir *Revue*, Art. 196.

2. Situation du compte de trésorerie au 31 Décembre. — Ce compte de trésorerie ne doit présenter aucun solde actif en fin d'année. Toute recette faite le 31 décembre devrait être versée, sinon le jour même, tout au moins dans les trois premiers jours de l'année suivante et le versement serait, dans ce dernier cas, rattaché aux écritures du mois de décembre, c'est-à-dire considéré comme effectué le 31 décembre (C. *6 mars 1901).*

287. VERSEMENTS SUR RECOUVREMENTS POUR LE COMPTE DES RECEVEURS D'ALGÉRIE. — Voir Nº 306.

288. RECOUVREMENTS POUR DES TIERS. (Versements ou remboursements).

Les dépenses auxquelles donnent lieu le *versement* ou le *remboursement* des sommes classées en recettes sous les titres désignés au Nº 54 supra sont justifiées :

1º Administration des Postes. — Remboursement du port des lettres et paquets en matière criminelle : par le relevé des droits de poste, revêtu de l'autorisation de toucher donnée par le Receveur des Postes au facteur et de l'acquit de ce dernier. *(I. 2052 ; C. C. Nºs 95-4 ; 100-11, et 103-VII).*

2º Recouvrement pour le compte du Trésor français a Tunis : conformément aux prescriptions de la Circ. du 16 août 1905 page 22 *(Revue Art. 127-151).*

3º Frais de production revenant aux avoués : suivant les prescriptions de la C. du 10 juin 1907 p. 5. *(Voir Revue Art. 152).*

4º Droits de rôle d'expédition des procès-verbaux

D'ADJUDICATION DU DROIT DE CHASSE ET DE PÊCHE DANS LES RIVIÈRES NAVIGABLES ET FLOTTABLES NON CANALISÉES : Circ. 30 décembre 1909 § II.

5° PRIX DE VENTE DES PUBLICATIONS DU GOUVERNEMENT PAR LES COMPTABLES DES ADMINISTRATIONS FINANCIÈRES : I. 3735. Circ. annexée § IV.

6° RETENUES SUR LES PETITS SALAIRES ET PETITS TRAITE-MENTS : C. C. 3 juin 1922. V. N° 514-2.

7° RETENUES POUR OPPOSITIONS SUR MANDATS DE DÉPENSES PUBLIQUES OU TRAVAUX : C. C. 15 novembre 1922 § IV. V. N° 514.

289. COMMIS DE L'ENREGISTREMENT. — L/C DE VERSEMENTS A LA C. N. R. — Voir l'Art. 251 de la Revue Deltour. (Loi du 27 Février 1912. Arrêté ministériel du 2 Avril 1912. Inst. 3343). — Voir également les Art. 310 335 § § IV et V de la Revue Deltour.

290. FONDS COMMUN GÉNÉRAL. — Voir Circ. du 6 Avril 1907, page 4 et du 20 Février 1911.

291. SÉQUESTRE DES BIENS D'ANCIENS ÉTABLISSEMENTS ECCLÉSIASTIQUES.

1. FRAIS DE CONSERVATION ET DE GESTION. — Voir Revue Art. 193 ou Circ. 20 Mars 1909 ; I. 3315 ; 3365 ; 3334.

2. FRAIS D'ADMINISTRATION ET DE PERCEPTION A 5 %. — Voir Revue Art. 214 ou Instr. 3294-2.

3. VERSEMENTS EFFECTIFS DE FONDS. — Voir Revue Art. 193-33 ou Circ. 6 Avril 1907, p. 11 2° alinéa.

4. APPLICATION AU COMPTE « FONDS COMMUN ». — Voir Revue art. 193 N° 34 et Art. 198 ; C. 6 avril 1907 p. 11 et C. 3 juillet 1909 p. 9 § II. I. 3319.

292. FONDS COMMUN DIOCÉSAIN. — Voir Revue, Art. 198 § II ou I. 3245-35 et suiv. ; C. 3 Juillet 1909, p. 3, 2° ; I. 3319.

293. LIQUIDATION DES CONGRÉGATIONS.

1° VERSEMENTS A LA CAISSE DES DÉPÔTS ;

2° AUTRES DÉPENSES ;

Voir I. 3295 ; 3311 ; 3316 ; 3334 ; Revue Art. 207 ; N° 369 *ter* infrà.

294. FONDS COMMUN DE L'IMPOT SUR LE CHIFFRE D'AFFAIRES. — Voir N° 538 ci-après.

295. PRODUIT DE LA VENTE DE MARCHANDISES ET

DENRÉES POUR LE COMPTE DU RAVITAILLEMENT. — Voir C. C. 20 Décembre 1919 § IV. — Revue, Art. 304.

296. BONS ET OBLIGATIONS DE LA DÉFENSE NATIO-NALE. — Voir N° 540 ci-après.

297. CAISSE DES MONUMENTS HISTORIQUES. — I. 3721 § 36. C. C. 5 Août 1922 § I. Revue, Art. 346.

298. CONSIGNATION DE SOMMES POUR LA DÉLIVRANCE DES CARTES DE COMMERCE. (Restitution en application au payement des impôts). — I. 3741.]

299. DROITS DE PLAIDOIRIE. — I. 3721 § 9. C. C. 13 Novembre 1922. Revue, Art. 351..

300. FONDS DE SUBVENTIONS AUX RECEVEURS DE L'EN-REGISTREMENT. — Le Receveur qui fournit les fonds en fait dépense au titre ci-dessus ; il conserve la formule *et la produit entière* (dans une chemise 504), *à l'appui de sa comptabilité mensuelle* (C. C. N° 29).

Pour la recette : *Voir le N° 65.*

301. FONDS DE SUBVENTION AUX RECEVEURS DES POSTES. — Il doit être remis au Receveur qui fournit les fonds une formule contenant : *1° la demande ; 2° le récépissé ; 3° le talon de ce récépissé.* Si les fonds sont destinés au paiement de dépenses publiques, le Receveur doit exiger, en outre, la production du bordereau N° 1115 revêtu, *sous peine de rejet,* du visa du Directeur des Postes *(C. C. 28 février 1900, et Circ. 16 août 1905 p. 25).*

Le jour même de la délivrance des fonds, le Receveur envoie en franchise *au Directeur des Postes,* la *demande,* le *talon du récépissé* et, s'il y a lieu, *le bordereau N° 1115.*

Le récépissé, *enfermé dans une chemise 504,* est produit par le Receveur à l'appui de sa comptabilité mensuelle. Le N° d'ordre *imprimé à droite de ce récépissé,* doit être indiqué dans la colonne 2 de la chemise. La griffe du bureau peut être apposée dans le cadre du récépissé intitulé : *Timbre à date du bureau qui fournit les fonds,* mais cette formalité n'est pas obligatoire. *(V. I. 2354).*

1. Refus de fonds. — Les Receveurs ne peuvent se refuser à délivrer les fonds demandés qu'autant qu'ils n'auraient pas en caisse les valeurs suffisantes ou que la demande ne serait pas accompagnée des pièces indiquées ci-dessus *(Inst. 1934).*

2. Poteaux et fils de fer hors de service. Élément de piles hors d'usage. — L'Adm. des Postes est autorisée à vendre *dans les 20 premiers jours de chaque mois,* quand leur valeur est inférieure à 30

fr. les poteaux et fils de fer hors de service. Les Rec. appelés à encaisser le produit de ces ventes se conformeront aux Inst. 3028-I; 3103-I et aux Cir. Comp. 26 oct. 1900, N° 183-V ; 23 août 1901, N° 187-III et 31 mars 1903, N° 196-V.

Le procès-verbal de vente est exempt de timbre et d'enregistrement; *l'un des doubles doit être produit, avec le récépissé, à l'appui de la dépense, qui est faite au titre du N° 301 ci-dessus V. 535 infrà.*

• Les mêmes règles sont observées pour les ventes d'éléments de pile hors d'usage *(I. 3358, C. C. 5 mars 1913).*

3. Approvisionnement de timbres. — Paiement au moyen de fonds de subvention. — Pour les achats de 200 fr. *au minimum,* les Receveurs des Postes qui n'ont en caisse que les fonds indispensables pour les besoins de leur service peuvent payer le montant de leurs achats de timbres et de papiers timbrés au moyen de fonds de subvention, de la manière expliquée au § IV de la Circulaire du 28 novembre 1910.

302. VIREMENTS. — Le Receveur qui reçoit le bordereau d'une *recette par virement* faite pour son compte complète, de la manière indiquée au N° 69, l'opération commencée par son collègue.

Celui qui paie une somme pour l'un de ses collègues, en fait article immédiatement au *Registre de dépense,* au titre : *Dépense par virement dans le département* ou *hors du département,* et dresse *le jour même du paiement,* un Bordereau *(papier rose)* qui en fait connaître la date, les motifs et le montant.

Il laisse en blanc la 2ᵉ partie de ce Bordereau, qui doit être remplie par le Receveur pour le compte duquel la dépense est effectuée, et il détache, après l'avoir rempli et signé, le talon qu'il produit à l'appui de sa comptabilité mensuelle, dans une chemise ayant pour titre : *Dépenses par virements dans le département* ou *hors du département.*

1 Bordereau collectif. — On doit comprendre dans un bordereau unique toutes les dépenses de *même nature* effectuées le *même jour* pour le compte du *même bureau,* comme par exemple, 3 mémoires de *Frais de justice criminelle* payés, soit à un seul, soit à plusieurs créanciers. Dans ce cas, le tableau du bordereau de virement est rempli d'après l'exemple suivant :

	FRAIS DE JUSTICE		
Lacan	Mémoire de Frais de transport de prévenu....	10	»
Gendarmerie	— — — d'escorte de prévenu....,,...	2	50
Rous et Bach	— — — de transport de magistrats.	15	»
	Total.......	27	50

2. RECETTE. — Dès la réception du bordereau de virement et des pièces justificatives y annexées le Receveur pour lequel le paiement a été fait, en porte le montant en recette au *Registre à souche des droits constatés*, sous le titre : *Recettes par virements*. Il coupe verticalement, *par la moitié*, la quittance qui se trouve sans emploi et il inscrit, sur la moitié qui reste adhérente à la souche, le mot : *Virement* (Inst. 2386-2). Cette recette ne nécessite aucune consignation sur les Sommiers.

Si le paiement effectué pour son compte a pour objet d'acquitter une dépense à la charge de l'Administration, il en fait immédiatement dépense au titre qu'elle concerne; s'il est personnellement débiteur de la somme payée, il en verse le montant dans sa caisse. Dans l'un et l'autre cas, il remplit et signe la déclaration qui se trouve à la suite du Bordereau; enferme la pièce entière dans une chemise N° 504, sur laquelle il inscrit le titre : *Recettes par virements dans le département* ou *hors du département*, et la produit, *à la fin du mois*, à l'appui de sa comptabilité.

303. Transmission. — Les Bordereaux de virements, appuyés des pièces justificatives, doivent *toujours* être adressés *à la Direction*, qui les enregistre et les fait parvenir aux Receveurs qu'ils concernent.

Cet envoi doit être fait le *jour même* de la recette ou de la dépense, *surtout lorsque l'opération de virement doit être complétée dans un délai très court* (V. N° 305) ; et le Receveur qui enverrait, par exemple, *le 28 d'un mois*, un bordereau de virement *dans le département* antidaté *du 25*, s'exposerait à recevoir, avec un blâme de son Directeur, l'ordre d'annuler ses écritures du mois courant et de recommencer l'opération à la date du 1ᵉʳ jour non férié du mois suivant.

304 Ratures, surcharges, rectifications des erreurs. — Toute rature ou surcharge doit être approuvée *(V. N° 529)*, et les sommes portées sur un bordereau ou sur un talon de virement ne peuvent être modifiées qu'avec l'autorisation du Directeur. Un virement *insuffisant* doit être complété par un virement *complémentaire* faisant connaître le motif pour lequel il est établi. Si, au contraire, une recette ou une dépense par virement a été faite pour une somme *excessive*, le comptable qui aura commis l'erreur la signalera *immédiatement* à son Directeur et lui demandera de quelle manière il doit la rectifier.

305. Dates au-delà desquelles les virements ne doivent pas être faits. — Les virements *dans le département* devant être régularisés *dans le même mois*, il faut s'abstenir de *commencer* l'opération *les cinq derniers jours de chaque mois*, surtout lorsqu'elle a pour objet le paiement d'un mémoire de *Frais de justice* (V. N° 154-1). Ils peuvent être faits jusqu'au 20 décembre, et même plus tard, s'il reste un temps suffisant pour les régulariser avant le 1ᵉʳ janvier *(C. C. 21 fév. 1839, N° 48-2)*.

La régularisation dans le même mois, des virements *hors du département*, n'est pas obligatoire ; *mais il ne doit plus en être fait à partir du 15 décembre* (C. C. N° 48-2).

Les virements ajournés s'effectuent dans les premiers jours du mois de janvier suivant *(C. C. Nᵒˢ 33-5 et 78-4)*.

306. **Virements avec l'Algérie. — Suppression. —** Depuis le 1ᵉʳ janvier 1902, les paiements ou les recouvrements qui étaient effectués par voie de virement entre la Métropole et l'Algérie, s'accomplissent au moyen de mandats sur le Trésor, émis contre versement effectif des fonds. Les opérations de recettes et de dépenses sont retracées aux comptes « Correspondants du Trésor » sous les titres des Nᵒˢ 53 et 287 *suprà*, de la manière expliquée par la Circ. du 30 décembre 1901 *(C. 20 déc. 1904 ; 17 août 1905 ; I. 3210-20, 3450, 3622, Revue Art. 325)*.

La recette des sommes versées est effectuée au *Registre à souche des Opérations de Trésorerie*, et c'est sur la formule détachée de ce registre que doit être établie la quittance à remettre *séance tenante* à la partie versante, sauf dans les cas prévus par les inst. 3450, p. 3 dernier alinéa, et 3622, p. 11, 2ᵉ alinéa.

307. **Dépenses par virement autorisées. —** Les Receveurs sont autorisés à payer par virement, notamment :

1° le montant des Résultats de vérification de regies et les compléments des Remises des Receveurs *(N° 186-2)*.

2° les avances de frais de poursuites *(N° 320-5)* et de publicité en matière de ventes de mobilier et d'immeubles de l'Etat *(V. N° 344)*.

3° les Restitutions de droits et d'amendes, à quelque titre que ce soit *(C. C. 31 août 1857, N°99-3 ; V. N° 77-4)*.

4° les parts d'amendes attribuées à divers *(C. C. N° 41 ; Voir N° 259)*.

5° les frais de justice *criminelle* ou en matière *d'assistance judiciaire et d'accidents du travail*, énumérés au N° 156.

6° les gratifications dues aux gendarmes *(V. N° 262-1)*.

7° les frais d'assistance judiciaire revenant aux officiers ministériels *(Inst. 2720-10 ; Voir N° 279)*.

8° les taxes et les mémoires de frais de justice en matière de pêche fluviale *(C. C. 16 août 1905, p. 9, III)*.

9° les dépenses concernant *la liquidation des congrégations* (I. 3295-3311).

10° les dépenses relatives au *sequestre des biens d'anciens établissements ecclésiastiques*, mais seulement après autorisation spéciale des Directeurs *(C. 20 mars 1909 § VII)*.

11° les traitements et indemnités des employés supérieurs absents du chef-lieu ou en résidence hors du chef-lieu du département *(V. N° 177-2)*.

308. Transmission des mandats à payer par virement. —Les Receveurs sont tenus de joindre à chaque mandat qu'ils transmettent à leurs collègues pour être payés par virement, un *Bulletin N° 104,* dont le talon détaché par le destinataire leur sera immédiatement renvoyé pour leur servir d'accusé de réception. Ils doivent, *préalablement à cet envoi,* apposer leur signature et la griffe du bureau dans les cadres qui se trouvent en tête et à droite du mandat *(Lettre Com. N° 200 ; Voir N° 513).*

Si le créancier n'habite plus dans le ressort de son bureau, le Receveur auquel le mandat a été tranmis l'adressera, *avec le Bulletin d'envoi, et toujours par l'intermédiaire de la Direction,* à son collègue du nouveau domicile. Si ce domicile est inconnu, le mandat et le Bulletin seront renvoyés au bureau d'origine. *Dans les deux cas, il faut épingler au mandat une note explicative.*

309. VERSEMENTS AUX RECEVEURS DES FINANCES. — Les Receveurs des chefs-lieux de département et d'arrondissement *et ceux en résidence dans les villes où il existe une succursale ou un bureau auxiliaire de la Banque de France* (Inst. 3024) sont tenus de faire un versement tous les 5 jours, et en outre, toutes les fois qu'ils ont plus de 5000 fr. en caisse. Ils peuvent mettre un intervalle de 10 jours entre leurs versements, lorsqu'ils n'ont pas 500 fr. en caisse *(I. 1324).*

Si le jour fixé est un dimanche ou un jour férié, le versement doit être fait *la veille* (Inst. 95 et 190).

Les Receveurs de canton ne versent qu'à la fin de chaque mois *(l'un des trois derniers jours)* et, en outre chaque fois qu'ils ont plus de 8000 fr. en caisse. Ainsi, par exemple, le Receveur qui aurait effectué son versement le 28 avril, et dont l'encaisse viendrait à excéder 8000 fr. avant la fin dudit mois d'Avril, serait tenu de faire un nouveau versement sans attendre le mois suivant *(Inst. 3136-6).* Le montant des pièces de dépenses destinées à être comprises dans les versements *n'entre pas en ligne de compte pour la détermination du maximum de 8000 fr.* (Circ. 28 fév. 1900, N° 182-IV).

Les Receveurs sont tenus d'inscrire au *Registre de*

dépense le total des bordereaux de mandats reçus des Percepteurs en échange du numéraire *(V. Nᵒˢ 75 et 76)*.

Les Conservateurs des hypothèques ne réunissant pas d'autres attributions, doivent verser tous les 10 jours, lorsqu'ils ont en caisse au moins 500 fr.. Si les 500 fr. sont complétés dans le cours d'une dizaine, ils peuvent attendre l'expiration de cette dizaine pour effectuer un versement *(Sol. 6 janv. 1866)* ,à moins que le mois ne finisse auparavant *(Inst. 1324)*.

En cas de maladie ou autres empêchements personnels *le comptable doit assurer les versements aux époques prescrites.* S'il y a force majeure, il faut la faire constater par l'autorité locale, en rendre compte au Directeur et verser dès que le cas de force majeure a disparu.

1. VERSEMENTS FACULTATIFS. — Les comptables ont le droit de verser, dans le courant d'un mois, des sommes inférieures aux maxima.

2. VERSEMENTS OMIS OU INSUFFISANTS. — Si, pour un motif quelconque, le versement *de fin du mois* n'a pu être effectué en temps utile *(V Nᵒ 309)*, il ne faut pas manquer de le faire *le premier jour non férié* du mois suivant, *et de communiquer immédiatement le récépissé à la Direction,* afin de justifier le restant en caisse anormal *(V. Nᵒ 394-2)*.

On procéderait de la même manière dans le cas où, par suite d'une erreur ou d'un oubli, une somme supérieure à 100 fr. n'aurait pas été comprise dans le versement *de fin de mois*.

Les recettes effectuées *après le versement* ne donnent lieu à un versement complémentaire que dans le cas cité au Nᵒ 309.

Le montant des versements tardifs ou complémentaires devant *toujours* figurer dans la comptabilité du mois *pendant lequel ces versements ont été faits*, il s'ensuit que le Receveur de canton dont le versement *de fin de mois* n'a pu être effectué qu'au commencement du mois suivant, doit, s'il en est avisé après qu'il a établi sa comptabilité mensuelle : 1ᵒ *annuler la dépense relative à ce versement ;* 2ᵒ *rectifier en conséquence le Sommier de Compt., le Bordereau et l'Inventaire mensuels* (V. Nᵒ 394-2) ; 3ᵒ *faire*, à la date du récépissé, *une nouvelle dépense du montant du versement.*

Dans le but d'éviter tout retard, les Receveurs qui envoient leurs versements par la poste doivent, *surtout lorsque le mauvais temps rend les communications difficiles,* user de la faculté que leur accorde l'Inst. 3136-6, de faire cet envoi *3 jours avant la fin du mois.* (V. Nᵒ 309).

3. VERSEMENTS A LA BANQUE DE FRANCE. — Voir Inst. 2294, 3024 et 3136-6; Circ. 18 janvier 1898; 28 février 1900; I. 3306; Revue art. 349.

4. VERSEMENTS SPÉCIAUX. — Ne doivent pas être comprises dans les versements ordinaires les sommes encaissées pour le compte : 1ᵒ *des successions vacantes* (V. Nᵒ 266) ; 2ᵒ *des établissements d'aliénés* (V. Nᵒ 280) ; 3ᵒ *de la Ville de Paris* (C. C. 6 mars 1904, Nᵒ 184-4 ; Inst. 3041) *et, en général, toutes les sommes qui doivent être versées à titre d'Opérations de trésorerie.*

5. TRANSPORT DES FONDS. — En principe, les versements doivent être *remis au Receveur des finances par le comptable qui les effectue ou par la personne qu'il a chargée de le représenter à cet effet.* Une décision du 19 déc. 1873 a reconnu que les Receveurs ne peuvent pas se servir de la voie de la poste pour opérer leurs versements et qu'ils demeurent responsables de la perte des valeurs qu'ils ont evoyées par lettres chargées au Receveur des finances.

Les frais de versement sont, *dans tous les cas,* une charge de l'emploi de Receveur *(Circ. Régie 1062).*

310. Formation du versement. — Les versements doivent comprendre la totalité des fonds en caisse au moment où on les effectue.

Mais il n'est pas interdit aux Receveurs de conserver des fonds en présence de nécessités justifiées *(I 2949, p. 4, 2° alinéa),* telles que le payement en fin de mois ou dans les premiers jours du mois suivant, des remises du Receveur, des traitements fixes, des taxes de jurés, etc...

Si des recettes d'une certaine importance sont faites postérieurement au dernier versement d'un mois, la *cause* du restant en caisse doit être expiqée *(Voir N° 394).*

En exécution des prescriptions de la circulaire du 5 mars 1913, les versements doivent être formés de la manière suivante :

1° le numéraire en sommes rondes de francs ;

2° les pièces de dépenses publiques, dont le montant, quel qu'il soit, s'ajoute aux espèces, sans qu'il y ait lieu d'y ajouter le numéraire nécessaire pour parfaire la différence entre leur montant et une somme ronde de francs.

Les pièces de dépenses publiques peuvent, d'ailleurs, constituer, isolément, un versement, sans qu'il y ait lieu d'y ajouter le numéraire nécessaire pour parfaire la différence entre leur montant et une somme ronde de francs.

1. BORDEREAU. — Chaque versement est accompagné d'un Bordereau signé et arrêté en toutes lettres *(Inst. 2340-9)* et indiquant la nature et le montant des espèces et des pièces justificatives de dépense qui le composent.

2. QUITTANCES DES PERMIS DE CHASSE ET PASSEPORTS. — Les Receveurs comprennent pour comptant dans leur plus prochain versement, les quittances du prix des permis de chasse délivrés par les percepteurs. Ces quittances doivent être accompagnées du bordereau détaillé que la préfecture est tenue de remettre au Receveur, mais le Receveur des finances n'est pas fondé à exiger la remise d'un bordereau détaillé des quittances, établi par le Receveur lui-même *(Déc. compt. 18 nov., 10 déc. 1884).*

Pour l'approvisionnement des Préfectures et des Sous-

Préfectures en formules de permis de chasse, de passeports et de timbres mobiles pour le visa des passeports, ainsi que pour les époques auxquelles il doit être procédé à des règlements de compte : Voir les instructions 2852, 3683, 3705 (Revue Art. 332).

La décision du Directeur qui fixe l'importance de l'approvisionnement doit être transcrite à la page 17 du *Registre d'ordre* afin que les agents de contrôle puissent en surveiller la ponctuelle exécution.

311. **Récépissé.** — L'usage des griffes étant interdit sur toutes les pièces justificatives *(Arrêt Cour des Comp. 15 juin 1843)* les comptables doivent refuser tout récépissé qui ne serait pas signé de la main du Receveur des finances ou de ses fondés de pouvoir.

1. RÉCÉPISSÉ ÉGARÉ. — Il est remplacé par une *Déclaration de versement* délivrée sans frais par le Receveur des finances qui a reçu le versement.

312. **Lieu du versement.** — Dans le cas où, par suite de circonstances tout à fait exceptionnelles, les Directeurs penseraient qu'il convient d'autoriser certains Receveurs à verser, soit à la Recette des finances d'un arrondissement autre que celui de leur résidence, soit à toute autre caisse, ils auraient à soumettre à l'Administration des propositions motivées. *Les Receveurs peuvent prendre, en suivant la voie hiérachique, l'initiative de ces propositions* (Inst. 2720-11). *Versements à la Banque de France :* Voir N° 309-3.

AVANCES POUR DIVERS SERVICES

RÈGLES GÉNÉRALES APPLICABLES A TOUTES LES AVANCES

313. **Mode de paiement.** — Les paiements *d'Avances* sont effectués par les Receveurs des deniers de leur caisse *(Voir toutefois N° 320)*, sur la simple remise des pièces justificatives indiquées ci-après au titre de *chaque nature de dépenses*, c'est-à-dire sans émission préalable d'un mandat ; *et la dépense est admise, à la fin du mois, sans justifications* (V. § 1 ci-après).

Le Receveur qui fait une avance autorisée (V. N° 314), en fait dépense *immédiate* et en consigne le montant au *Sommier des Opérations de trésorerie*. Il a soin, afin de prévenir les omissions lors du recouvrement ou de la régularisation, d'indiquer, s'il y a lieu, à la suite de chaque consignation, le N° et le montant des articles précédemment consignés concernant la même affaire *(Voir les exemples de la Circ. Comp. 3 janv. 1861)*. Enfin, il inscrit sur les pièces justificatives la date de la dépense et le N° du *Sommier*.

1. Conservation des pièces au bureau. — Les pièces justificatives, revêtues de l'acquit de la partie prenante et timbrées, s'il y a lieu *(Voir ci-après, aux divers titres des Avances)*, sont conservées au bureau pour être représentées aux employés supérieurs et, en fin d'année, au Directeur. Si, pour la régularisation des avances ou pour l'instruction des affaires, le Receveur est appelé à s'en dessaisir, il en constate l'envoi au Registre de correspondance *(Inst. 2081)*. Dans la pratique, les Directeurs ne délivrent pas le récépissé de ces pièces prescrit par la Circ. Compt. N° 97-IV.

2. Avance excessive ou insuffisante. — Si une avance a été portée en dépense et consignée pour une somme supérieure à son montant réel, il faut verser l'excédent dans la caisse et en faire recette comme il est dit au N° 321. Si, au contraire, l'avance a été faite pour une somme insuffisante, on fait à la date courante une dépense complémentaire *(Voir pour plus de détails, l'Art. 68 de la Revue)*.

3. Fausse imputation d'une avance. — Il est *rigoureusement nécessaire*, sous peine de ne pouvoir établir *exactement* les situations mensuelles et annuelle des avances *(V. N°s 397 et 408)*, que la recette qui a pour résultat d'éteindre une dépense à titre d'avance et d'établir la balance des écritures, *soit toujours faite au même titre que cette dépense.* Cette règle doit être suivie même dans le cas où l'avance aurait été classée par erreur à un autre titre que celui qu'elle concerne.

Exemple : Supposons que les frais de vente d'un immeuble, qui doivent être avancés au titre : *Frais de vente d'immeubles de l'Etat* (V. N° 362), aient été classés à tort au *Sommier de Comptabilité* en regard du titre : *Frais de poursuites concernant l'Enregistrement.*

Le Receveur appelé à régulariser cette avance devra, lors de la réception du mandat de régularisation :

1° faire dépense de la somme régularisée au titre indiqué dans la col. 2 du mandat : *Frais de vente de mobilier et de Domaines de l'Etat* (V. N° 364).

2° porter en recette au *Registre à souche*, une somme égale (V. N° 353) et la classer, non pas au titre: *Frais de vente de mobilier, etc.,* correspondant à celui sous lequel le mandat a été délivré, mais au titre : *Frais de poursuites concernant l'Enregistrement*, puisque c'est à ce titre de la dépense que l'avance a été classée.

Si, par suite de l'inobservation des recommandations qui précèdent, la situation des avances ne peut être exactement établie, le Receveur doit, *dès qu'il s'en aperçoit,* en informer son Directeur, qui lui indiquera la marche à suivre pour rectifier l'erreur commise *(Revue 68-III).*

S'il s'agit de transférer à son vrai titre une avance mal classée et non recouvrée : Voir l'Art. 68-IV de la Revue.

314. Avances autorisées. — Il est interdit, *sous peine de rejet,* de faire des avances pour des services autres que ceux désignés à la page 70 du *Sommier de Compt.* (C. C. 15 janv. 1898, VI-3ᵉ)

Aucune avance ne doit être faite au titre : *Payements à régulariser* sans une autorisation spéciale de la Direction Générale de la Compabilité publique *(V. N° 370).*

315. Recouvrement des avances. — Si les avances concernent des services étrangers à l'Administration, elles sont remboursées par les soins et sur le budget de ces services *(Voir ci-après, aux divers titres des Avances).*

Si elles sont payées directement par les redevables, le Receveur les porte en recette au *Registre à souche des droits constatés ;* puis il annule l'article ouvert au moment de l'avance au *Sommier des Opérations de Trésorerie,* après l'avoir émargé du N° et de la date de la recette.

A la fin du mois, les sommes recouvrées sont classées à la page 54 du *Sommier de Comptabilité* au titre qui les concerne parmi les « *Avances pour divers services* ».

316. Régularisation des avances. — La régularisation des avances doit être provoquée aussitôt que possible, et la responsabilité pécuniaire des Receveurs pourrait être mise en jeu si cette régularisation n'avait pas lieu, par suite de leur négligence, avant la clôture de l'exercice sur lequel la dépense doit être imputée *(Inst. 3095-27).*

1. ECRITURES. — Les écritures nécessitées par la régularisation sont indiquées ci-après au titre de chaque nature d'avances.

317. FRAIS DE JUSTICE MILITAIRE. — Les Receveurs n'ont plus à intervenir, *en aucune manière,* dans le paiement des *Frais de justice militaire,* non plus que dans le recouvrement des condamnations prononcées par les Conseils de guerre *(C. C. 26 oct. 1900, N° 183-VI).* Ce titre de dépense a du reste été supprimé.

318. FRAIS DE JUSTICE MARITIME. — Les Receveurs sont chargés de faire l'avance, au titre ci-dessus, du montant des taxes à témoins et des allocations aux interprètes, experts, écrivains, officiers de santé et médecins civils requis devant la justice maritime. Les sommes avancées sont immédiatement portées en dépense et consignées au *Sommier des Opérations de Trésorerie* (Inst. 2116, 2129, 2259 ; C. C. N° 101-4).

319. Remboursement. — Les Receveurs dressent, à la fin de chaque mois, un bordereau détaillé *(en double)*, de tous les frais qu'ils ont avancés pendant le mois, et l'adressent au Directeur avec leur comptabilité mensuelle.

Le Directeur provoque la délivrance d'un mandat de remboursement au nom du Receveur *(Inst. 2248 ; C. C. N° 119-7)*. Dès qu'il est en possession du mandat, le Receveur en porte le montant en recette *au Registre à souche*, et annule l'article ouvert au *Sommier des Opérations de Trésorerie*. Le mandat acquitté pour ordre, et appuyé d'un double du bordereau, est compris *pour comptant* dans le plus prochain versement.

320. FRAIS DE POURSUITES ET D'INSTANCES CONCERNANT L'ENREGISTREMENT. — Les Receveurs sont autorisés à avancer à ce titre : 1° *les frais de poursuites et d'instances concernant toutes les parties du service de l'Enregistrement* (Inst. 1551 ; *pour les frais d'expertises* : V. Revue 86) *y compris le domaine fluvial* (C. C. 30 janv. 1902, N° 190) ; 2° *les frais de recouvrement des produits forestiers* (Pour les frais d'instances : V. N° 333) ; 3° *les frais de transport des aliénés* (C. C. N° 49-2 ; I. 2002) ; 4° *les frais en matière de contumace* (Inst. 2587-39) ; 5° *les dettes privilégiées, les frais d'envoi en possession de successions en déshérence* (V. N° 227-1-9) *et ceux de vente de meubles et d'immeubles dépendant de ces successions* (V. N° 227-V ; Inst. 2602-68) ; 6° *les frais des poursuites exercées contre les curateurs* (V. N° 30-1) ; 7° *les frais de fourrière, de garde et de vente des épaves* (V. N° 332-2-3-4) ; 8° *les contributions des domaines de* l'Etat, *dans les cas prévus aux N°s 221-1 et 223* (I. 1065 ; 2231) ; 9° *l'indemnité de 0,25 par extrait allouée aux greffiers du Conseil des prud'hommes* (V. N° 229 ; Inst. 3121) ; 10° *les frais d'avis aux personnes ayant déposé des bordereaux d'inscriptions hypothécaires irréguliers* (I. 3544 § III. N° 13 ; Revue Art. 289 *in fine*) ; 11° *les frais de procédure pour l'application de l'Art. 18 de la loi du 18 mars 1919 (non inscription sur le registre du Commerce)*, (I. 3699 ; Revue Art. 342).

Ces avances sont faites sur la remise par les parties prenantes, des pièces justificatives *dûment acquittées et timbrées*, s'il y a lieu, *(V. N°ˢ 77-2 et 313 et*, selon la nature des frais avancés, *les N°ˢ indiqués a l'alinéa qui précède)*.

Lorsque le Receveur a l'espoir de recouvrer promptement les frais de poursuites, rien ne l'empêche de les avancer *de ses propres deniers*, afin d'éviter les écritures nécessitées par l'avance et par le recouvrement *(Vuarnier 3507 ; N°ˢ 313 et 321)*.

1. DÉBATS ORAUX. MINISTÈRE DES AVOCATS. — L'Art. 7 de la loi du 30 avril 1921, dispose :

« Dans toute instance engagée à la suite d'une oppo-
« sition aux contraintes décernées par l'Administration de
« l'Enregistrement, des Domaines et du Timbre, le rede-
« vable aura le droit de présenter lui-même ou par le
« ministère d'un avocat inscrit au tableau, des explica-
« tions orales. La même faculté appartiendra à l'Admi-
« nistration ».

Cette disposition nouvelle ne porte aucune atteinte aux prescriptions de l'Art. 65 de la loi du 22 frimaire, an VII, aux termes desquelles « il n'y aura d'autres frais à
« supporter, par la partie qui succombera, que ceux du
« papier timbré, des significations et du droit d'enregis-
« trement des jugements ».

En aucun cas, les honoraires des avocats, même ceux prévus par le tarif, ne peuvent donc être alloués en taxe.

Les frais d'honoraires incombant personnellement à l'Administration ne peuvent être acquittés qu'après autorisation de l'Administration *(I. 3690 § 4 ; Revue Art. 317)*.

2. EXAMEN DES PIÈCES JUSTIFICATIVES. — Les Receveurs doivent, sous leur responsabilité, s'assurer avec le plus grand soin que les pièces sont régulières, et faire opérer, s'il y a lieu, la déduction des sommes réclamées à tort *(Inst. 2040 ; Voir N° 323)*. On leur rappelle notamment, que les frais de timbre, du répertoire des huissiers *(Revue 51)* et de l'acquit de la somme payée *(Sol. 18 déc. 1882 ; V. N° 93)* qui doit *toujours être daté*, sont à la charge personnelle de ces officiers ministériels, *et ne doivent pas, conséquemment, être compris dans le coût des exploits* (Voir toutefois N° 328-2).

3. VISA DES EXPLOITS. — L'original des actes *signifiés à des personnes publiques* (C. Proc. 69) doit être visé par ces dernières *sans frais* (C. Proc. 1039) ; mais il est al-

loué à l'huissier, *pour ce visa*, un droit de 1 fr. à Paris et 0,75, partout ailleurs. Ce droit est double lorsque, en raison du refus du fonctionnaire qui doit viser l'original, l'huissier est obligé de requérir le visa du Procureur de la République *(Décret 16 février 1807, Art. 66)*.

4. PLI FERMÉ. — Les formalités prescrites par la loi du 15 février 1899 ne sont pas applicables aux exploits signifiés à des administrations publiques.

La Cour de Cassation a décidé en ce sens les 1er mai 1901 et 8 mars 1904, que l'obligation d'insérer dans une enveloppe fermée la copie des exploits d'ajournement, lorsqu'elle est remise à une personne autre que la partie elle-même, n'est pas applicable à ceux de ces exploits qui concernent les administrations. ou établissements publics visés par l'Art. 69 § 3 C. Proc. *(Traité alph. Suppl. V° Procédure N° 64)*.

En conséquence, les huissiers ne peuvent pas comprendre dans le coût des exploits signifiés aux administrations publiques, l'honoraire de 0,15 qui leur est alloué pour la formalité de l'enveloppe, par le décret du 13 novembre 1899.

L'instruction n° 3390 § 15 recommande aux agents de vérifier, avant d'acquitter les frais de tout exploit signifié à l'Administration, si cet honoraire n'y a pas été irrégulièrement porté.

5. BUREAU CHARGÉ DU PAIEMENT. — C'est le Receveur du bureau où l'affaire a pris naissance qui doit faire dépense *effective* de tous les frais *(Voir Revue 86 et l'exception du N° 330)* et en consigner le montant à son *Sommier des Opérations de trésorerie* (V. N° 313). Ceux dus à des parties domiciliées hors du ressort de ce bureau peuvent être payés *par virement* pour son compte.

La dépense *par virement* du coût d'un acte de poursuite doit comprendre, *dans tous les cas, l'intégralité de ce coût*. Si le timbre de l'original de l'acte a été fourni par le Receveur pour le compte duquel le paiement est effectué, le Receveur qui a payé annexe à cet original et au bordereau de virement, une feuille ou un timbre d'égale valeur.

6. TAXE DES FRAIS. — Les états de frais ne doivent être taxés que si les frais résultent d'un jugement prononcé contre une partie reconnue insolvable *(Inst. 1891)*.

321. Recouvrement. — Le montant des avances payées directement par les redevables est, après annulation de l'article du *Sommier des Opérations de trésorerie*, porté en recette au *Registre à souche* et tiré hors ligne dans la *dernière* colonne ; il est, à la fin du mois, reporté à la page 54 du *Sommier de Comptabilité.* Si le Receveur a avancé les frais de ses deniers personnels *(V. N° 320)* il s'en rembourse en conservant la somme versée par le débiteur, qui ne doit pas, cela va sans dire, être portée en recette.

322. Recouvrement après régularisation et report de l'article aux surséances. — Voir N° 14-1.

323. Régularisation. — Le Receveur provoque la régularisation des frais de poursuites au paiement desquels l'Administration a été condamnée et de ceux tombés en non-valeur par suite de l'insolvabilité des débiteurs ou de l'abandon de l'affaire *(Revue 80)*, en adressant au Directeur, sans aucun retard *(V. N° 316)*, un état *sur feuille double in-4°* formant chemise. La 1ʳᵉ page reçoit l'intitulé, la 2ᵉ page les colonnes, et la 3ᵉ page, l'arrêté du Receveur et du Directeur.

Voici un modèle de cet état :

ETAT des frais de poursuites tombés en non-valeur par suite de l'abandon de l'affaire *(ou de l'insolvabilité des débiteurs)* ou auxquels l'Administration a été condamnée par jugement du

Titres des colonnes : 1° *numéro d'ordre ; 2° numéro du Somm. des Opér. de trésorerie ; 3° date des actes de poursuites ; 4° nature des actes de poursuites ; 5° coût des actes ; 6° taxe ; 7° observations.*

Le présent état montant à la somme de *(indiquer la somme en toutes lettres)* est certifié par le Recevenr de l'Enregistrement soussigné. A......................, le.............. 192 .	Le Directeur de l'Enregistrement soussigné : Vu les pièces justificatives ci-jointes et l'Instruction N° 1891 ; Arrête le présent état à la somme de ....(1) A ...., le........................ 192 .

Cet état doit être appuyé des pièces justificatives *(actes de poursuites, bordereaux d'inscriptions, mémoires, certificats d'indigence, etc. —* V. Nᵒˢ 320 et 325*)* et d'une copie certifiée par le Receveur de la lettre qui prescrit la régularisation des frais, (copie inutile si le Receveur indique sur l'état des frais à régulariser la date et le n° de cette lettre).

---

(1) *Le Directeur retranche, s'il y a lieu, les frais indûment alloués, ou dont la perte peut être imputée à la négligence du Receveur (I. 1891, 1302 ; Voir N° 277). Ce dernier fait alors recette des frais laissés à sa charge, en procédant de la manière prévue au N° 252-2 suprà.*

S'il s'agit de régulariser des frais auxquels l'Administration a été condamnée par un jugement *(V. N° 328)*.

1. CONSERVATION DES PIÈCES APRÈS RÉGULARISATION. — Voir N° 325.

2. COMPÉTENCE DES DIRECTEURS. — Voir Inst. 1302, 1891 et 2939-8 ; Règl. 1866, §§ 279 et suiv. ; Rev, prat. 4753 ; Revue 80.

324. Avances concernant le Sommier N° 1. — Les Receveurs provoquent la régularisation des frais des inscriptions hypothécaires (1) et des actes de poursuites avancés pour des articles du *Sommier N° 1* annulés ou reportés aux surséances, en adressant au Directeur, *dès la réception de l'Etat des restes à recouvrer* (V. N° 480), un Etat collectif comprenant *toutes les avances* relatives à ces articles, et auquel ils annexent une copie certifiée de la lettre du Directeur qui autorise la régularisation.

Voici un modèle de cet état, *qui doit être dressé sur feuille double formant chemise.* La 1re page reçoit l'intitulé, les *deux* pages intérieures les colonnes, et la 4e page l'arrêté du Receveur et du Directeur.

ÉTAT des frais de poursuites avancés pour le recouvrement d'articles du Sommier des droits constatés N° 1 tombés en non-valeur par suite de l'insolvabilité des débiteurs.

Titres des colonnes : *1° Numéro d'ordre ; 2° Numéro du Sommier des droits constatés ; 3° Numéro du Sommier des Opérations de trésorerie ; 4° Noms des débiteurs ; 5° Date du jugement ; 6° Désignation du tribunal qui a prononcé la condamnation ; 7° Nature des articles ; 8° Indication des actes de poursuites (commandement, inscription hypothécaire, etc.) ; 9° Date de ces actes ; 10° Date de l'autorisation d'annulation ou de mise en surséance ; 11° Montant des frais avancés pour chaque acte ; 12° Observations* (Indiquer dans cette dernière colonne le motif pour lequel les pièces justificatives sont conservées au bureau (V. N° 325).

Cet état, à l'appui duquel il est inutile de produire des certificats d'indigence ou des copies certifiées, sauf dans les cas du N° 15-1, est certifié et arrêté comme celui du N° 323.

---

(1) Le Receveur *du domicile du débiteur de frais d'assistance judiciaire*, qui a pour mission de prendre les mesures conservatoires utiles (V. N° 15), est tenu, par suite, d'effectuer l'avance des frais des inscriptions *et d'en recouvrer le montant ou d'en provoquer la régularisation* (Revue 96 — Voir N° 11-1 et 15-1). Les salaires des Conservateurs ne doivent pas être *avancés* par les Receveurs ; *en cas de recouvrement sur les parties* ils leur sont transmis par voie de virement (V. N° 14 ; Revue 42-V).

325. Conservation des pièces. — Si les avances concernent *des instances non terminées, des articles des sur- séances* (V. N° 324) ou *des contumaces,* le Directeur or- donne que les pièces soient conservées au bureau et le constate dans l'arrêté qu'il appose sur l'Etat (V. N° 323) par la mention suivante :

Les pièces justificatives des avances ont été conservées au bureau pour permettre de continuer l'instance *ou* de suivre ultérieurement le recouvrement du principal et des frais *(C. C. N° 186-4) ou enfin,* de procéder à la reddition du compte.

326. Ecritures. — Dès la réception du mandat de régula- risation délivré par le Directeur au nom du Receveur, celui-ci procède aux opérations détaillées au N° 228-2.

327. Perte des pièces justificatives. — Elles sont rempla- cées par celles énumérées au N° 228-7.

328. Remboursement des dépens aux parties adverses. — Lorsque l'Administration a été condamnée aux dépens d'une instance, les frais avancés par le Receveur sont régularisés dans la forme ordinaire *(V. N° 323).* Ceux exposés par les parties adverses leur sont remboursés au vu, à défaut d'arrêt de liquidation ou d'exécutoire, d'un état *taxé* et appuyé des pièces justificatives *(V. N° 329)*, dressé par elles ou leur mandataire, *soit à titre d'avance,* soit sur mandat du Directeur *(V. N° 332).* En cas d'abandon de poursuites avant jugement, l'état taxé est inutile ; la production des pièces suffit *(Revue 80).* Il résulte même d'une solution du 7 février 1899 *(Revue 114)*, que les frais *auxquels l'Administration a été con- damnée* peuvent être remboursés par les Receveurs *à titre d'avance, sur la simple production des originaux des actes de poursuites* revêtus de l'acquit de la partie. Ces frais peuvent, dans ce cas, figurer sur le même état que ceux faits par l'Administration *(V. N° 323 ; Revue 113-2).*

Les frais peuvent être remboursés à l'avoué de la par- tie adverse s'il en a obtenu la distraction à son profit *(Sol. 7 janv. 1897 ; Rev. prat. 4328).* Le Receveur pro- voque la délivrance du mandat en adressant à la Direction les originaux des actes de poursuites, *si les parties les ont remis* (V. N° 329), l'arrêt de liquidation, l'exécutoire ou l'état taxé *(V. ci-dessus)* et enfin, un extrait *sur pa- pier libre*, certifié par lui, du jugement ou de l'arrêt de condamnation. Le Directeur annexe au mandat une copie certifiée de la lettre de l'Administration qui autorise le paiement des frais.

10

1. EXERCICE QUI DOIT SUPPORTER LA DÉPENSE. — V. N°
332.

2. TIMBRE DE L'ÉTAT DE FRAIS ET DES ACQUITS. — Le
prix du timbre de l'état de frais, *lorsqu'il est compris
dans la taxe du juge*, doit être remboursé à la partie
(C. C. 26 janv. 1901, N° 227-3). Le coût du timbre des
quittances données au bas des exploits *par les officiers
ministériels aux parties*, doit être également remboursé ;
mais le droit de timbre des quittances souscrites *directement par les parties ou les officiers ministériels au
Trésor* est à la charge des parties *(Sol. 7 févr. 1899 ; R.
P. 9892 ; R. E. 2524 ; Revue 114 ; V. N° 93).*

3. DÉCHÉANCE QUINQUENNALE. — Voir N° 331 *infrà*.

329. **Remise des pièces.** — Les Receveurs doivent se faire
remettre à l'appui de l'état *taxé* dressé par les parties
adverses, les originaux des actes de poursuites, à moins
que le jugement ou l'arrêt n'ait statué sur des questions
de propriétés ou autres droits immobiliers *(C. C. N° 24)*
ou que les parties refusent expressément de s'en dessaisir. Le motif pour lequel les pièces justificatives ne
sont pas produites est indiqué par le Receveur sur l'état
taxé, ou par le Directeur sur le mandat.

330. **Instances devant la Cour de Cassation.** — Les frais
exposés par l'Administration sont faits à Paris, et avancés par le Receveur placé près de cette Cour, *par virement* pour le compte de son collègue du bureau que l'affaire concerne, à qui il transmet, avec le bordereau de
dépense par virement, l'état détaillé et certifié des frais
payés par l'avocat de l'Administration, revêtu de l'acquit
de ce dernier. A la réception de ces pièces, le Receveur
du bureau où l'affaire a pris naissance, fait la dépense
et la consignation prévue au N° 313 ; puis il complète,
de la manière indiquée au N° 302-2, l'opération de virement commencée par son collègue.

Après l'arrêt définitif, les avances sont recouvrées sur
les parties *(V. N° 321)* ou régularisées, si l'Administration a succombé *(V. N.ᵒˢ 323 et 328)*. Dans ce dernier
cas, les Directeurs peuvent faire décider par le Directeur
Général si le paiement des dépens et de l'indemnité allouée à la partie adverse doit être effectué par le Receveur près la Cour de Cassation *(Inst. 1520 et 1881)*, ou
par celui du bureau que l'affaire concerne.

Les dépens ou indemnités alloués aux parties adverses ne peuvent être payés à titre *d'avances*. Le paiement a lieu en vertu de mandats délivrés par le Directeur au vu d'états certifiés par l'avocat des parties, visés

soit par l'avocat de l'Administration, soit par le secrétaire du Conseil *(Inst. 1881)*.

C'est ordinairement l'Administration qui transmet ces états aux Directeurs en prescrivant la délivrance des mandats.

331. Déchéance. — Les frais d'une instance à rembourser à la partie adverse ou à son avoué *(V. N° 328)* se prescrivent par 5 ans *à partir du 1ᵉʳ janvier de l'année pendant laquelle le jugement est devenu définitif* (Sol. 7 janv. 1897 ; Rev. prat. 4328 ; J. E. 25186 ; V. N° 242).

332. Exercice. — Tous les frais de poursuites et d'instances, *y compris ceux à rembourser aux parties adverses*, appartiennent à l'exercice *de l'année pendant laquelle ils sont mandatés.* Le montant des condamnations qui, d'après le 2° alinéa de l'Art. 13 § 8 du Règl. de 1866, est imputable sur l'exercice *pendant lequel ont été rendues les décisions judiciaires*, doit s'entendre des condamnations *autres que celles qui ont pour objet des frais de poursuites ou de procédure*, c'est-à-dire des condamnations pour *dommages-intérêts, indemnités, etc.,* qui ne se rencontrent que dans les instances en matière domaniale. *(Sol. 19 déc. 1902 et 6 janv. 1905 ; Revue 80 et 113).*

Ainsi que nous en avons exprimé l'avis au N° 328, les frais à rembourser aux parties adverses peuvent être payés *à titre d'avance* (Voir cependant N° 330), et figurer, dans un but de simplification, sur l'état que le Receveur adresse à la Direction pour provoquer la régularisation des frais exposés par l'Administration. Toutefois, comme ce mode de paiement engage la responsabilité pécuniaire du Receveur *(V. N°ˢ 320-2 et 323)*, il est plus prudent de n'effectuer le remboursement qu'après que le Directeur a délivré un mandat régulier au nom des parties ou de leur avoué *(V. N°ˢ 228 et 328).*

333. FRAIS DE POURSUITES ET D'INSTANCES CONCERNANT L'ADMINISTRATION DES EAUX ET FORÊTS. — Les Receveurs sont tenus *d'avancer* au titre ci-dessus :

1° les frais des instances en matière civile, *tant que ces instances ne sont pas terminées,* à l'exception toutefois des suppléments d'honoraires d'avocats *(Inst. 1574 ; 1581 ; 1583)* ;

2° les droits de timbre des actes d'acquisitions pour la restauration ou la conservation des terrains en montagne *(Inst. 3000).*

1. Paiement des frais des instances. — Il est effectué sur la production : 1° soit d'un extrait du jugement qui

a liquidé les dépens, soit d'un exécutoire de ces dépens, soit enfin, d'un état de frais, *taxé s'il y a lieu*, (V. N° 320) ; 2° des pièces justificatives.

Aucune avance ne peut avoir lieu qu'en vertu d'une autorisation expresse de l'Administration des Domaines, à qui les exécutoires et états de frais doivent être préalablement communiqués par les Directeurs *(Inst. 1574 ; 1583)*.

Les frais avancés font l'objet d'une consignation immédiate au *Sommier des Opérations de trésorerie* et d'une dépense au *Registre de dépense,* dont le montant est classé, à la fin du mois, à la page 70 du *Sommier de Comptabilité.*

334. Recouvrement ou régularisation. — Le recouvrement des frais des instances terminées au profit de l'Etat, est suivi comme en matière d'enregistrement.

Les frais à rembourser par l'Administration des Forêts, en cas de condamnation de l'Etat ou d'insolvabilité des parties condamnées, fait l'objet d'un état *(mod. fourni par l'Adm. des Forêts).* Cet état, soumis à la taxe *dans le cas prévu au N° 320* (C. C. N° 91-3), est adressé au Directeur avec les pièces justificatives des avances, dans les premiers jours de janvier *(Inst. 1302 ; C. C. N° 46-15).*

Après avoir vérifié et visé cet état *(Inst 1302),* le Directeur le transmet au Conservateur des forêts, qui délivre au profit du Receveur un mandat de remboursement dont celui-ci fait recette au *Registre à souche des droits constatés,* après avoir annulé et émargé l'article du *Sommier des Opérations de trésorerie,* et qu'il comprend pour comptant dans son prochain versement. La somme remboursée est, à la fin du mois, classée à la page 54 du *Sommier de Comptabilité.*

335. Frais de capture et Taxes à témoins. — **Délits forestiers.** — Voir les N°ˢ 164-1, 162, 119-1 ; Revue 120-2.

336. FRAIS DE POURSUITES ET D'INSTANCES CONCERNANT LE FONDS DE GARANTIE. — ACCIDENTS DU TRAVAIL. — Voir Revue Art. 217-27 ou I. 3216 ; 3223 ; 3284 ; 3704 ; Circ. 20 févr. 1908 et 15 juin 1922.

337. FRAIS DE POURSUITES ET D'INSTANCES CONCERNANT LE MINISTÈRE DU TRAVAIL ET DE LA PRÉVOYANCE SOCIALE. — V. I. 3387.

338. RESTITUTION DES DROITS DE TIMBRE. — Déchets et maculatures — Sommes inférieures à 5 francs. — Voir C. C. 2 janvier 1899, N° 180-VI, qui modifie l'Inst. 2338.

Le mandat de régularisation, imputé au titre : « Remboursement de droits indûment perçus », ne peut être délivré qu'après que les crédits nécessaires ont été délégués. Les avances qui n'ont pu, faute de crédits, être régularisées à la fin d'une année sont comprises dans le mandat de régularisation délivré à la fin de l'année suivante.

339. FRAIS EN MATIÈRE D'EXPROPRIATION POUR CAUSE D'UTILITÉ PUBLIQUE. — Les *seules* avances que les Receveurs sont autorisés à faire à ce titre *(Page 70 du Sommier de Comptabilité)* comprennent :

1° les indemnités allouées aux jurés et aux personnes appelées à éclairer le jury *(Inst. 1448)* ;

2° les indemnités de déplacement dues au Magistrat-Directeur du jury et à son Greffier *(Inst. 1448)*.

Les autres frais sont acquittés *directement* par l'Administration publique ou la Compagnie concessionnaire qui a provoqué l'expropriation, ou par le propriétaire dont l'expropriation est poursuivie, selon la décision du jury *(Inst. 1448)*.

340. Pièces justificatives. — Le paiement est effectué par les Receveurs sur la production :

1° pour les indemnités des jurés et des témoins, d'un mandat du Magistrat-Directeur du jury, acquitté par la partie prenante et soumis au timbre quittance, s'il dépasse 10 fr. ;

2° pour les indemnités attribuées au Magistrat-Directeur du jury et à son Greffier, d'un mémoire *collectif* établi, *dans tous les cas,* sur papier libre visé pour timbre gratis *(Loi 3 mai 1841, Art. 58 ; Inst. 2577-2),* mais soumis à autant de droits de timbres quittances qu'il y a de parties prenantes *touchant plus de 10 fr.* (V. N° 146-2). Ce mémoire, certifié, et signé par le magistrat, doit indiquer : 1° *le nombre des journées employées au transport ;* 2° *la distance entre le lieu où siège le jury et le chef-lieu judiciaire de l'arrondissement ;* 3° *le nom de la commune de la situation de l'immeuble exproprié* (Inst. 1448 ; 1660). Le but de l'expropriation doit également être indiqué ; et, s'il s'agit d'un chemin ou d'une route, il doit être désigné par sa nature et son numéro.

341. Bureau qui doit avancer les frais. — Celui *(de canton ou d'arrondissement)* dans le ressort duquel sont situés les biens expropriés *(Inst. 1520).*

342. Envoi des pièces à la Direction. — Les Receveurs adressent *immédiatement* à la Direction, avec une lettre d'envoi, les mémoires des Magistrats-Directeurs et de leurs Greffiers ; *il est inutile de revêtir ces mémoires du Vu sans opposition*. Les Directeurs provoquent le remboursement de ces avances, mais les Receveurs peuvent, en cas de retard, rappeler l'affaire, soit à la Préfecture ou à la Sous-Préfecture, soit au maire de la commune de la situation des biens.

L'époque et le mode d'envoi des taxes payées *aux jurés* et *aux témoins*, sont indiqués dans l'Inst. 1448 et dans les C. C. 10 janv. 1868, N° 119 et 17 janv. 1870, N° 122-5.

343. Remboursement. — Les indemnités payées aux jurés et aux témoins sont remboursées au Receveur par la partie condamnée aux dépens, en vertu d'un exécutoire délivré par le Magistrat-Directeur du jury. Celles payées, tant à ce dernier qu'à son Greffier, sont remboursées *par l'Administration ou la Compagnie concessionnaire qui a provoqué l'expropriation* (Inst. 1448 ; C. C. 10 janv. 1868, N° 119-8 et 18 janv. 1870, N° 122-5).

Les Receveurs doivent, au moment du remboursement de ces avances, faire au titre correspondant, une recette qu'ils classent : 1° au *Registre à souche des droits constatés*, dans la dernière colonne ; et 2° au *Sommier de Comptabilité*, page 54, puis, annuler l'article ouvert au *Sommier des Opérations de trésorerie*, après l'avoir émargé du N° et de la date de la recette.

Si le remboursement est effectué au moyen d'un mandat délivré par une autorité administrative, ce mandat est compris pour comptant dans le plus prochain versement.

1. Régularisation. — Si des avances faites aux *jurés* et aux *témoins* sont tombées en non-valeur par suite de l'insolvabilité ou de la disparition de l'exproprié, un mandat de régularisation peut être délivré au nom du Receveur, dans la forme tracée au n° 228-2 *(Sol. 2 oct. 1899)*.

344. FRAIS DE VENTE D'OBJETS MOBILIERS APPARTENANT A L'ETAT. — Les frais auxquels donnent lieu les ventes de mobilier faites par les préposés des Domaines, sont acquittés par les Receveurs, qui en font dépense *immédiate* au titre : « *Frais de vente d'objets mobiliers appartenant à l'Etat* », parmi les « *avances pour divers services* », page 70 du *Sommier de Compabilité* (Inst. 1812 ; 1914 ; 1930 ; 3099 § § 19 et 20).

Ces frais comprennent notamment : ceux d'estimation, d'expertise, de pesage, comptage, rangement, lotissement, transport des objets au lieu de vente, d'affiches et de publication, d'insertions dans les journaux, de crieurs et d'hommes de peine, les droits de douane, d'octroi et de place, l'excédent de droits de timbre et d'enregistrement *(V. N° 349)*. La plupart de ces frais sont réglés de gré à gré, mais en cas de dissentiment, le Receveur peut requérir la taxe du juge de paix.

L'Administration des Domaines ne doit acquitter que les frais postérieurs à la remise des objets à vendre provenant des services publics, c'est-à-dire, ceux exposés à partir du jour où ces objets sont à sa disposition. La remise, en effet, ne doit pas être confondue avec la livraison matérielle qui ne s'opère que lors de la vente, les objets restant jusqu'à cette opération « dans les lieux où ils se trouvent et à la garde de ceux qui en sont chargés » ; la remise est la formalité qui consiste à mettre les objets à la disposition du Domaine et qui est consécutive à la décision de réforme *(I. 3250, Revue Art 229)*.

Les frais de vente des épaves et du mobilier des successions en déshérence ne sont pas avancés au titre ci-dessus *(V. N°s 226-2 et 227-5)*.

Pour les colis postaux vendus par les Compagnies de Chemins de fer : Voir Inst. 3064.

Pour les règles générales à suivre pour les aliénations, voir Inst. 3457 ; 3449 § 18 ; 3495 ; 3697 § VI.

1. Pièces justificatives. — Les Receveurs se font remettre par les parties prenantes des quittances ou des mémoires détaillés, timbrés *(V. N° 351)* et acquittés. Les mémoires des imprimeurs, pour le coût d'affiches ou d'annonces, doivent être appuyés d'un exemplaire de l'affiche ou du journal, *exempt de timbre, d'enregistrement* (Sol. 29 août 1977 ; J. E. 20663) *et de légalisation.*
Les droits de place sont justifiés par une quittance du préposé et on appose ordinairement sur cette quittance les tickets gommés qu'ils délivrent.

2. Manufactures de l'Etat. — Les Receveurs ne doivent pas donner de rémunération aux ouvriers des manufactures de l'Etat employés comme manœuvres à l'occasion des ventes d'objets hors de service provenant de ces établissements. *(I. 3257).*

3. Archives des postes et télégraphes. — Tous frais accessoires d'aliénation, de surveillance des opérations de triage, et de mise au pilon des vieux papiers vendus par le Domaine sont à la charge de l'Adm. des Postes ; ils ne doivent ni être payés par le Domaine, ni être imposés aux adjudicataires. *(I. 3241).*

4. Effets militaires réformés. — Le Domaine doit acquitter, sous la simple réserve qu'il y ait eu remise préalable, les frais de désinfection de ces effets *(I. 3250).*

5. Frais a la charge du ministère de la guerre. — V. I. 3250.

6. Ventes de denrées ou matières dont le produit net doit être rétabli au crédit du budget de la guerre. — Voir Circ. 4 août 1909 § IV. I. 3670 § 42.

7. Ventes de juments réformées du service militaire et des-

TINÉES A LA REPRODUCTION. — Voir I. 2928 § 2. — Observer notamment que le droit d'*enregistrement* de la demande d'admission à la vente, renfermant l'engagement de livrer à la reproduction les juments acquises, doit être prélevé sur le produit du 7,50 0/0 payable par les adjudicataires dans la forme établie par l'I. 2066.

8. VENTE AU PROFIT DE L'ETAT, DES COPIES DE TABLEAUX EXÉCUTÉES DANS LES MUSÉES NATIONAUX ET ABANDONNÉES PAR LEURS AUTEURS. — V. I. 3374 et 3400.

9. RÈGLEMENT DU PRIX DES CESSIONS D'OBJETS MOBILIERS ENTRE MINISTÈRES. — V. circ. 22 janvier 1914 § II et 16 mai 1917 § III, I. 3495-I.

345. Objets confisqués ou déposés. — Les frais de vente d'objets et d'armes *confisqués* sont également avancés au même titre que ci-dessus *(Inst. 1788 et 1812 ; Voir Nº 272)*.

Quant à ceux concernant les ventes *d'objets mobiliers déposés dans les greffes*, et dont le prix doit être versé à la Caisse des Dépôts *(Voir Nºˢ 34 et 268)*, ils sont prélevés, *y compris les droits de timbre et d'enregistrement*, sur le produit brut des ventes *(Inst. 1275, 1375 et 1812)*.

346. Enregistrement du Procès-verbal. — Le procès-verbal de vente est enregistré au *Registre des Huissiers*. Le droit de 5 % ne doit être perçu que sur le prix *principal* de la vente, *à l'exclusion du 7,50 % ou 12,50 % dont il va être parlé*.

347. 7,50 pour cent. — Les Receveurs perçoivent des adjudicataires, *indépendamment du prix principal*, 7,50 % de ce prix. Les droits de *timbre et d'enregistrement* du procès-verbal de vente sont prélevés sur le produit de ce 7,50 %. *(Inst. 2202 ; 3545 ; 3635)*.

Si l'adjudication porte sur des objets classés comme étant de luxe *(V. Inst. 3632, annexe III)*, il est perçu en sus du prix 12.50 %, au lieu de 7,50 %.

EXEMPLE :

Montant *brut* de la vente		192 25
7,50 % perçu en sus de ce prix (14,41875)	14 42	
A déduire { Timbre du procès-verbal. 2 »		
Enregist. — id. — 10 » } 12 »		
Excédent du 7,50 % à ajouter au prix principal. 2 42		2 42
Total...............		194 67

à consigner au *Sommier Nº 2*, à porter en recette au *Registre à souche* et à classer, en fin du mois, à la page 40 du *Sommier de Comptabilité* : *Aliénation d'objets mobiliers.*

348. **Exemption du 7,50 %.** — Lorsque les ventes de mobilier ont lieu de gré à gré, sur soumission *timbrée,* ou par actes passés devant les Préfets ou leurs délégués, les acquéreurs ne doivent pas payer 7,50 % en sus du prix ; mais ils sont tenus d'acquitter les droits de timbre et d'enregistrement de la soumission, *dont l'enregistrement est obligatoire* (L. 15 mai 1818, Art. 78 et 80 ; Inst. 1293-8 ; 3449 § 18).

349. **Insuffisance du 7,50 %.** — Si le 7,50 % est insuffisant pour l'acquittement des droits de *timbre et d'enregistrement,* l'excédent de ces droits est compris parmi les frais de vente à régulariser, et la consignation au *Sommier N°* 2, ainsi que la recette au *Registre à souche,* doivent comprendre *l'intégralité du prix principal de la vente* (Inst. 2066 ; 3635).

EXEMPLE :

Montant *brut* de la vente 102 50
7.50 % perçu en sus du prix *(pour 7,6875)*... 7 69

A déduire { Timbre du procès-verbal.   2 » / Enregist.   — id. —   6 » } 8 »

Excédent à comprendre dans les frais de vente.   0 31

A consigner au Sommier N° 2 *et à porter en recette* (V. N° 347) *le prix intégral,* ci..................... 102 50

350. **Ecritures.** — Dès que tous les paiements relatifs à la même vente ont été effectués, le Receveur fait dépense au titre : *Avances — Frais de vente de mobilier,* du montant total des frais avancés *et, s'il y a lieu, de l'excédent des droits de timbre et d'enregistrement sur le 7,50 %* ; il ouvre au *Sommier des Opérations de trésorerie* un article *contenant le détail de tous ces frais,* et il rend compte au Directeur, par une lettre, du résultat de la vente.

351. **Timbre des mémoires ou quittances.** — Tout mémoire ou toute quittance, *dont le montant excède 10 francs,* est assujetti au timbre *de dimension* (V. N° 146) et au timbre-quittance, *à supporter par la partie prenante* (V. N° 93 ; Sol. 29 août 1877 ; J. E. 20663 ; Sol. 28 juin 1882).

352. **Envoi des pièces.** — Dans les huit jours et, si c'est possible, en même temps que la lettre par laquelle il rend compte du résultat de la vente *(V. N° 350)*, le Receveur adresse au Directeur :

1° un *état récapitulatif des frais avancés*, établi sur feuille double in-4° *(Voir le modèle ci-après)* ;

2° *toutes les pièces justificatives des avances*. (Ces pièces, *dûment timbrées s'il y a lieu (V. N° 351)*, sont enfermées dans l'état récapitulatif et classées dans l'ordre de leur inscription sur cet état) ;

3° *une copie certifiée de l'enregistrement du procès-verbal de vente* suivie du décompte du 7,50 % établi, selon le cas, d'après l'un des deux exemples des N°s 347 et 349.

Cette copie justifie, le cas échéant, la dépense *de l'excédent des droits de timbre et d'enregistrement* sur le 7,50 %, dont le montant doit figurer sur l'état des frais avancés *(V. le modèle ci-après et le N° 349)*.

ÉTAT *des frais avancés pour parvenir à la vente qui a eu lieu le* .... *192 , de* .... (indiquer la nature des objets) *provenant* .... *de* .... (désigner le Ministère ou l'Administration.

Numéro d'ordre	N° du Sommier des Op. de trésorerie	NOMS des parties prenantes	DATE de l'avance des frais	NATURE des FRAIS AVANCÉS	Nombre de pièces justificatives	MONTANT de chaque avance		OBSERVATIONS
1	71	Paul . ,	2 mai 1911	Impression d'affiches.	2	15	»	
2		Pierre. .	id.	Apposition d'affiches et criées	1	6	»	
3		David. .	id.	Transport des objets.	1	3	50	
4		Robert .	id.	Insertion.	2	3	12	
5		Le Recev.	id.	Excédent des frais sur le 5 0/0	1	1	57	
				Totaux	7	29	19	

Le présent état montant à *vingt-neuf francs dix-neuf centimes*, est certifié par le Receveur des Domaines soussigné.

A——————, le——————— 192——,

(Signature).

Si la vente comprend des objets *confisqués* et *déposés,* l'état ci-dessus sera complété de la manière indiquée au N° 272.

Chaque pièce de dépense doit figurer sur l'état. Si les frais d'apposition d'affiches, notamment, sont justifiés par plusieurs quittances, chacune d'elles doit être inscrite sur une ligne distincte.

353 **Régularisation.** — Au reçu du mandat de régularisation délivré par le Directeur, le Receveur doit :

1° porter ce mandat en dépense au titre : *Frais de vente de mobilier et de domaines de l'Etat.* Cette dépense est, à la fin du mois, classée à la page 60 ou 66 du *Sommier de Comptabilité* — selon que le mandat est délivré *sur l'exercice courant* ou *sur le précédent* — en regard du titre ci-dessus.

2° faire recette au *Registre à souche des droits constatés,* d'une somme égale au montant du mandat, qu'il tire hors ligne dans la dernière colonne et qu'il classe, à la fin du mois, à la page 54 du *Sommier de Comptabilité,* au titre « *Avances pour divers services — Frais de vente d'objets mobiliers appartenant à l'Etat* ».

3° annuler, après l'avoir émargé du N° et de la date de la recette, l'article ouvert au *Sommier des Opér, de trésorerie.*

Le mandat, régularisé de la manière indiquée au N° 233 est produit à la fin du mois dans une chemise 504 intitulée : *Frais de vente de mobilier.*

354. **Chevaux réformés..** — Les règles exposées aux N°ˢ 344 à 353 sont applicables aux ventes de ces chevaux.

La visite contradictoire du vétérinaire du corps et du vétérinaire civil est supprimée. Le vétérinaire militaire ou le vétérinaire civil chargé de donner ses soins aux chevaux de l'armée, remet au Receveur des certificats individuels constatant que les animaux réformés sont indemnes de toute maladie contagieuse *(Inst 3008).* Le vétérinaire civil n'a droit à aucune allocation *(Sol. 2 Juillet 1900).*

Voir pour la non garantie des vices rédhibitoires l'inst. 3500.

1. ALLOCATION AUX CAVALIERS. — Supprimée par décision ministérielle du 10 juin 1916. I. 3479.

355. **Poisson saisi.** — La vente du poisson saisi a lieu en présence du Receveur des Domaines, qui peut être suppléé, en cas d'empêchement, par le maire, l'adjoint ou le commissaire de police *(Inst. 2340-7 ; 2631-8 ; 2755-5)*.

Le produit de la vente est calculé et porté en recette comme il est dit au N° 349 ; les frais de vente sont avancés et régularisés comme ceux de *Vente de mobilier* (Voir N°s 350 et suivants).

Pour la restitution du prix : *V. N° 226-8 ; Géraud 4632*.

356. Objets abandonnés dans les hôtels. — Inst. 2904.

357. Articles de messageries — Boissons en transit. — Dès qu'il apprend qu'un colis n'a pas été réclamé dans les six mois de son arrivée à destination, le Receveur informe l'expéditeur et le destinataire que faute par eux de le retirer, il sera vendu conformément au décret du 13 août 1810. Si après un délai de huitaine, cette démarche est restée sans résultat, le Receveur demande au Directeur l'autorisation de procéder à la vente. En même temps que cette autorisation, le Directeur donne au Receveur des instructions détaillées pour la prise en charge, l'ouverture, la garde et la vente du colis. Ces instructions se trouvent d'ailleurs dans les Inst. 493 et 2247 ; nous les avons rappelées au N° 226-1 à 4, *suprà.*

358 Défaut de vente. — Si la vente n'a pu avoir lieu, les frais avancés sont régularisés de la manière indiquée au N° 352. Il suffit de remplacer la copie de l'enregistrement du Procès-verbal par un certificat du Receveur énonçant les motifs qui ont empêché la vente.

Le procès-verbal constatant que la vente n'a pu avoir lieu ne doit être ni timbré, ni enregistré, les seuls actes des autorités administratives soumis à l'enregistrement et au timbre sur la minute, étant ceux qui contiennent *transmission de biens meubles ou immeubles* (Inst. 1293-8 ; 2643 p. 77 ; 2817-13).

359. Prix de vente inférieur aux frais. — Le prix *principal* de la vente est, dans ce cas, consigné et porté en recette *intégralement* ; et les frais, *quel qu'en soit le montant*, augmentés, s'il y a lieu, de l'*excédent* des droits de timbre et d'enregistrement, sont régularisés dans la forme ordinaire *(V. N° 349)*.

360 FRAIS DE VENTE ET D'INSTANCE CONCERNANT LA LIQUIDATION DES STOCKS — Voir I. 3590 §§ IV - V et 3609.

361. FRAIS DE LOCATION DE BATIMENTS ET TERRAINS MILITAIRES. — Les frais préalables des baux des bâtiments et terrains militaires, *non compris les droits de timbre et*

*d'enregistrement du procès-verbal et le timbre de l'expé-
dition à remettre au Receveur,* sont avancés par ce dernier au titre ci-dessus, sur la remise des factures ou quittances des parties prenantes *(timbrées, s'il y a lieu. —
V. N° 351)* visées par le Sous-Intendant et par le Chef du
génie. Ils sont remboursés par les preneurs, proportionnellement au prix de leurs baux respectifs, *dans les vingt
jours de l'approbation ministérielle de ces baux* (Inst.
1943 ; 2001).

Au moment du recouvrement, le Receveur en fait
recette au *Registre à souche,* et il annule l'article du *Sommier des Opérations de trésorerie.*

A la fin du mois, la dépense est classée à la page 70 du
Sommier de Comptabilité, et la recette à la page 54 sous
les titres spéciaux ouverts aux « *Avances pour divers
services* ».

1. DÉFAUT DE BAIL. — Si le bail n'a pu avoir lieu, ou si
le Ministre refuse d'approuver celui qui a été fait, le Receveur adresse au Sous-Intendant une demande de remboursement des frais qu'il a avancés, appuyée des pièces justificatives. Si le Sous-Intendant refuse d'ordonnancer
la dépense, le Receveur en réfère à son Directeur.

2. CINQ POUR CENT POUR FRAIS DIVERS. — Si le cahier
des charges stipule que les adjudicataires paieront 5 %
pour frais divers, il y a lieu d'imputer sur ce 5 %, non
seulement les droits de timbre et d'enregistrement de
la minute et de l'expédition du procès-verbal d'adjudication, mais encore les frais d'affiches, etc., antérieurs à la
vente *(Sol. 14 déc. 1900 ; R. P. 9997 ; J. E. 26126).*

362. FRAIS DE VENTE D'IMMEUBLES APPARTENANT A
L'ÉTAT. — Tous les frais exposés pour parvenir à la vente des
immeubles domaniaux demeurent à la charge de l'Etat.
Néanmoins l'adjudicataire est tenu de payer, en sus du
prix de vente, les droits et frais énumérés à l'art. 17 du
cahier des charges *(Voir p. 5 de l'Instr. 3260).*

En cas de cession amiable, le droit d'enregistrement est
mis à la charge de la partie, ainsi que les honoraires et
déboursés de l'expert du Domaine *(Inst. 2618-20).*

Voir pour la rédaction du cahier des charges l'inst.
3510, et pour la compétence des Directeurs, l'inst 3656-6.

1. AVANCE DES FRAIS. — Les frais préparatoires d'une
vente sont avancés par le Receveur sur la remise, par les
parties prenantes, des mémoires, factures ou quittances,
timbrés s'il y a lieu *(V. N° 351),* et dûment acquittés. Les
frais de voyage du Receveur ne peuvent pas être admis
comme frais de vente. *(Sol. 26 nov. 1900 ; Revue 17-2).*

Les mémoires de frais d'impression d'affiches ou d'insertions doivent être appuyés d'un exemplaire de l'affiche ou du journal, *(exempt de timbre et de légalisation* (V. N° 344-1).

Les sommes avancées sont portées en dépense au titre du N° 362, ci-dessus, et consignées au *Sommier des Opérations de trésorerie* (V. N° 350).

2. CAUTIONNEMENTS DE GARANTIE DÉPOSÉS PAR LES ENCHÉRISSEURS POUR LES LOTS DONT LA MISE A PRIX EXCÈDE 10.000 FRANCS. — Voir I. 3260 page 9.

363. Régularisation. — La régularisation des frais avancés est provoquée et opérée comme il est dit aux N°s 352 et 353.

L'état *(mod. du N° 352)* doit être appuyé des pièces justificatives *et d'une copie de l'enregistrement du procès-verbal de vente* certifiée par le Receveur. Si la vente n'a pû avoir lieu le Receveur remplace cette copie par un certificat *(V. N° 358).*

364. Classement des frais régularisés. — Les frais de vente d'immeubles, qui figurent aux *Avances* sous un titre spécial *(V. N° 362)* doivent, lors de leur régularisation, être classés *à la Page 66 du Sommier de Comptabilité* sur la ligne intitulée : *Frais d'estimation, d'affiches et de vente de mobilier* ET DE DOMAINES *de l'Etat* (V. N° 233).

Si la dépense appartient à *l'exercice précédent (Voir en tête du mandat)* elle est, à la fin du mois, classée à la page 60 du *Sommier de Comptabilité* en regard du même titre.

365. Baux. — Les frais des baux de Domaines de l'Etat sont supportés par les preneurs, comme lorsqu'il s'agit de la location du domaine militaire *(V. N° 361 ; Inst. 3161).*

Ils sont *avancés* par les Receveurs au titre : *Frais de vente d'immeubles appartenant à l'Etat* (Page 70 du *Sommier)* et portés en recette, au moment du recouvrement, *sous le titre correspondant* (Page 54 du *Sommier).*

Si une tentative de bail a échoué, les frais sont régularisés dans la forme tracée aux N°s 352, 353, 358.

366. FRAIS DE POURSUITES EN MATIÈRE DE RECRUTEMENT. — Les frais auxquels donnent lieu les procédures relatives à l'état et aux droits civils des jeunes gens désignés pour faire partie du contingent cantonal, sont *avancés* par les Receveurs des actes judiciaires au titre ci-dessus. Voir I. 2046, 2147, 2493, 2501, Cir. 12 janv. 1867, I. 3186.

369. FRAIS AVANCÉS POUR LA LIQUIDATION DES CON-GRÉGATIONS :

1° LIQUIDATEURS JUDICIAIRES ;

2° LIQUIDATEURS ADMINISTRATIFS ;

Aucune avance ne peut plus être *effectuée* sous ces deux titres. Celles qui pourraient y figurer encore comme « *restant à régulariser* » sont actuellement soumises aux règles fixées par l'Instr. 3311-13.

3° RECEVEURS DES DOMAINES ;

Les avances à faire sous ce titre sont soumises aux règles déterminées par l'Inst. 3311 N°s 12 et 15 ; 3316 ; 3334.

370. PAYEMENTS A RÉGULARISER — Aucune dépense ne doit être faite à ce titre sans une autorisation spéciale de la Direction Générale de la Comptabilité publique. Les avances autorisées jusqu'ici sont celles ci-après :

1° ARRÉRAGES DE PENSION PAYÉS PAR PROVISION ;

Un nouveau régime a été établi par l'art. 20 de la loi du 31 décembre 1920 *(Circ. autogr. du 22 août 1921, 1re Division, 2e Bureau, N° 171. Revue Art. 334)*. V. N° 171 *supra*.

2° PERFECTIONNEMENT DU MATÉRIEL D'ARMEMENT ET RÉINSTALLATION DE SERVICES MILITAIRES. — Voir C. 8 fév. 1899, VIII et XI ; Lettre commune N° 215 ; Circ. 22 janvier 1914 § IV.

3° FRAIS DE VOYAGE DES SURNUMÉRAIRES APPELÉS EN INTÉRIM HORS DU DÉPARTEMENT. — C. C. 31 Mars 1903.
Ce titre de dépense doit être modifié par l'application des prescriptions de l'Inst. 3713 qui prévoit l'allocation de frais de déplacement à tous les intérimaires, autres que les employés supérieurs et pour tous les déplacements, y compris ceux qui sont effectués dans la limite du département où l'intérimaire a sa résidence *(I. 3713 III)*. Voir N° 196.

4° FRAIS DE JUSTICE AVANCÉS POUR LE COMPTE DU BUDGET SPÉCIAL DE L'ALGÉRIE. — La Circ. du 16 août 1905 p. 11 contient la nomenclature des frais que les Receveurs de la Métropole sont chargés de payer à ce titre, ainsi que l'indication des opérations que nécessitent l'avance et le remboursement de ces frais.

5° FRAIS DE JUSTICE AVANCÉS POUR L'ASSISTANCE JUDICIAIRE EN TUNISIE. — Les Receveurs de la Métropole et de l'Algérie classent à ce titre les mémoires taxés par le Président du tribunal de leur arrondissement et comprenant les émoluments auxquels les huissiers ont droit pour les significations faites à la requête du Ministère public établi près les tribunaux français de Tunisie (*C. 16 août 1905*).

Cette Circ. du 16 août 1905 indique en outre :

1° les mesures que les Receveurs doivent prendre pour assurer le remboursement, tant des sommes ainsi payées aux huissiers, que des droits d'enregistrement et de timbre des exploits ; 2° le mode de classement dans les écritures, des recettes effectuées en vertu des mandats émis par le Chef du Service du Trésor français à Tunis (*Voir N° 379-4, C. C. 23 août 1901, N° 187-2 et 2 sept. 1902, N° 194, p. 13*) ;

6° FRAIS DE JUSTICE ET D'ASSISTANCE JUDICIAIRE AU MAROC. — Les mêmes dispositions que celles prévues aux deux N°s qui précèdent sont applicables au remboursement des frais de justice payés par les Comptables du Maroc pour le compte du budget métropolitain, et des frais concernant l'assistance judiciaire au Maroc (*Circ. 5 août 1922 § IV et V*).

7° FRAIS DE LOCATION DES DÉPENDANCES DU DOMAINE PUBLIC FLUVIAL. — I. 3076, 3119-1, 3161 ; C. C. 31 mars 1903 ;

8° SÉQUESTRE DES BIENS D'ANCIENS ÉTABLISSEMENTS ECCLÉSIASTIQUES. — Voir Revue Art. 193-2-6 ou C. 20 Mars 1909 p. 4.

9° FRAIS DE PUBLICITÉ EXPOSÉS PAR LES PARQUETS DANS LE BUT DE POURVOIR D'UN TITULAIRE UN OFFICE MINISTÉRIEL DEVENU VACANT PAR SUITE DE DESTITUTION. — C. C. 5 mars 1902, N° 193-IV.

Nous pensons que le Trésor doit aussi, par analogie, avancer les frais de publicité *engagés par les Parquets* en vue du remplacement d'un officier ministériel *démissionnaire*.

10° MENSUALITÉS ACCORDÉES AUX CONSERVATEURS DES HYPOTHÈQUES. — Voir N° 56 *suprà*.

11° PAYEMENTS EFFECTUÉS EN VERTU DES DISPOSITIONS DU DÉCRET DU 24 JUILLET 1920, ART. 15.

A notre avis, ce compte d'avances fait double emploi avec celui dont l'Administration a prescrit l'ouverture sous le titre : « Frais de « recouvrement par traites, de l'impôt sur le chiffre d'affaires. » *Voir N° 538-4 C.*

12° CHÈQUES RETOURNÉS IMPAYÉS. — Voir N° 536 *infrà*.

13° PAYEMENTS EFFECTUÉS EN VERTU DU DÉCRET DU 5 MAI

1914. — Il n'est fait aucune avance à ce titre sans autorisation spéciale. *(V. N° 537 ci-après)* (payement par virements de banque).

14° FRAIS MATÉRIELS OCCASIONNÉS PAR L'EXÉCUTION DE LA LOI DU 9 MARS 1918 SUR LES BAUX A LOYER. — Circ. autogr. 1er Juin 1920. — Revue Art. 315-III.

15° PRIX DES FORMULES DE BORDEREAUX D'INSCRIPTIONS HYPOTHÉCAIRES REMISES AU PARQUET. — C. C. 20 décembre 1919, N° 2267-244 § 2. (Revue Art. 303-I).

VOIR EN OUTRE ART. 202 ET 212 DE LA REVUE.

371. FONDS PARTICULIERS DU RECEVEUR. **Remboursement.** — Si, pour les motifs développés au N° 73, un Receveur a versé de ses fonds particuliers dans sa caisse, il s'en rembourse en retirant, *dès que la situation de celle-ci le permet,* la somme qui lui est due, et en la portant en dépense au titre ci-dessus *(Page 70 du Sommier de Comptabilité.*

Cette dépense est faite sans ordre ni mandat *et n'est justifiée par aucune pièce* (Inst. 1060, 1110 ; C. C. 27 oct. 1828, N° 13-7).

372. DÉBETS POUR DÉFICIT DE CAISSE. **Receveurs hors de fonctions.** — On porte en dépense à ce titre, les débets pour déficit de caisse constatés *pendant l'année,* à la charge des comptables *qui n'exercent plus aucune fonction dans l'Administration,* tels que ces débets sont établis dans le compte de clerc à maître rendu par le comptable reliquataire, ou au nom de ce comptable *(Inst. 1967, 2721-11 à 18-147-153 et 177 ; C. C. N°s 113 et 179 ; Voir aussi N°s 23 et 508).*

373. Timbres volés, incendiés, etc. — Voir Circ. Compt. du 30 décembre 1897-15 janv. 1898, N° 179-6-4°. I. 3059.

374. Versements sur débets. — Si les Receveurs *hors de fonctions* et constitués en débet sont créanciers de l'Etat pour complément de remises ou tout autre cause, les Receveurs par qui les créances devraient leur être payées en versent directement le montant à leur acquit au Receveur des finances. Le récépissé de ce versement tient lieu de quittance sur le mandat de payement et y reste joint *(C. C. N°s 29, 34 et 172 ; Rev. prat. 2976 ; V. N° 508).*

COMPTABILITÉ MENSUELLE

375. **Arrêté des registres de recettes.** — La première opération relative à la Comptabilité mensuelle, consiste à arrêter les recettes du mois sur tous les registres. Voici la manière d'y procéder :

Après avoir totalisé les différentes colonnes des registres de recette pour le mois, on inscrit dans la marge gauche du registre :

1° le total de la colonne « droits soumis aux décimes » ;

2° le montant des décimes calculés sur ce total;

3° le montant des droits non soumis aux décimes.

On fait le total de ces différentes sommes et on le reporte à la page 2 ou 3 du *Sommier de Comptabilité*.

Les enregistrements donnant lieu à la perception d'un décime seulement, de deux décimes ou d'un décime et demi, doivent être émargés, selon le cas, des lettres *P. D. (premier décime), D. D. (double décime), D. 1/2 (décime et demi)*, et le relevé de ces droits doit être établi sur une feuille annexée au registre, de manière à faire ressortir exactement à la fin de chaque mois, le montant des décimes perçus *(Inst. 2674)*.

Si le calcul des décimes donne une fraction de centime, ce dernier *doit toujours être forcé au profit du Trésor*. Ainsi, les décimes qui s'élèveraient à 11 fr. 3225, devraient figurer au-dessous du principal pour 11 fr. 33.

376. **Feuilles de dépouillement.** — Les feuilles de dépouillement doivent présenter les recettes *jour par jour*, mais peuvent n'être additionnées que tous les 10 jours.

A la fin de chaque mois, les décimes sont ajoutés au principal *pour chaque nature de droits*. Ils sont calculés de manière à ce que le total concorde *très exactement* avec la somme inscrite en marge du registre correspondant *(V. N° 375)*.

Les recettes effectuées au *Registre des baux S. S. P.* sont dépouillées au *verso* de la feuille des *Actes S. S. P* (Formule N° 506).

Les droits se rapportant à un même article du tarif et dépouillés sur les diverses feuilles, sont récapitulés au bas de la feuille de dépouillement des *Actes Civils*. Pointer, au fur et à mesure, sur les feuilles de dépouillement d'où elles proviennent les sommes ainsi reportées sur la feuille des *Actes Civils*, pour indiquer qu'il n'y a plus à s'en occuper *(V. N° 379)*. Cette récapitulation doit comprendre également le montant des recouvrements effectués pendant le mois au *Registre à souche des droits constatés*, mais seulement ceux qui figurent dans la 4e colonne de ce registre intitulée : *Sommier N° 1 — Exercice courant* (Inst. 2728). Pour les recettes de l'exercice précédent : Voir N° 380.

1. NOMBRE DES DISPOSITIONS. — Il faut compter *chacune des dispositions* qui, dans le même acte, ou dans la même déclaration, donnent *distinctement* ouverture à un droit proportionnel ou à un droit fixe gradué *(Inst. 2580-2)*. Pour les déclarations *collectives* de locations verbales, c'est le nombre des *locations* et non celui des déclarations qui doit être indiqué.

2. SUCCESSIONS. — Le dépouillement journalier des valeurs taxées, des droits liquidés et des droits perçus est effectué sur le carnet N° 527, qui est divisé en trois parties principales :

1° *Taxe successorale* } *payements au comptant ; payements fractionnés ou différés.*

2° *Droits de mutation par décès* (même division) — *les successions étant réparties par degré de parenté.*

3° *Acomptes versés sans déclaration.*

Il est indispensable de tenir compte, très soigneusement, des indications figurant à la 1re page du carnet.

A la fin du carnet, *(pages 40 et 41)* est effectué le dépouillement des valeurs mobilières mentionnées dans les déclarations (statistique prescrite par la Circulaire du 15 juin 1922, pour l'année 1923).

ARRÊTÉ MENSUEL DU CARNET. — Le *Carnet 527* est arrêté le dernier jour de chaque mois. Au total des droits perçus sur les déclarations de successions on ajoute, le cas échéant, les droits de *même nature* tirés hors ligne pendant le mois dans la colonne du *Registre à souche des droits constatés* intitulés : *Sommier N° 1* (Exercice courant). Les résultats généraux sont ensuite reportés au *Carnet 528* sur la ligne du mois correspondant, et au *Sommier de Comptabilité* à la page 18.

Les recettes effectuées au compte de l'exercice précédent (1re col. du *Registre à souche des droits constatés*) sont reportées *directement* au *Sommier de Comptabilité* (V. N° 380).

377. Divisibilité des droits fixes. — Il est indispensable que le produit de *chaque* quotité de droits fixes dont le montant, *en principal et décimes,* ne comprend pas de fractions de centime, comme 1,25 ; 2,50 ; 3,75 ; 6,25, etc..., soit un multiple de cette quotité. Ainsi, le produits de 9 droits de 1,25 doit être *exactement* de 11,25, puisque 1,25 $\times$ 9 = 11,25 *(C. C. 28 décembre 1855, N° 95-6).* En cas de non-divisibilité, ajouter l'excédent au produit de l'un des droits fixes qui ne sont pas divisibles, tels que 1,875 ; 5,625 ; etc... ; ou l'inscrire à la page 28 du *Sommier de Comptabilité* au titre : « *Droits à d'anciens tarifs, suppléments de droits non susceptibles de classement.* »

SOMMIER DE COMPTABILITÉ

Pour rendre plus rapide et plus sûr l'établissement des bordereaux des 11 premiers mois de l'année, rayer *au crayon rouge ou bleu,* les lignes de ce sommier dont les titres et numéros figurent sur les bordereaux mensuels simplifiés (N° 491 *bis* de la nomenclature).

378. Report des restes à recouvrer au 31 Décembre précédent. — La 1re colonne des pages 4 à 10 du Sommier est remplie au vu de l'*Etat des droits constatés de l'année précédente* (col. N° 7 dudit état).

CLASSEMENT DES RECETTES du § 1er IMPOTS

379. ARTICLE III. — PRODUITS DE L'ENREGISTREMENT :

1re SECTION. — DROITS SUR LES MUTATIONS ;

2e SECTION. — DROITS SUR LES AUTRES CONVENTIONS, ACTES CIVILS, ETC ... ;

3e SECTION. — DROITS SUR LES ACTES JUDICIAIRES ET EXTRA-JUDICIAIRES.

Les totaux de la Récapitulation de la feuille de dépouillement des *Actes Civils Publics* sont reportés au *Sommier de Comptabilité* (Pages 12 à 26), sur la ligne que chaque nature de recette concerne.

On reporte ensuite sur le *Sommier :* 1° les résultats du *Carnet N° 527* ; 2° les totaux des feuilles de dépouillement des *Actes judiciaires* (grand et petit) et des *Huissiers,* à l'exception, bien entendu, des sommes déjà reportées au bas de la feuille des *Actes Civils* (V. N° 376).

Le droit de 10 % perçu sur les actes constatant la vente d'objets de luxe doit être classé au *Sommier,* à l'Art. VII du § 1er, ligne 434 (page 38 du *Sommier*).

4ᵉ SECTION. — DROITS SUR LES FORMALITES HYPOTHECAIRES. — Les § § 1° et 2° de cette section sont exclusivement réservés aux *Conservateurs* et aux *Receveurs-Conservateurs.*

Les droits de *transcription* perçus par les Receveurs sont classés au titre spécial qui leur est affecté à la fin de la 2ᵉ section ; la taxe hypothécaire sur les réalisations de crédits et les suppléments sur les insuffisances et les dissimulations, font l'objet d'une recette *par virement* pour le compte du Conservateur *(Inst. 3082).*

Les droits d' « inscriptions de privilèges à la suite de vente et de nantissements. — Fonds de commerce » sont classés au § 3° de cette section.

5ᵉ SECTION. — TAXE SUR LES CAPITAUX ASSURES CONTRE L'INCENDIE. — Inst 2966, 3157-9 3291, 3208 § 3, 3080 § 42.

6ᵉ SECTION. — PENALITES. — Les amendes de *consignation*, de *condamnation* et celles concernant l'*Enregistrement* et les *Poids et mesures*, sont classées à la page 26 du *Sommier*. *(Pour la consignation et le recouvrement :* V. Inst. 2590, 2720-36-51 et 52 ; Revue 88).

Pénalités relatives au timbre : Voir Art. 382, ci-après et § II-2° du présent Nᵒ.

7ᵉ SECTION. — DROITS DIVERS ET RECETTES ACCESSOIRES. — Cette section comprend les titres de recette suivants :

I. Droits et suppléments de droits non susceptibles de classement. — Voir le renvoi 1 au bas de la page 28 du *Sommier de Comptabilité* et l'Art. 85-II de la *Revue.*

Les *supplément de droits* ne doivent être classés à ce titre qu'autant qu'ils ne peuvent être régulièrement inscrits sous les articles qu'ils concernent. Ainsi, par exemple, les suppléments de droits *simples* et *en sus* perçus aux tarifs antérieurs à la loi du 25 juin 1920 *pour omissions ou insuffisance dans les déclarations de successions*, doivent être dépouillés au *Carnet 527*, colonne 9, récapitulés mensuellement au *Carnet 528* et reportés au *Sommier de Comptabilité* savoir : *les droits simples* au titre spécialement affecté au bas de la page 18, ligne 108 et les *droits en sus* à la 6ᵉ section, page 28 du Sommier.

Timbre : les amendes de contravention aux lois *actuellement en vigueur* sur le timbre, sont classées à la *3ᵉ Section* des « *Produits du timbre* » (p. 34 du Sommier de comptabilité) et les droits *simples* et *en sus*, ainsi que les *amendes à d'anciens tarifs*, à la *4ᵉ Section* « *Recettes diverses* » (p. 34 du Sommier de comptabilité).

II. Droits sur des actes passés en Algérie ou dans les colonies françaises. — Sur cette ligne on porte le montant *en principal et décimes* :

1° *des droits et amendes d'enregistrement* (Inst. 2077) ;
2° *des droits et amendes de timbre* (Inst. 2196), à l'exception des amendes encourues en France et constatées en Algérie (Inst. 2814-2 ; Revue 85-III) ;
3° *de tous les droits complémentaires* d'enregistrement et de timbre *(Inst. 2077 ; 2508-1 ; C. C. 7 août 1856, N° 96-2, 1. 3523).*

 perçus sur les actes passés dans les Colonies ou l'Algérie.

4° *le décime et demi des amendes prononcées par des juridictions métropolitaines contre des redevables de l'Algérie* (Inst. 2814-1).

III. Droits de sceau. — Voir les Inst. 1544 et 3636 § VI. Ces droits ne sont perçus qu'à Paris.

IV. Enregistrement et visa des significations concernant la Tunisie. — Voir C. 2 sept. 1902 et 16 août 1905, qui doivent être exécutées également pour les opérations de même nature concernant le Maroc.

V. Intérêts des droits différés de mutations par décès. — Voir les instructions 3325 ; 3350 ; 3674 ; Circ. 5 mars 1913 ; Revue Art. 269, 318.

VI. Vente de formules de déclarations de succession. — Voir Circ. Compt. 9-21 mars 1901, N° 186.
La quittance à souche, qui doit être adressée à la Direction, est exempte de timbre.
La griffe du bureau ne doit plus être apposée sur les formules *(C. C. 25 juin 1905, N° 198-XI).*

Bien que rien ne prescrive de consigner au *Sommier N° 1* le prix net de ces formules, cette consignation nous paraît obligatoire *(Voir les motifs aux N°s 5-1 et 7).*

VII. Produit net de la vente des formules de bordereaux d'inscriptions et de transcriptions hypothécaires. — Voir Inst. 3544 ; 3708 ; Revue Art. 289 ; 343.

Pour le payement du prix des bordereaux d'inscriptions requises par le Ministère Public, voir Circ. 20 déc. 1919 ; Revue Art. 303-I.

380. Recettes de l'exercice précédent. — S'il a été recouvré, pendant le mois, des droits et produits appartenant à *l'exercice précédent,* le montant des recettes effectuées est reporté directement du *Registre à souche des droits constatés au Sommier de Comptabilité* (pages 4 à 10) *et ne doit pas être confondu avec les produits de l'exercice courant* (V. N° 376). Les recettes de cette nature ne peuvent être effectuées que pendant les 4 *premiers mois de l'année, puisque l'exercice précédent est clos le 30 avril* (V. N° 4).

381. Récapitulations. — On procède enfin à l'addition des totaux partiels, et on établit *avec le plus grand soin* les Récapitulations.

382. **ARTICLE IV. — PRODUITS DU TIMBRE** : Dépouiller aux pages 30 à 34 du *Sommier*, d'abord le produit de la débite au vu du *Registre de Comptabilité du timbre*, puis, s'il y a lieu, le montant des droits dont il a été fait recette au *Registre des Actes S. S. P.* au titre : *Visa pour timbre*, et au *Registre du timbre à l'extraordinaire*.

Les *amendes de timbre* et les *droits à d'anciens tarifs*, sont dépouillés à la page 34 du *Sommier* (V. N° 379-I).

1. COMPTABILITÉ DE DÉCEMBRE. — Pour rectifier sûrement, fin décembre, les erreurs de calcul et de report que l'on a pu commettre pendant les 11 premiers mois de l'année, il faut ;

Établir avec une exactitude rigoureuse, aux pages 30 et 31 du *Registre du timbre*, la comptabilité du mois de Décembre et s'assurer notamment : 1° que le produit du *timbre ordinaire et mobile de dimension* ne comprend pas de centimes ; 2° que le *total des droits des affiches sur papier* est divisible par 0,12 *(Revue 41-III)*.

Reporter ensuite dans la col. *du Sommier de Comptabilité* intitulée « TOTAL DES DROITS RECOUVRÉS PENDANT L'ANNÉE » le *produit total, pour l'année entière*, de la débite de chaque nature de timbre; tel qu'il résulte de la dite comptabilité de Décembre.

Inscrire enfin dans la col. « DÉCEMBRE » du *Sommier de Comptabilité* la différence entre le *produit total de la débite*, que l'on vient de reporter dans la colonne suivante, et la somme qui figure dans la colonne précédente « TOTAL DES 11 PREMIERS MOIS ». Si cette différence n'est pas égale au produit de la débite de Décembre d'après le *Registre du timbre*, il faut en rechercher et en expliquer la cause sur ce Registre, *sans pouvoir*, cela va sans dire, *modifier les sommes inscrites au Sommier de Comptabilité d'après les indications qui précèdent* (Revue 91-IV).

2. SUBSTITUTION AUX PORTEURS DE CONTRAINTES DES FACTEURS ET DES HUISSIERS. — Voir Cir. Comp. 31 mars 1903 page 12; Inst. 3117-6 ; 3097 ; 3301 ; 3351 § IV.

383. Les autres parties de la recette sont remplies, savoir :

1° les **Articles V et VI** du § **1**er au moyen des *Registres à souche de l'Impôt sur les Opérations traitées dans les Bourses de Valeurs et dans les Bourses de Commerce* et de la *Taxe sur le revenu*.

La comptabilité des timbres mobiles spéciaux, tenue sur le registre N° 515, indique les sommes qui doivent être inscrites à l'Art. 424.

2° l'**Art. VII** : **TAXE DE LUXE**, au moyen du *Registre à souche spécial* de l'ancienne taxe sur les payements, ou du *Registre de Comptabilité* des timbres mobiles spéciaux.

(Voir, pour la taxe perçue sur les actes enregistrés, le N° 379 *suprà*).

3° l'**Art. VIII** : **IMPOT SUR LE CHIFFRE D'AFFAIRES**, au moyen du *Registre de recettes spécial* (N° 17 de la nomenclature).

4° les **PRODUITS** et **REVENUS DU DOMAINE DE L'ÉTAT ET DES FORÊTS** *(Page 40 du Sommier)*, les **RECETTES D'ORDRE** autres que les **RETENUES POUR LES PENSIONS CIVILES** *(Page 42)*, les **PRODUITS DIVERS DU BUDGET** *(Page 44)*, les **PRODUITS DE LA LIQUIDATION DES STOCKS** *(Page 44)* (1), au vu des *Cahiers de dépouillement* des recettes effectuées au *Registre à souche des Droits constatés* (V. N° 7) pour des articles des *Sommiers* N°° *2 et 3* (Exercice courant. — *Voir N° 380*).

5° les **RETENUES** au titre des **PENSIONS CIVILES** *(Page 42)*, en y inscrivant le total des sommes dont il a été fait recette aux différents titres d'après la dernière colonne du Registre N° 13.

384. Récapitulation. — **Page 44.** — Il faut avoir soin d'ajouter, *le cas échéant,* au total de cette Récapitulation, le montant des recettes effectuées au compte de l'exercice précédent *(Voir page 10 du Som. de Compt. et N° 380 supra)*.

385. **OPÉRATIONS DE TRÉSORERIE.** — Ce chapitre *(Pages 52 à 54 du Sommier)*, est rempli au moyen du *Cahier de dépouillement* (V. N° 7) des recettes effectuées au *Registre à souche des droits constatés,* dernière colonne.

Toutes les recettes concernant des *Opérations de trésorerie,* doivent figurer dans la Comptabilité *à l'exercice courant.*

386. Total général de la recette. — Après avoir rempli, conformément aux indications qui précèdent, les diverses parties du *Sommier de Comptabilité,* on fait le *Total général des recettes* (Page 54) *et on s'assure qu'il est rigoureusement égal à celui de la* Récapitulation des registres de recette *(Page 2 du Sommier).*

DÉPENSE :

387. Classement. — Pour rendre plus facile et plus sûr, à la fin du mois, le classement des dépenses au *Sommier de Comptabilité,* les Receveurs doivent dresser, *au fur et à mesure des paiements,* une chemise récapitulative *mod.* N° 504 pour chaque nature de dépense qu'ils effectuent pendant le mois. Les pièces justificatives des dépenses sont, après régularisation, renfermées dans cette chemise, sur laquelle on inscrit : le nombre de pièces ; le N° du mandat ou du récépissé ; et le montant de *chaque dépense.*

---

(1) Voir les Inst. 3590, 3609, 3721 § 10. — *Revue* Art. 300, 337 et 340).

Le report sur chaque chemise des dépenses des *mois antérieurs est rigoureusement obligatoire.*

Après avoir fait sur la chemise le total des dépenses qui y sont détaillées, on en reporte le montant au *Sommier de Comptabilité,* en regard du titre que chaque nature de dépense concerne. On inscrit ensuite sur ce même *Sommier,* les dépenses pour lesquelles il n'est produit aucune justification mensuelle, savoir : 1° *Remise et indemnités du Receveur* (V. N° 183) ; 2° *Frais de transport du timbre* (V. N° 209) ; 3° *Taxations sur la débite du timbre et des passeports* (V. N° 213) ; 4° *Avances de toute nature* (V. N°ᵒˢ 313 et suiv.).

On fait le *Total général de la dépense,* et on s'assure qu'il est *conforme* à celui du *Registre de dépense.*

388. RÉSULTAT GÉNÉRAL *(Page 54 du Som. de Compt.).* — Au restant en caisse au 31 décembre précédent, on ajoute le *Total général de la recette,* jusqu'à la fin du mois ; on en déduit le *Total général de la dépense* ; la différence représente le restant en caisse.

389. FONDS PARTICULIERS DU RECEVEUR. — Si le *Total général de la Dépense* excède, à la fin du mois le *Total général de la Recette,* augmenté *du restant en caisse au 31 décembre précédent,* le Receveur verse dans sa caisse une somme *exactement égale à l'excédent des dépenses,* et en fait recette comme il est dit au N° 73.

390. Développements de certaines catégories de recettes (PRODUITS DES ÉTABLISSEMENTS SPÉCIAUX, DES ALIÉNATIONS D'OBJETS MOBILIERS, DE LA LIQUIDATION DES STOCKS) *(Pages 11, 12 et 13 du Sommier,* pour l'exercice précédent et *Pages 46 à 51* pour l'exercice courant. — Les sommes à inscrire dans ces deux Tableaux sont fournies par le *Cahier de dépouillement du Sommier* N° 2, qui contient le détail des recettes effectuées *(V. N°ᵒˢ 7 et 4-1).*

Les Receveurs doivent s'assurer que les totaux de ces Tableaux concordent avec les sommes qui figurent en regard du titre de recette qu'elles concernent.

391. Situation des Avances et des Correspondants du Trésor. — Il suffit, pour établir régulièrement les situations mensuelles, de lire attentivement les titres des lignes consacrées à chaque nature de recette ou d'avance *(Pages 64 et 70 du Sommier).*

BORDEREAU MENSUEL

392. Délai et mode d'envoi. — Le pli contenant le Bordereau mensuel et les pièces à l'appui doit être remis à la Poste le 1er de chaque mois **au plus tard**, et non le 2, comme l'indiquent à tort certains ouvrages.

Les résultats du dépouillement *de tous les bordereaux* devant être envoyés par les Directeurs à la Dirction Générale de la Comptabilité publique **à la date du 4**, *il est nécessaire que l'envoi des receveurs ne souffre aucun retard.*

Lorsque le 1er du mois est un *jour férié*, notamment le 1er Janvier, les guichets postaux étant fermés, le pli renfermant les pièces de comptabilité du mois de *Décembre*, revêtu de la mention apparente « **Urgent** », doit être déposé dans la boîte aux lettres extérieure du bureau de Postes, et il est utile d'en prévenir, à l'avance, le Receveur des Postes, en lui exposant la nécessité de faire partir ce pli par le premier courrier. Le Receveur des Postes encourt ainsi la responsabilité de tout retard qui proviendrait de son fait.

Le comptable qui, pour un motif grave (*maladie ou absence forcée*), ne pourrait envoyer sa comptabilité en temps utile, devrait en aviser son Directeur assez tôt pour que ce dernier puisse le faire remplacer par un surnuméraire ou, au besoin, par un employé supérieur.

Les Directeurs sont autorisés à charger les employés supéricurs de se transporter dans certains bureaux pour assurer la régularité des comptes, toutes les fois que cette mesure leur paraît exigée par l'intérêt du service, notamment en cas d'inexpérience d'un Receveur, ou lorsque les erreurs reconnues dans les écritures de comptabilité ne peuvent être rectifiées qu'au vu des documents du bureau (*Inst. 2427*).

I. Confection du paquet. — Le paquet, *qui ne doit contenir aucun document étranger à la Comptabilité mensuelle*, doit être confectionné de la manière suivante :

1° Enfermer les pièces justificatives des recettes et des dépenses dans les chemises (*mod. 504*), en ayant soin de les y classer dans l'ordre où elles figurent au *détail* de la 1re page ;

2° Classer ces chemises dans l'ordre ci-après, qui doit être également celui de l'inscription des dépenses et des recettes sur *l'Inventaire mensuel* : 1° Frais de justice criminelle ; 2° Indemnité aux victimes d'erreurs judiciaires ; 3° Dépenses de l'exercice expiré ; 4° Dépenses de l'exercice courant *(Dépenses publiques et opérations de trésorerie)* en suivant pour chaque exercice, l'ordre dans lequel les dépenses figurent au *Sommier de Comptabilité;* et 6° Recettes par virements hors du département ;

3° Renfermer ces chemises, ainsi classées, dans *l'Inventaire des dépenses* plié en deux, en forme de chemise ;

4° Enfin, placer Inventaire et pièces justificatives dans le *Bordereau mensuel,* également plié en deux ;

Le paquet, ainsi formé, pourra ensuite, si son volume le permet, être encore plié en deux.

5° Recettes par virement dans le département ;

Les paquets volumineux doivent être entourés d'une ficelle en croix, placée extérieurement et pouvant être facilement détachée par le service de la Poste *(Inst. 1779 et Circ. 9 juin 1885).*

393. Forme. — L'établissement du *Bordereau* au vu du *Sommier de Compt.* n'offre aucune difficulté. Mais il faut éviter *avec le plus grand soin* les faux classements et les erreurs de copie qui ont pour effet de ralentir, et quelquefois même d'arrêter le travail de dépouillement qui se fait à la Direction.

Il existe deux modèles de bordereau *(N°ˢ 491 et 491 bis de la nomenclature).*

Le modèle 491, qui contient le détail complet des recettes et dépenses, n'est utilisé que pour les mois d'avril et de décembre ; le modèle 491 *bis* est utilisé pour les dix autres mois.

1. Rectification des erreurs reconnues après l'envoi du Bordereau mensuel. — Aucune rectification ne doit être faite au *Sommier de Comptabilité* après l'envoi du *Bordereau mensuel,* sans une autorisation expresse du Directeur.

Le Receveur qui, dans les *six premiers jours d'un mois,* s'aperçoit qu'il a commis une erreur dans sa comptabilité du mois précédent, doit en informer sur-le-champ son Directeur, et le prier de vouloir bien, dans le cas où les écritures de la Direction ne seraient pas arrêtées, opérer le redressement de cette erreur. Si l'avis lui parvient en temps utile, le Directeur ordonne la rectification du *Bordereau mensuel ;* puis il fait communiquer ce document au Receveur, pour que ce dernier puisse reproduire sur son *Sommier de Comptabilité* les rectifications qui y ont été faites.

Les erreurs découvertes *après le 6 d'un mois,* trop tard par conséquent pour qu'elles puissent être utilement signalées à la Direction, sont rectifiées dans les écritures du mois courant, d'après les indications suivantes :

A. Si une recette ou une dépense a été omise, il suffit, pour réparer l'erreur, d'en ajouter le montant à celui des opérations du mois courant ;

B. Si, au contraire, une recette ou une dépense a été comprise dans le bordereau mensuel pour une somme supérieure à son montant réel, il faut diminuer d'une somme égale à celle qui a été portée en trop le montant des opérations effectuées *au même titre* pendant le mois courant. Dans le cas où la somme à déduire serait supérieure au montant des opérations du mois courant, l'excédent seul serait inscrit à *l'encre rouge* (1), dans la colonne de ce mois, tant au *Sommier de Comptabilité* que sur le *Bordereau mensuel ;* et il en serait tenu compte en additionnant les colonnes du mois courant et lors de la *première* addition *horizontale* à faire *fin juin, fin novembre ou fin décembre, au Sommier de Comptabilité*, de façon que le *total général* donne bien le chiffre des recettes ou des dépenses effectuées depuis le 1er janvier.

C. Enfin, s'il s'agit de redresser un faux classement, on procédera, en suivant les indications des deux exemples **A** et **B**, qui précèdent, par voie *d'augmentation* au titre *exact* que la recette ou la dépense concerne et de *diminution* au titre sous lequel on avait fait figurer à tort le montant de cette recette ou de cette dépense.

394. Explications relatives au restant en caisse. — Les versements étant effectués, d'après l'usage, *en sommes rondes* (V. N° 310), on tolère généralement un restant en caisse de faible importance. Il doit être fourni des explications toutes les fois que ce restant en caisse est anormal (2).

Ces explications sont inscrites au verso de *l'inventaire des dépenses* (V. N° 399), dans la forme tracée par les indications imprimées sur ce document *(Inst. 2720-14 ; 2832-16 ; 2949-I)*.

1. Recommandations importantes. — Le restant en caisse d'un bureau qui n'est pas très important, ne doit pas dépasser 40 ou 50 fr. Beaucoup de Directeurs estiment, avec raison, selon nous, que les Receveurs qui conservent une somme supérieure tiennent mal leur caisse

---

(1) Toute somme inscrite à l'encre *rouge* dans les écritures, doit être DÉDUITE, *et non ajoutée ou négligée*, dans les additions verticales et dans les additions horizontales.

(2) On considère habituellement comme anormal tout restant en caisse atteignant 100 fr.

ou n'apportent pas assez de soin à la préparation de leurs versements.

La mauvaise habitude de conserver des sommes excessives peut, en outre, laisser supposer que le comptable fait des emprunts à sa caisse, et motiver, en conséquence, des mesures de surveillance particulières.

2. JUSTIFICATION DU RESTANT EN CAISSE. — Un restant en caisse anormal peut être justifié : 1° par des recettes effectuées après le versement — *il faut se garder d'indiquer une débite de timbre fictive* (V. N° 309-2) ; 2° par des *taxes* de frais de justice payées après le 25 *(V. N° 154-1)* ; 3° par l'omission ou l'insuffisance du versement de fin de mois, qu'il faut éviter avec le plus grand soin, puisque tous les versements faits tardivement doivent être relevés au rapport de vérification de la gestion du comptable *(Inst. 2721-153 ; V. N°ˢ 309 et 309-2)* ; 4° par la conservation du montant des *Traitements fixes* à payer le 1ᵉʳ du mois suivant *(V. N° 134)* ; 5° par le rejet des pièces justificatives reçues du Percepteur ou payées pour lui *(V. N°ˢ 74, 75)* ; 6° par la conservation de fonds de subvention promis aux Percepteurs dans les conditions autorisées par la Circ. du 31 déc. 1906 *(Revue Art. 147)* ; 7° par le fait que le Receveur a conservé des fonds « en présence de nécessités justifiées » *(Inst. 2919 p. 4, 2ᵉ alinéa)*. Mais le Receveur doit avoir soin de faire toutes diligences pour que les payements en prévision desquels il a jugé utile de conserver ces fonds, soient effectués *dans le plus bref délai ;* 8° par des recettes faites après un versement effectué l'un des 3 dernier jours du mois *(Inst. 3136 § 6)*, même si ces recettes ont été faites avant la date du récépissé de versement. *Exemple :*

Il est transmis par la poste, le 27 juin au matin un versement de 5.000 fr. Le pli parvient au chef-lieu et le versement est effectué le 28 juin, *date du récépissé*. — Dans la soirée du 27 juin ou dans la journée du 28 il est effectué une recette de 1.000 fr. — Le restant en caisse en fin de mois de cette somme de 1.000 fr. est justifié sans critique possible.

3. RESTANT EN CAISSE NON JUSTIFIÉ. — Doit être considéré comme non justifié le restant en caisse causé par le reliquat du compte d'un officier public *(les comptes doivent être réglés au moment du retrait des actes* et au plus tard à l'époque de chaque versement — *V. feuille de tête du Registre-Carnet)*, ou par la conservation d'une somme que le Receveur des Postes a promis de prendre, à titre de fonds de subvention, *dans les premiers jours du mois suivant.*

395 **Etats de développement** *(Pages 12 du Bordereau 491, ou 5 du Bordereau 491 bis).* — Porter soigneusement les chiffres qui figurent sur le *Sommier de Comptabilité* (pages 11 à 13 et 46 à 51).

Ces états de développement doivent être servis *tous les mois* (Circ. 25 avril 1908).

396. Détails des recettes provenant des résultats de vérification de régies. — On ne doit faire figurer à ce tableau que les recettes effectuées *pendant le mois au Registre à souche des droits constatés* (V. N° 29), sur les deux exercices.

397. Situation des Correspondants du Trésor et des Avances. — Ces tableaux doivent reproduire textuellement les résultats des Situations des pages 74 à 80 du *Sommier*.

398. Développement de la comparaison des recettes *(Page 12 du Bordereau).* — Ce tableau ne doit être rempli que *pour les catégories de recettes pour lesquelles l'écart entre les deux périodes comparées est supérieur à 20 %, et atteint 5.000 francs.*

INVENTAIRE MENSUEL DES DÉPENSES

399. Inscription des dépenses. — A la 1ʳᵉ page de l'Inventaire, on inscrit les *totaux par nature* des dépenses du mois, *tels qu'ils figurent aux pages 56 à 71 du Sommier de Comptabilité* (Inst. 3100) ; et on s'assure que chaque total est égal à celui de la chemise N° 504 correspondante, laquelle doit contenir *le détail des dépenses* (V. N° 387).

Ainsi que l'indique le titre de la 1ʳᵉ colonne de l'imprimé mod. 493, les dépenses publiques doivent être classées distinctement par exercice.

Pour satisfaire à cette prescription, lorsque, au cours d'un mois, il aura été effectué des dépenses à classer à deux exercices différents, il sera nécessaire de modifier l'imprimé à la main. On pourra diviser en deux la dernière colonne « Total par nature ». D'autre part, l'indication du nom des parties prenantes ne nous semble pas indispensable ; on pourra utiliser la colonne réservée pour cette indication en y portant les dépenses de l'exercice précédent, celles de l'exercice courant étant portées dans la derière colonne.

400. Explications relatives au restant en caisse. — Si le restant en caisse est anormal : V. N° 394.

COMPTABILITÉ ANNUELLE

401. Nomenclature des pièces dont elle se compose :

1. Compte d'année. — Minute et expédition *(Voir N° 402 à 413)*.

2. Etat des droits et produits constatés. — Minute et expédition *(Voir N° 414 à 431)*.

3. Annexe à cet état *(V. N° 432)*.

4. Inventaire général des dépenses. Il n'est pas établi minute de cette pièce *(Voir N° 456)*.

5. Inventaire, en double expédition, des avances restant à recouvrer ou à régulariser au 31 Décembre, accompagné des pièces justificatives *(Voir N° 461 à 464)*.

6. Inventaire, en simple expédition, des sommes à rembourser aux Correspondants du Trésor *(V. N° 465 et 466)*.

7. Situation de caisse au 31 Décembre *(V. N° 457 à 460)*.

8. Receveurs-Conservateurs. — Etat des salaires perçus, avec liquidation de la retenue de 5 0/0.

9. Etat explicatif des différences entre le bordereau de Décembre et le compte d'année (s'il y a lieu) *(V. N° 471)*.

10. Mandat des « Remises du Receveur » avec l'expédition du bordereau de liquidation des remises et l'état quittancé *(V. N° 186)*. La minute du bordereau de liquidation des remises doit être envoyée à la Direction le 2 Janvier au plus tard, avec la minute du bordereau de liquidation de l'indemnité de frais de gestion.

11. Mandat des « Frais de gestion du Receveur » avec l'expédition du bordereau de liquidation desdits frais de gestion *(V. N° 452)*.

12. Mandat des « Frais de transport du timbre » avec pièces à l'appui et état récapitulatif *(V. N° 209)*.

13. Mandat des « Taxations » avec pièces à l'appui et état récapitulatif *(V. N°s 468 et 469)*.

14. Mandat des « Remboursements de droits, Ventes judiciaires » avec état récapitulatif en double expédition, dressé de la manière prescrite par la circulaire du 8 février 1899, N° 180-VII *(V. N° 254)*.

15. Etat sommaire du timbre prescrit par l'Instruction 2728, § 12 *(V. N° 472)*.

16. Etat de passeports gratuits *(V. N° 467)*.

NOTA. — Lorsque la *minute* et l'*expédition* d'un document sont envoyés à la Direction, il faut inscrire sur la première, en caractères apparents, le mot : **MINUTE.**

Il est d'usage d'envoyer à la Direction les *minutes* et *expéditions* du *compte d'année* et de l'*état des droits constatés*.

COMPTE D'ANNÉE

402. Comptable qui doit le rendre. — Ce compte est rendu par le préposé *qui exerce au 31 Décembre de l'année qu'il concerne.* Si ce préposé quitte le bureau *le 31 Décembre, après la fermeture, ou dans les premiers jours de Janvier,* il rédige et signe, *avant son départ,* tous les documents de la comptabilité annuelle. S'il est décédé, le compte est rendu *en son nom,* mais signé par son successeur ou par l'intérimaire.

Les éléments du compte d'année sont puisés dans le *Sommier de Comptabilité* et dans le *Registre de Comptabilité du timbre.*

403. Page 1. Cadre intitulé: DÉCLARATION DU COMPTABLE.

Les dates de *nomination* et *d'installation,* à inscrire dans ce cadre, sont celles qui se rapportent au bureau *actuellement géré* par le comptable qui rend le compte ; et c'est le cautionnement affecté *à l'emploi actuel* qui doit y figurer *(Inst. 1629).* En cas de gestion par intérim, au 31 décembre l'intérimaire qui rend le compte remplit seulement la date de son installation au bureau et de sa prestation de serment, s'il est surnuméraire; s'il est employé supérieur, il fournit, en outre, les indications relatives à son cautionnement.

404. Intitulé du Compte. — S'il y a eu mutation de comptables pendant l'année, c'est toujours celui qui était en fonctions au 1er Janvier qui figure le premier : les autres sont inscrits dans l'ordre de leur arrivée au bureau.

Les dates du commencement et de la fin de chaque gestion, sont celles du jour, *inclus,* où le comptable a pris le service, au jour, *également inclus,* où il a cessé ses fonctions ; c'est-à-dire, du jour de son *premier* au jour de son *dernier* arrêté sur les registres.

EXEMPLE :

1° Par M. X....... du 1er janvier au 24 mai, inclus ;
2° Par M. Y....... du 25 mai au 8 juin, inclus ;
3° Par M. Z....... du 9 juin au 31 août, inclus ;
4° Et par le Comptable soussigné, depuis le 1er Septembre jusqu'au 31 Décembre 192 ,

1. Lorsqu'un intérim est motivé par un congé dont la durée totale ne doit pas dépasser deux mois, et à l'expiration duquel le titulaire doit reprendre effectivement son service, le compte de clerc à maître rendu par le titulaire

à l'intérimaire, et celui rendu, à la fin du congé, par l'inté-rimaire au titulaire, ne sont pas à produire à la Cour des Comptes.

La gestion intérimaire est, au point de vue du jugement des comptes, rattachée à celle du titulaire.

Toutefois, cette règle n'est pas applicable, et les comptes de clerc à maître doivent être produits à la Cour des Comptes dans les cas suivants :

a) lorsque le compte de clerc à maître rendu par l'inté-rimaire au titulaire fait apparaître de graves irrégulari-tés ;

b) lorsque la date du 30 avril (clôture de l'exercice), ou celle du 31 décembre, se trouve comprise dans la durée de la gestion intérimaire ;

c) lorsque le titulaire ne reprend pas son service à l'ex-piration de son congé.

Si, par application des règles précitées, les comptes de clerc à maître ne doivent pas être produits à la Cour, l'intitulé des comptes d'année ou d'exercice ne doit mentionner d'aucune manière, le nom de l'intérimaire, ni la durée de sa gestion.

405. **Page 2.** — **Arrêté en lettres :** 1° des recettes de l'exercice précédent *(Voir la* dernière colonne dernière ligne, *de la page 10 du Sommier de Comptabilité)* ; et 2° des recettes du *Budget général de l'exercice courant (Pre-mier Total* de la Récapitulation du bas de la page 44 du *Sommier,* Art. N° 543, col. intitulée : *Total des droits re-couvrés pendant l'année.*

L'addition des deux sommes arrêtées en toutes lettres doit donner le *Total général de la Récapitulation* (derniè-re ligne de la page 44 du *Sommier* et de la page 7 du *Compte).*

406. **Indication pour mémoire des résultats généraux de l'Etat des droits constatés.** — Sur la 1re ligne intitulée: *Total des droits et produits constatés pendant l'année 192 ,* il faut inscrire le montant total de ces droits et produits, tel qu'il figure au *Total de la Récapitulation, page 4 de l'Etat des droits constatés* (**Ligne 196, Colonne numéro-tée 5**).

Sur la ligne suivante intitulée : *Recouvrements effectués pendant l'année,* on inscrit le *Total* de ces recouvrements, lequel doit être égal au montant des recettes du *Budget général de l'exercice courant* (V. au-dessus, le 2° *arrêté en lettres)* et au *Total de la Récapitulation,* page **4,** colonne numérotée **6,** ligne **196** de *l'Etat des droits constatés.*

Enfin, sur la 3ᵉ ligne intitulée : *Reste à recouvrer au 31 décembre 192 *, on inscrit la différence entre les deux premières sommes. Cette différence doit être égale à la somme qui figure dans la colonne numérotée 7 de la page 4 de *l'État des droits constatés*, sur *la ligne 196* intitulée : *Total des produits budgétaires*.

107. Pages 2 à 17. **Recette-Dépense.** — Cette partie du compte ne présente pas de difficultés ; il suffit, en effet, d'y reproduire textuellement les diverses parties correspondantes du *Sommier de Comptabilité*. Nous recommandons toutefois d'éviter avec le plus grand soin les faux classements et les erreurs de copie, qui rendent le travail de la Direction très pénible, et qui occasionnent toujours des demandes d'explications au Receveur.

108. Page 18. — **Situation des avances.** — Les résultats de cette situation doivent concorder *très exactement* avec ceux de l'inventaire dont il sera parlé au N° 461.

Il doit en outre y avoir concordance *absolue* entre :

1° la 1ʳᵉ colonne (numérotée 3), et la dernière colonne (numérotée 7) du *compte de l'année précédente* ;

2° les colonnes intitulées « Recettes de l'année 192... », et la dernière colonne de la page 10, précédente ;

3° les colonnes intitulées « Dépenses de l'année 192... », et la dernière colonne de la page 11, précédente.

COMPTE DES MATIÈRES — (Pages 20 à 27).

409. Les éléments de ce compte sont fournis par le *Registre de Comptabilité du timbre* ; il suffit, pour l'établir régulièrement, de lire attentivement les titres des colonnes.

Il est indispensable que l'addition des col. numérotées 2 à 4 et celle des colonnes numérotées 6 à 9, donnent respectivement un total égal au nombre inscrit dans la col. numérotée 5.

Pour la comptabilité des Opérations d'échange, voir I. 3558. *(Revue Art. 292)*.

410. Page 28. — **Preuve de l'exactitude de la recette.** — Cette récapitulation ne doit comprendre que les sommes qui figurent aux pages 20 à 27 du Compte.

1. ARRÊTÉ EN LETTRES. — Les Receveurs doivent, *avant d'inscrire cet arrêté, s'assurer que le produit de la débite de chaque nature de papiers timbrés et de timbres-mo-*

biles est égal à la somme qui figure aux *Pages 3 et 4 du Compte,* sur la ligne correspondante.

411. Différence entre le Compte d'année et le Bordereau de Décembre. — Avant de rectifier les erreurs qui causent ces différences, les Receveurs doivent en référer à la Direction et attendre ses instructions *(V. N° 471).* Il faut bien se garder d'agir autrement car toute différence serait forcément constatée par la Direction dont le travail se trouverait suspendu jusqu'à la réception des explications qui seraient demandées au Receveur.

412. Ratures et surcharges. — Toute rature ou surcharge dans les sommes *arrêtées en lettres,* doit être approuvée au moyen *d'une mention spéciale,* inscrite et signée par le Comptable qui rend le compte *(V. au N° 529 des modèles d'approbation).* Il est inutile, toutefois, d'approuver la rature des mots *imprimés.*

413. Délai et mode d'envoi. - Bordereau d'envoi. — Le Compte, et tous les documents qui l'accompagnent, doivent être détaillés dans un *Bordereau* qui sert de chemise et de lettre d'envoi (Imprimé fourni avec le N° de décembre de la Revue). Cet envoi doit être fait le 10 janvier, et si certains documents ne peuvent pas y être compris, il faut en indiquer le motif. Il ne doit être inséré dans le pli que les documents énumérés dans le bordereau d'envoi, *à l'exclusion de toute pièce autre que celles de comptabilité annuelle,* et il est utile d'observer les recommandations faites au N° 392 *suprà,* pour le classement des pièces et la confection du pli.

ÉTAT DES DROITS CONSTATÉS - N° 475.

414. Opération préalable. — Avant de procéder à la rédaction de cet état, il est indispensable de remplir, conformément aux indications ci-après, les dernières colonnes des pages 15 à 45 du *Sommier de Comptabilité.*

Pour remplir la colonne intitulée « *Droits restants à recouvrer au 31 décembre 19* », il faut faire le dépouillement sur une feuille blanche, *des articles ou portions d'articles* (V. N° 415-IV), *qui restaient à recouvrer au 31 décembre sur les seuls Sommiers N°s 1, 2 et 3* (V. N° 5). Ce dépouillement doit, ainsi que nous l'avons expliqué au N° 13, comprendre les articles *d'Assistance judiciaire* recouvrés *par virement* après consignation *au Sommier N° 1.*

Pour les autres colonnes : Voir au N°s 418 et 419.

CLASSEMENT PAR ARTICLE, AU SOMMIER
DE COMPTABILITE, DES RESTES A RECOUVRER

415. **Sommier N° 1.** — En général, les articles restant à recouvrer à ce *Sommier* ont pour objet :

1° DES DROITS ET AMENDES D'ENREGISTREMENT.

Voici quelques exemples de classement au *Sommier de Comptabilité*, du montant de ces articles :

I. Si l'article est relatif à une *dissimulation de prix de vente*, le droit simple doit être classé à la page 16, au titre : « *Toutes autres ventes, etc.* », et les amende et droit en sus, à la page 28 du Sommier de Comptabilité, 6e section « Pénalités ».

II. Un article pour *insuffisance de prix de vente* sera classé : Le droit simple, page 16, sous le titre : « *Toutes autres ventes que celles déjà mentionnées* ».
Et le droit en sus, à la page 28 au titre « *Droits et demi-droits en sus* » de la 6e Section.

III. En ce qui concerne la taxe successorale et les droits simples et en sus de mutation par décès, le montant de chaque article est dépouillé ainsi qu'il suit, au carnet 528 :
Le droit ou demi-droit en sus est inscrit sur la ligne « *D. C. à recouvrer* » dans la dernière colonne de l'un des tableaux des pages 2 à 7 ; le droit simple est inscrit sur la même ligne dans la colonne du même tableau, intitulée « *Droits liquidés* ».
Ce dépouillement terminé, on additionne les divers tableaux du Carnet 528 et on en reporte les résultats au *Sommier de Comptabilité*, les droits simples, à la page 19, les droits en sus à la page 28, « 6e section. Pénalités. »

IV. Si un article ne subsiste plus que pour la partie des droits en sus ou des amendes *remises par décision gracieuse*, la somme restant à recouvrer, *c'est-à-dire celle dont il a été fait remise*, doit figurer dans la colonne des restes à recouvrer en regard, *selon le cas*, de l'un des articles de la 6e Section « Pénalités » Page 29 du Sommier *(V. N° 475)*.
On évite les restes à recouvrer de l'espèce, en ne consignant les soumissions au *Sommier N° 1* qu'après qu'il a été statué sur les demandes en remise, *et seulement pour la somme restant due*, déduction faite des pénalités remises. L'article est, dans ce cas, annulé définitivement au moment du paiement.

2° DES AMENDES DE CONTRAVENTIONS AUX LOIS SUR L'ENREGISTREMENT, LE TIMBRE, ETC., PRONONCÉES PAR JUGEMENTS.

Le montant de ces amendes, à l'exclusion des *Frais de justice*, dont il sera question ci-après, doit être classé à la Page 29 du *Sommier*, en regard de l'un des articles de la 6e Section « Pénalités ».

3° Des frais de justice en matière civile et en matière d'assistance judiciaire (V. N° 379-4), y compris le montant des articles recouvrés *par virement* pour le compte d'un autre bureau *(V. N°s 13 et 414).*

Le montant des articles de cette nature est classé en regard de l'article 489 « *Recouvrements de frais de justice* ».

Les sommes dues aux officiers ministériels pour Frais d'assistance judiciaire (dernière colonne du Som. N° 1), *ne doivent pas être relevées, les restes à recouvrer ne devant comprendre que les sommes* revenant au Trésor.

4° Des frais de poursuites et d'instances concernant l'enregistrement, dont le montant est classé en regard de l'Art. 490 « *Recouvrement de frais de poursuites et d'instances* ». (Voir N° 27).

416. Sommiers N°s 2 et 3. — Le classement des sommes restant à recouvrer à ces deux Sommiers n'offre aucune difficulté ; il suffit, en effet, de les reporter *très exactement au Sommier de Comptabilité* (Page 40), en regard des titres identiques à ceux sous lesquels elles sont consignées.

1 Produits des haras, bergeries, etc. — Si des produits de cette nature ont été consignés *dans les premiers jours de Janvier au compte de l'exercice précédent* (V. N° 4-1), il ne faut pas omettre d'en faire figurer le montant dans la colonne des *Droits restant à recouvrer au 31 Décembre*, en regard du N° d'ordre 464 *(V. N° 427).*

417. Retenue du 1er douzième. — Il ne faut pas omettre, *le cas échéant,* de faire figurer dans la colonne des *Droits restant à recouvrer,* et en regard *de l'Art 507,* la somme restant à verser pour *l'intégralité* ou le *complément* de la retenue du 1er mois de traitement. Ainsi, le Receveur qui se trouverait dans un cas identique à celui cité au N° 524, devrait inscrire dans l'avant-dernière colonne du *Sommier de Comptabilité* (sur la ligne de l'*Art. 507*), la somme de 237 fr. 50 montant des deux quarts de 475 fr. restant à verser le 31 décembre

Le Receveur qui n'observerait pas ces recommandations compliquerait beaucoup sa comptabilité de fin d'exercice *(V. N° 488).*

418. Colonne intitulée : Total des droits constatés. — Elle reçoit le total des deux colonnes précédentes.

Avant de remplir cette colonne, les Receveurs doivent s'assurer de la divisibilité des droits fixes et des droits gradués *(V. N° 377).*

419. Nombre des dispositions. — Cette colonne est remplie au moyen des feuilles de dépouillement *(V. N° 376-1).*

FORMATION DE L'ÉTAT DES DROITS CONSTATÉS

LES COLONNES DE CET ÉTAT ÉTANT NUMÉROTÉES, C'EST PAR SON N° ET PAR SON TITRE, QUE CHACUNE D'ELLES SERA DÉSIGNÉE CI-APRÈS :

420. Colonnes numérotées 1 et 2. — Elles contiennent la *Désignation des droits et produits constatés* et le *N° d'Ordre* de chaque titre ; elles ne comportent par suite aucune explication.

421. Colonne numérotée 3. — On remplit cette colonne intitulée « *Droits et produits reportés de l'exercice 19   , à l'exercice 19* », en y inscrivant *très exactement,* et en regard des titres qu'elles concernent, les sommes reportées de l'exercice *précédent* à l'exercice *courant.*

Ces sommes sont celles qui figurent au tableau de la page 8 de l'Etat des restes à recouvrer N° 476, dressé le 30 avril précédent, dans les 2° et 3° colonnes intitulées « Droits et produits mis à la charge du comptable » et « Droits et produits à reporter à l'exercice courant » (V. N° 480-3°).

422. Colonne numérotée 5. — On laisse en blanc la colonne N° 4 et on remplit la colonne N° 5, intitulée : *Total des droits et produits constatés pour l'exercice 192   .*

Les sommes à inscrire dans cette colonne figurent *aux Pages 15 à 45 du Sommier de Comptabilité,* dans la colonne intitulée « *Total des Droits constatés en 192   à la charge des redevables de l'Etat* » et en regard des titres de recettes correspondants.

423. Colonne numérotée 4. — On inscrit dans cette colonne la différence entre les colonnes N°ˢ 3 et 5, déjà remplies, de façon que l'addition des colonnes N°ˢ 3 et 4 donne le total de la colonne N° 5.

424. Colonne numérotée 6. — Les sommes à inscrire dans cette colonne intitulée « *Recouvrements effectués jusqu'au 31 décembre 192* », sont puisées aux Pages 15 à 45 du *Sommier de Comptabilité,* dans la col. ayant pour titre : « *Total des droits recouvrés pendant l'année.* »

425. Colonne N° 7 et dernière. — Cette colonne est remplie au vu du *Som. de Comptabilité* (Pages 15 à 45), col. intitulée « *Droits restant à recouvrer au 31 déc. 192* ».

Il est indispensable que l'addition des 2 dernières colonnes de l'Etat donne un total égal à la somme portée dans la colonne N° 5.

426. **Récapitulation générale (Page 4)**. — Il faut l'établir avec le plus grand soin, et s'assurer que les totaux des col. Nᵒˢ 6, 7 et 5 concordent très exactement et respectivement avec ceux des 3 dernières colonnes de la P. 45 du *Sommier de Comptabilité* (ligne intitulée « *Total des résultats de l'exercice* 192).

427. **Développements (Pages 3 et 4)**. — La colonne N° 6 est remplie au vu du *Sommier de Comptabilité* (Pages 46 à 51). On inscrit dans la colonne N° 7 le montant des articles restant à recouvrer, et on fait l'addition, dans la col, N° 5, des sommes qui figurent dans les col. 6 et 7. Les sommes à inscrire dans la col. N° 3 se trouvent aux pages 6 (2ᵉ tableau) et 7 *du compte de fin d'exercice* (mod. N° 473), établi le 30 avril de l'année précédente, dans les col. 7 et 8 des tableaux correspondants *(V. N° 494)*. On inscrit enfin dans la col. N° 4, la différence entre les colonnes 3 et 5.

Il faut s'assurer que les *totaux* de ces trois tableaux sont rigoureusement égaux aux sommes qui figurent aux Pages 3 et 4 de l'Etat, en regard des Nᵒˢ d'ordre 129-135 et 195. *(V. N° 416-1)*.

428. **Développements des pages 5 à 12**. — On y copie *textuellement* les sommes et les nombres qui figurent dans les dernières colonnes du *Sommier de Comptabilité* (pages 15 à 45), remplies d'après les indications du N° 414.

Les Receveurs soucieux d'éviter des reproches qui peuvent nuire à leur avancement (Revue 66-I), s'assureront, de l'exactitude des *Totaux partiels* et des *Récapitulations*.

429. **Divisibilité des droits fixes et gradués**. — Observer *rigoureusement* les recommandations du N° 377.

430. **Récapitulation de la page 9**. — Il faut s'assurer que le total de cette *Récapitulation* est égal à la somme qui figure *au bas de la 1ʳᵉ page de l'Etat*, colonne qui porte le N° 5, dernière ligne.

431. **Arrêté en lettres**. — C'est le *Total des droits et produits constatés*, tel qu'il figure à la page 4 de l'Etat, dans la colonne numérotée 5 et sur la ligne N° 196, qui doit être arrêté en lettres à la Page 12.

Toute rature ou surcharge dans cet arrêté doit être approuvée *au moyen d'une mention spéciale signée par le Receveur (V. N° 529)*.

432. **ANNEXE A L'ÉTAT DES DROITS CONSTATÉS** (modèle N° 484). Ce document doit être joint à l'expédition de *l'Etat des droits constatés mod. N° 475*. Il contient la récapitulation annuelle des résultats concernant les droits de mutation par décès et la taxe successorale.

LIQUIDATION DES REMISES DES RECEVEURS, RECEVEURS-CONSERVATEURS ET CONSERVATEURS

De nouvelles dispositions au sujet des *Remises des Receveurs* étant annoncées, nous ne croyons pas devoir indiquer ici le mode de liquidation actuellement prescrit. Cette question sera étudiée dans un des numéros de la Revue Deltour de 1923, en même temps, d'ailleurs, que la liquidation et le prélèvement des *Remises des Conservateurs et Receveurs-Conservateurs*.

BORDEREAU DE LIQUIDATION

La minute de ce Bordereau doit être adressée à la Direction *en même temps que la comptabilité de décembre*, pour y être soumise à un examen préalable. *L'expédition n'est établie qu'au retour de la minute.*

433. Formation du Bordereau. — Inscrire sur la 1re ligne du Tableau I de la 1re page, le *Total général des recettes de l'année pour les deux exercices*, tel qu'il figure à la *dernière* colonne, *dernière* ligne de la Page 47 du *Sommier de Comptabilité*.

De ce Total général il faut déduire :

I. les *Frais d'administration et de perception* (Pages 9 et 43 du *Sommier*) autres que ceux concernant le 5 % *relatif aux pensions d'aliénés*.

II. les recettes pour le compte des *Pensions civiles* (lignes 171 à 177 du § 4 — Page 9 du *Sommier* pour *l'exercice précédent* et page 42 pour *l'exercice courant*) ;

III. les recettes au titre des Services spéciaux (page 48 du *Sommier*) ;

IV. les recettes faites aux « *Correspondants du Trésor* » (page 52 du *Sommier*) sous les titres suivants :

1° *Perfectionnement du matériel d'armement* ;

2° *Recettes à classer* ;

3° *Chèques reçus en payement de droits et prix de vente* ;

4° *Taxes additionnelles, etc...* ;

5° *Commis de l'Enregistrement, L/C de versements à la C. N. R.* ;

6° *Prélèvements exercés sur les salaires et remises des Conservateurs* ;

7° *Fonds commun...* mais *seulement* pour le montant des récépissés de fonds de subvention reçus de la Caisse Centrale du Trésor Public ;

8° *Bons de la D. N.* ;

9° *Bons de la D. N. reçus à titre d'approvisionnement* ;

10° *Obligations de la D. N.* ;

11° *Droits de plaidoirie* ;

V. le *Total* des *Mouvements de fonds entre les comptables* (Page 54 du *Sommier*) ;

VI. le *Total des Avances* pour divers services tel qu'il figure à la Page 54 du *Sommier* ;

VII. les *Fonds particuliers* que le Receveur a versés dans sa caisse (Page 54 du *Sommier*) ;

VIII. les *droits restitués* (sur les deux exercices), c'est-à-dire *le Total de la* 1re *colonne* du Développement du *Bordereau de liquidation N° 471* (V. N° 437). Les droits de timbre des pétitions en restitution de droits *indûment perçus*, ne doivent pas être déduits *(Sol. 23 déc. 1897 ; V. N° 236-1°)*.

On complète ensuite la 1re Page du *Bordereau* en remplissant les tableaux présentant la liquidation des remises.

434. **Répartition des remises entre plusieurs comptables.** — Les remises d'un mois *(un douzième de celles de l'année entière)* se répartissent *par trentième, quel que soit le nombre de jours dont ce mois se compose* (Sol. 9 mars 1900 et 2 mars 1889 ; Revue 4 ; Revue prat. 2976).

Le Receveur, *titulaire d'un bureau pendant les 30 premiers jours d'un mois*, a droit à *l'intégralité* des remises de ce mois.

435. **Retenue du 1er douzième d'augmentation.** V. N° 520.

436. **Retenue par suite de congés.** V. N°s 439 et suiv.

437. **DÉVELOPPEMENT DES RESTITUTIONS.** — Les restitutions doivent être inscrites par mandat, dans l'ordre de désignation des titres de dépense au *Sommier de Comptabilité*. Leur nature est indiquée au moyen de l'un des titres ci-après : 1° *Droits indûment perçus* ; 2° *Evènements postérieurs* ; 3° *Remise gracieuse* ; 4° *Restitution de revenus et prix de vente*. On détaille *tout d'abord* les restitutions faites pendant l'année au compte de l'exercice précédent (P. 60 du *Sommier de Comptabilité*).

Les sommes restituées au titre « *Ventes judiciaires d'immeubles* » ne devant pas être déduites des recettes soumises à la remise *(V. N° 250)*, il ne faut pas en faire figurer le montant dans ce *Développement*.

Il ne faut pas manquer de s'assurer qu'il existe une concordance absolue entre les résultats de ce *Développement* et ceux du *Chapitre des Restitutions* (Pages 60 et 66 du *Sommier de Comptabilité*).

RETENUES POUR LES ABSENCES PAR CONGES

438. RECEVEURS. — Le Receveur qui a obtenu, pendant l'année, un congé avec retenue de partie de ses remises, liquide et porte en recette cette retenue, savoir : *provisoirement* le dernier jour du mois pendant lequel le congé a eu lieu, et *définitivement* le 31 décembre.

Les agents qui profitent de congés n'ont plus aucune indemnité à payer à l'intérimaire.

En exécution du décret du 26 octobre 1921 *(Inst. 3713 ; Revue Art. 338)*, les intérimaires reçoivent « une indemnité d'intérim », non sujette aux retenues pour le Service des pensions civiles. Cette indemnité est à la charge du Trésor. Elle est mandatée en fin de mois par le Directeur sur les crédits des « Frais d'intérim et de déplacement ».

439. Calcul de la durée des congés et des retenues. — Une décision ministérielle du 28 décembre 1906 *(Circ. Compt. 23 mars, 5 avril 1907, N° 204-VI-2°, page 7)* a fixé ainsi qu'il suit le mode de prélèvement des retenues par suite de congés sur les remises des Receveurs et Receveurs-Conservateurs.

Chaque mois doit, sauf l'exception ci-après, être considéré comme étant de *30 jours*, aussi bien pour déterminer la durée de l'absence autorisée que pour liquider la retenue imposée à l'agent (1).

Le 31° jour d'un mois ne doit être compris dans la durée ni de la présence, ni de l'absence de l'agent ; par compensation, il doit être ajouté un jour ou deux au mois de février, soit à la présence, soit à l'absence, lorsqu'elles tombent à la fin de ce mois.

Toutefois, cette règle n'est applicable qu'aux congés *d'un mois* ou de *30 jours*. Lorsqu'il s'agit d'un congé *de moins d'un mois* ou d'une prolongation de *moins d'un mois succédant à un congé d'un mois*, la durée doit être calculée *d'après le nombre effectif de jours fixés par la*

---

(1) Ce mode de calcul de la durée des congés et de la retenue est également applicable aux congés des agents à *traitements fixes* (Inst. 1405 ; Règ. de 1866, art. 63 et 65).

décision qui a autorisé l'absence. (Note de service 1re D. 2e B. du 17 fév. 1909).

Voir les exemples ci-après.

1. CONGÉ DE MOINS D'UN MOIS. — Il durera exactement le nombre de jours fixés par la décision qui a autorisé l'absence.

S'il s'agit, par exemple, d'un congé de 15 jours commencé le 21 juillet au matin, ce congé prendra fin le 4 Août au soir.

Si ce congé commençait le 21 Février, d'une année non bissextile, au matin, il prendrait fin le 7 Mars au soir.

Dans les deux cas il durerait *exactement* 15 jours.

2. CONGÉ DE MOINS D'UN MOIS SUIVI D'UNE PROLONGATION.

PREMIER CAS. — *La durée de la prolongation, ajoutée à la durée du congé primitivement accordé ne donne pas un total de 30 jours.* — Le congé *total* devra durer exactement le nombre de jours fixés par les deux décisions qui l'auront accordé, quelle que soit la date du commencement du congé.

EXEMPLE : Un congé de 15 jours commencé le 21 juillet au matin, suivi d'une prolongation de 10 jours, se terminera le 14 août au soir ; — il aura duré au total 25 jours.

DEUXIÈME CAS. — *La durée de la prolongation, ajoutée à la durée du congé primitivement accordé atteint 30 jours.* — Le congé devra être envisagé dans son ensemble et assimilé à un congé de 30 jours ou d'un mois. — V. N° 3 *infrà.*

EXEMPLE : Un congé de 15 jours commencé le 21 juillet, au matin, suivi d'une prolongation de 15 jours, se terminera le 20 Août au soir ; il aura donc duré 31 jours.

Un *même* congé de 15 jours commencé le 21 Février, au matin, d'une année non bissextile, suivi d'une *même* prolongation de 15 jours, se terminera le 20 Mars au soir ; il n'aura duré que 28 jours.

3. CONGÉ DE 30 JOURS (*ou d'un mois*) DONT 15 JOURS SANS RETENUE ET 15 JOURS AVEC RETENUE DE MOITIÉ DES REMISES. — Le nombre de jours d'absence devra être compté de date à date (*C. 1er mai 1907 § 1*).

PREMIER CAS. — Si ce congé a commencé le 24 février au matin, il prendra fin le 23 mars au soir, et n'aura duré conséquemment que 28 ou 29 jours. La retenue sera néanmoins calculée sur 15 jours.

DEUXIÈME CAS. — Si ce même congé a commencé le 5 février, il ne devra durer également que 28 ou 29 jours *(du 5 février au 4 mars inclus)*. La retenue sera, comme dans le cas qui précède, calculée sur 15 jours.

Troisième cas. — Si ce congé a commencé le 21 juillet, il comprendra 31 jours, puisqu'il sera valable jusqu'au 20 août *inclusivement*. La période soumise à la retenue ne comprenant que 15 jours *(du 6 août au 20 août inclus)*, le congé *sans retenue* ayant duré 16 jours *(du 21 juillet au 5 août inclus)*, la retenue sera calculée sur 15 jours.

Quatrième cas. — Enfin, si ce congé a commencé le 5 juillet, il durera, comme dans le cas qui précède, 31 jours, c'est-à-dire du 5 juillet au 4 août, inclus.

La période *soumise à la retenue* comprend effectivement 16 jours *(du 20 au 30 juillet (12 jours) et du 1er au 4 août (4 jours)*, mais la retenue devra être calculée sur *15 jours seulement*.

4. Congé de 30 jours ou d'un mois suivi d'une prolongation de moins d'un mois. — La durée de la *prolongation* doit être calculée d'après le nombre effectif de jours fixés par la décision qui a autorisé l'absence.

Ainsi, lorsque, à la suite d'un congé de 30 jours ou d'un mois, commencé le 21 Juillet au matin et devant par conséquent se terminer le 20 Août au soir *(après 31 jours d'absence)*, un agent a obtenu une prolongation de congé de 15 jours commençant le 21 Août au matin, cet agent devra rejoindre son poste le 5 septembre au matin, et non le 6 septembre.

5. Congé de 30 jours ou d'un mois suivi d'une prolongation de 30 jours ou d'un mois. — La durée de la prolongation devra être calculée de date à date, comme celle du congé primitivement concédé. (Exemples cités au N° 3 *suprà*).

6. Congés des agents a traitements fixes. — Les règles actuellement en vigueur pour le calcul de la *durée*, des congés et de la *retenue* sont applicables aux agents à *traitements fixes*. (Instr. 1405 ; Règl. de 1866 Art. 63 et 65).

440. Modèles de liquidation des retenues pour congés. Supposons que le Receveur qui a profité d'un congé dans des conditions identiques à celles indiquées dans le *Troisième cas* du N° 3, cité ci-dessus, est de 5e classe ; qu'il est autorisé à prélever mensuellement une somme de 584 fr. ; et qu'enfin, les remises *nettes* de son bureau, pour l'année au cours de laquelle il a profité du congé, se sont élevées à 7.400 fr. Ce receveur devra liquider et porter en recette, aux dates et de la manière que nous allons indiquer, le montant de la retenue de moitié des remises.

1. LIQUIDATION *provisoire* A ÉTABLIR ET RECETTE A EFFECTUER LE DERNIER JOUR DU MOIS PENDANT LEQUEL LE CONGÉ A EU LIEU.

Somme prélevée mensuellement par le Receveur.	584 »
Moitié de cette somme afférente aux 15 jours de congé *avec retenue*.....................	292 »
De cette somme il faut déduire la retenue de 5 % (1).....................................	14 60
Il reste net passible de la retenue.......	277.40
La moitié de cette somme revenant au Receveur étant de	138 70
La différence revenant aux pensions civiles est de	138 70

2. EPOQUE DE LA RECETTE ET CLASSEMENT DE LA RETENUE *provisoire*. — Le dernier jour du mois au cours duquel le congé avec retenue aura pris fin, le Receveur portera en recette au *Registre de dépenses* cette somme de 138,70 qu'il classera immédiatement à la page 42 du *Sommier de Comptabilité* en regard du titre « Portions de traitements et *remises* pour les absences par congés » (pour la recette de la retenue *définitive*, voir N° 4 *infrà*).

Si le ou les congés *avec retenue* sont d'une durée supérieure à un mois, la retenue doit être calculée *provisoirement* (Voir le modèle qui précède) et portée en recette à la fin de *chacun* des mois pendant lesquels ces congés ont couru. La recette de cette retenue ne doit en aucun cas être ajournée jusqu'à la fin de l'année, alors même qu'elle serait due par un Receveur qui ne reprendrait pas son service à l'expiration du congé *(Sol. 27 avril 1885)*.

1. CONGÉ EN COURS AU 31 DÉCEMBRE. — La liquidation *provisoire* et la recette de la retenue doivent être faites de la manière indiquée au N° 5 *infrà*.

LIQUIDATION *définitive* ET RECETTE COMPLÉMENTAIRE
DE LA RETENUE

4. EPOQUE DE LA LIQUIDATION ET DE LA RECETTE. — Au

---

(1) La recette des retenues pour congés n'exerce aucune influence sur le calcul de la retenue de 5 0/0 qui doit, dans tous les cas, frapper l'intégralité de la somme prélevée mensuellement par le Comptable. Dans l'espèce, le Receveur ou l'intérimaire devrait donc porter en recette simultanément :

la retenue pour congé	138 70
et le 5 0/0 sur 584 fr.	29 20
Soit au total.	167 90

début de l'année qui suit celle du congé, c'est-à-dire après le renvoi par la Direction du *Bordereau de liquidation des remises de l'année du congé*, le Receveur liquidera définitivement la retenue *(V. N° 6 infrà)* et portera le complément en recette qu'il classera au *Sommier de Comptabilité*, de l'année courante, à la page 9, sous le titre : « *Portions de traitements et remises pour les absences par congés.* »

5. CONGÉS EN COURS AU 31 DÉCEMBRE. — Ainsi que nous l'avons déjà dit au N° 2, la retenue pour congés doit être liquidée provisoirement et portée en recette à la fin de *chacun* des mois pendant lesquels les agents ont profité des congés. Il s'ensuit, que l'intérimaire d'un bureau dont le Receveur titulaire profiterait, à la date du 31 décembre *et depuis le 20 novembre*, d'un congé de 3 mois avec retenue de moitié de ses remises, devrait calculer et porter en recette cette retenue, savoir : *à la fin du mois de novembre* pour 11 jours *(du 20 au 30)* et le 31 décembre *pour 30 jours*. La retenue sur les 49 jours de congé restant à courir après le 31 décembre, serait liquidée et portée en recette *l'année suivante* de la manière indiquée aux N°s 1 et 4 *suprà*, et 6 *infrà*.

Si, par suite d'un oubli, la retenue n'avait pas été liquidée et portée en recette le 30 novembre pour les 11 jours de congé dont le Receveur a profité pendant ce mois, la liquidation et la recette du 31 décembre devraient porter sur 41 jours *(11 de novembre et 30 de décembre)*.

C'est la somme *prélevée* qui doit servir de base à cette liquidation provisoire. La liquidation *définitive* est établie fin janvier.

LIQUIDATION DÉFINITIVE DE LA RETENUE POUR CONGÉ LIQUIDEE PROVISOIREMENT AU N° 1, SUPRA :

Remises *nettes* de l'année....................	7.400	»
Montant brut de ces remises pour 1 mois (616 fr. 666)..........................	616	67
Moitié de cette somme afférente aux 15 jours de congé *avec retenue*....................	308	34
De cette somme il faut déduire la retenue de 5 %	15	41
Il reste net, passible de la retenue....	292	93
dont la moitié revenant au Receveur est de..	146	46
Différence revenant aux pensions..........	146	47
Une somme de 138,70 ayant été déjà portée en recette à la fin du mois de........ 192.....	138	70
Il reste à porter en recette, à la date et d'après les indications du N° 4, *suprà*............	67	77

La recette de la retenue pour congés n'a aucune influence sur le calcul de la retenue du 5 % qui doit dans tous les cas frapper *l'intégralité* des remises.

441. Faculté de reprendre le service avant l'expiration du congé. — Les employés qui ont obtenu un congé sont libres de reprendre leurs fonctions avant son expiration, à la condition, si l'employé est un comptable, de prévenir le Directeur et l'intérimaire de la date du retour (Revue Art. 97). Dans ce cas la retenue est, *s'il y a lieu*, calculée sur le temps de l'absence *réelle*.

442. Frais d'intérim. Receveur-Contrôleur. — Le Receveur-Contrôleur chargé de la gestion d'un bureau par suite de *congé* a droit à une indemnité journalière, comme un Surnuméraire *(Inst. 3713)*.

443. CONSERVATEURS DES HYPOTHÈQUES. — Le Conservateur qui aura profité d'un congé *avec retenue*, *après avoir déchargé l'intérimaire de toute responsabilité* (Inst. 2720-171) liquidera cette retenue comme il suit :

444. Exemple *pour un congé de* **45** *jours, dont* **30** *jours sans retenue et* **15** *jours avec retenue de 1/2 des salaires.*

Si ce congé a commencé le 1ᵉʳ juin, *la partie accordée avec retenue* comprendra la période écoulée du 1ᵉʳ au 15 juillet *inclus*. Et, attendu que la retenue doit être supportée par les Conservateurs *sur la moitié des salaires perçus pendant la durée de l'absence* (Inst. 2235), c'est le montant des salaires *perçus pendant cette période du 1ᵉʳ au 15 juillet* qui, dans le cas actuel, doit servir de base au calcul de la retenue.

Salaires perçus du 1ᵉʳ au 15 juillet......	500	»
A déduire 1/4 pour frais de bureau....	125	»
Reste...........................	375	»
Retenue de 5 %, à déduire.............	18	75
Reste	356	25

Dont moitié représentant l'indemnité de responsabilité doit, dans l'espèce, revenir au Conservateur, qui a conservé cette responsabilité.... 178 12

Reste passible de la retenue (178 fr. 125) ci.... 178 13
La moitié de cette somme revenant au Conservateur 89 06

L'autre moitié, soit..................... 89 07

montant de la retenue, doit être portée en recette au *Registre de dépense* et classée à la p. 42 du *Sommier de Comptabilité*, § 4 Art. 505.

445. VACANCES D'EMPLOI

Lorsqu'un Receveur arrivé à l'expiration des trois mois de congé ou des six mois en cas de maladie, ne peut reprendre son service et est mis à la retraite ou en non activité, *l'emploi est toujours considéré comme vacant.*

L'agent mis en non-activité ou à la retraite pendant un congé, continue à être considéré comme titulaire de son emploi et à prendre part aux émoluments jusqu'à l'expiration de son congé ou des prolongations de congé qui ont pu lui être accordées dans la limite du terme maximum de 3 ou de 6 mois (*Rev. prat. 4944*). *Il n'en serait autrement que si ses services avaient été arrêtés à une date antérieure par une décision de l'Administration ou si l'installation du successeur avait eu lieu avant la fin du congé. Dans ce cas, l'agent cesse d'avoir droit aux remises à partir de la date fixée pour la cessation de ses services, ou à compter de l'installation du nouveau titulaire.*

En toute hypothèse, l'intérimaire ne peut prélever la totalité des émoluments que lorsque le congé ou les services de l'agent mis en non-activité ou à la retraite auront pris fin avant l'installation du successeur (*Lettre Com. 25 mai 1898. N° 213*).

GESTION PAR INTÉRIM D'EMPLOIS VACANTS. (I. 3713). Revue Art. 338.

446. Bureau d'enregistrement. — *1° Surnuméraires.* — Le régime établi par l'art. 6 du 2e décret du 21 février 1920 (*I. 3614 ; Art. 296, page 555 de la Revue*), a été maintenu par le décret du 26 octobre 1921.

En conséquence, les surnuméraires chargés de gérer un bureau vacant ont droit aux remises réelles, calculées d'après l'Art. 6 du décret du 21 février 1920 précité, quelle que soit la classe du bureau et sauf application du minimum de la 6° classe, et du maximum de la classe à laquelle appartient le bureau.

Toutefois l'Art. 2 du décret du 26 octobre 1921 précise que les surnuméraires cessent de toucher l'indemnité annuelle de 4.500 fr.

RETENUE DE 5 %. — Le surnuméraire qui gère un emploi vacant supporte la retenue à 5 % sur les *remises* ou sur le *traitement* touchés par lui.

2° *Receveurs-Contrôleurs, Receveurs-Rédacteurs et Commis titulaires*. — Ont la faculté d'opter entre leur traitement personnel et les remises réelles du bureau calculées d'après les tarifs de l'Art. 2 du 2ᵉ décret du 21 février 1920 qui comportent un minimum et un maximum par classe.

3° *Employés supérieurs*. — Les Inspecteurs et Inspecteurs-adjoints chargés de gérer par intérim un bureau vacant n'ont pas droit aux remises et continuent à toucher leur traitement personnel et leurs frais de tournée.

Tous les intérimaires ont droit, indistinctement, à l'indemnité représentative des frais de gestion du bureau, à charge par eux de supporter ces frais.

447. **Conservations et Recettes-Conservations.** — Les agents chargés de l'intérim des Conservations et Recettes-Conservations vacantes ont droit aux salaires des formalités hypothécaires.

En ce qui concerne les remises, le régime établi est le même que celui concernant les bureaux d'Enregistrement, dont l'exposé précède.

Il y a lieu d'observer qu'en ce qui concerne les Conservations, le quart des remises reste affecté au paiement des frais de gestion.

448. **Emplois de Receveurs-Contrôleurs ou de Contrôleurs spéciaux.** — Les Surnuméraires et Commis titulaires remplissant par intérim les fonctions de Receveurs-Contrôleurs ou de Contrôleurs spéciaux reçoivent, en cas de vacance d'emploi, les indemnités journalières prévues en cas de congé.

Ils ont droit, en outre, aux indemnités de travail, de menues dépenses du timbre et de timbrage prévues par le décret du 29 juillet 1920 *(I. 3641)*.

449. **Directions.** — L'Inspecteur ou l'Inspecteur-adjoint chargé de l'intérim d'une Direction vacante cesse de toucher ses émoluments personnels (traitement et frais de tournée) et reçoit en échange le traitement d'un Directeur de 3ᵉ classe, augmenté de l'indemnité pour frais de bureau.

450. **Liquidation des Remises.** — Si l'intérimaire (Employé supérieur, Receveur-Contrôleur, Receveur-Rédacteur ou Commis titulaire) continue à toucher son traitement personnel :

1° EXEMPLE POUR UN INTÉRIM DE 60 JOURS, chaque mois considéré comme étant de 30 jours *(I. 1405 ; Règl. 1866, Art. 63)*.

Total des remises de l'année................ 7.400 »
Portion de remises applicable à la vacance
   (60/360 ou 1/6) soit (pour 1.233,333)..... 1.233 34

Les remises applicables aux vacances d'emploi *faisant retour au Trésor*, ne doivent pas être portées en dépense *(Revue 5)*. Ainsi, dans l'exemple qui précède, le total des dépenses faites pendant l'année, au titre : *Remise des Receveurs*, devrait s'élever à 7.400 — 1.233,34 = 6.166,66.

Le calcul de la retenue de 5 % s'opère ensuite de la manière suivante :

Remises de l'année......................... 7.400 »
Remises applicables à la vacance d'emploi... 1.233 34
                                              ————————
                         Reste net........... 6.166 66
Retenue à 5 % (pour 308,333)..............   308 34
                                              ════════

2° EXEMPLE POUR UN INTÉRIM DU 31 JUILLET AU 21 AOUT, SOIT 22 JOURS. (Cet exemple a fait l'objet de la Solution de la Comptabilité publique du 10 mai 1898. — *Revue Pratique 4442*).

Total des remises de l'année...... 5.985 94
Les 22/365 de cette somme correspondant
   à la durée de la gestion intérimaire sont de.. 360 78
qu'il faut déduire du total des remises.
                                              ————————
                      ce qui réduit à....... 5.625 16
la somme à porter en dépense, *pour l'année entière* au titre : *Remises des Receveurs*.

OBSERVATIONS. — La Solution du 10 mai 1898, précitée, est contraire aux prescriptions de l'Inst. 1405, du Règ. de 1866, art. 63 et des Solutions de l'Administration des 9 mars 1900 *(Revue 4)* et 2 mars 1889 *(Revue pratique 2976)*. Avant de l'appliquer nous consulterions l'Administration ou la Comptabilité publique.

451. Receveur suspendu ou révoqué. — En cas de vacance d'emploi par suite de suspension ou de révocation, *l'intégralité des remises* doit être attribuée au Surnuméraire *pendant toute la durée de l'intérim* (Sol. 31 août 1885).

Le Receveur suspendu de ses fonctions pendant un congé, perd tout droit à ce congé et aux remises à partir de la date de la décision de l'Administration.

Les remises revenant à un Receveur suspendu et en débet, doivent être versées en atténuation de ce débet *(V. N° 374)*.

452. Frais de gestion des Receveurs et Receveurs-Conservateurs. — Les frais de gestion alloués aux Receveurs et Receveurs-Conservateurs ont été fixés *à titre transitoire* par l'art. 5 du décret du 25 mars 1920 *(I. 3621 § 5)*, à une somme égale au *quart du montant des remises réelles calculées sur le chiffre des recettes de chaque bureau, d'après le tarif fixé par l'art. 2 du décret du 23 janvier 1915* (I. 3435), sans que cette somme puisse être inférieure *au quart du minimum afférent à la classe du bureau.*

Cette allocation n'est pas soumise aux retenues pour les pensions civiles. Elle est attribuée aux employés supérieurs comme aux autres agents chargés de la gestion intérimaire d'un bureau vacant.

Les prélèvements mensuels, les liquidations provisoires et définitives, le mandatement et le payement des indemnités de frais de gestion, sont effectués conformément aux prescriptions des I. 3435 et 3464 concernant les remises des Receveurs.

Les liquidations provisoires et définitives font l'objet de bordereaux distincts de ceux établis pour la liquidation des remises.

La liquidation des frais de gestion s'établit comme suit :

(Il convient de remarquer que les tarifs à appliquer sont ceux correspondant à la classe du bureau, sans qu'il y ait lieu de tenir compte de la classe personnelle du Receveur).

Exemple pour un bureau de 3ᵉ classe, dont les produits passibles de remises se sont élevés à 125.000 fr.

Les remises seraient liquidées, d'après le tarif du décret du 23 janvier 1915, ainsi qu'il suit :

sur	92.000	. . . .	4.800 »
—	33.000	(à 0,75 %)	247 50
	125.000	Ensemble.	5.047 50

Le quart alloué comme indemnité de frais de gestion serait fixé à...................... 1.261 87

Application du minimum. — Si les produits passibles de remises étaient *inférieurs à 92.000 fr.* les frais de gestion seraient fixés au quart du *minimum.*

$$\text{soit :} \quad \frac{4.800}{4} = 1.200 \text{ fr.}$$

Application du maximum. — Si, au contraire, ces mêmes produits étaient *supérieurs à 397.000 fr.*, les frais de gestion seraient fixés au quart du *maximum,*

$$\text{soit :} \quad \frac{6.500}{4} = 1.625 \text{ fr.}$$

Allocation complémentaire. — (I. 3621, page 5). Une allocation complémentaire annuelle peut être exceptionnellement attribuée aux titulaires des bureaux dont les frais de gestion dépasseraient *notablement* l'indemnité forfaitaire. La liste de ces bureaux est arrêtée tous les ans par le Ministre des Finances, avec indication de l'allocation complémentaire qu'ils comportent.

Cette liste est établie au vu des propositions que les Directeurs doivent adresser, à l'expiration de chaque année, en même temps que l'état indiquant le résultat de la liquidation des remises revenant aux Receveurs, Receveurs-Conservateurs et Conservateurs, pour l'année écoulée.

Pour permettre aux Directeurs de faire toutes propositions utiles, les Receveurs dont les frais de gestion ont dépassé *notablement* l'indemnité forfaitaire, joignent au bordereau de liquidation établi en fin d'année un

458. Etat des frais **réels** déboursés par les titulaires ou intérimaires successifs du bureau pendant l'année écoulée, qui peut être du modèle ci-après :

Col 1. — Noms des titulaires ou intérimaires qui ont géré successivement le bureau pendant l'année.

— 2. — Période pendant laquelle chaque agent a géré le bureau.

Montant des frais réels déboursés par chaque agent pendant la période désignée à la colonne 2.

Loyer du bureau pour la période visée dans la col. 2.

Col 3. — Loyer total payé par l'agent pour la période visée dans la col. 2.

— 4. — Nombre total des pièces occupées.

— 5. — Nombre de pièces affectées au bureau.

— 6. — Evaluation du loyer du bureau.

Commis.

— 7. — Salaires acquittés des deniers personnels de l'agent.

— 8. — Allocations servies par l'Etat.

— 9. — Total.

Col. 10. — Chauffage.

— 11. — Eclairage.

— 12. — Imprimés et fournitures diverses.

— 13. — Versements.

— 14, 15, 16. — Autres frais.

— 17. — Total des col. 6, 7, 10, 11, 12, 13, 14, 15, 16.

Col. 18. — Montant de l'indemnité forfaitaire revenant à chaque agent.
— 19. — Différence entre les col. 17 et 18.
— 20. — Montant de l'indemnité complémentaire sollicitée.
— 21. — Observations.

Il est nécessaire de joindre à cet état toutes pièces justificatives utiles.

154. Remises des Conservateurs. — La liquidation de ces remises et, le cas échéant, leur répartition entre les Conservateurs qui ont successivement géré le bureau pendant l'année, sont effectuées conformément aux règles en vigueur pour les remises des Receveurs et d'après le tarif ci-après :

Sur	32.000 fr.			7,50	%
de	32.000 »	à	36.000	4	%
—	36.000 »	à	56.000	2,50	%
—	56.000 »	à	92.000	1	%
—	92.000 »	à	162.000	0,75	%
—	162.000 »	à	360.000	0,50	%
—	360.000 »	à	760.000	0,25	%
—	760.000 »	à	1.500.000	0,20	%
—	1.500.000 »	à	2.000.000	0,15	%
—	2.000.000 »	à	3.000.000	0,10	%
—	3.000.000 »	à	6.000.000	0,05	%
—	6.000.000 »	à	8.700.000	0,01	%

au-desus de 8.700.000, sans rémunération.

Aucun minimum n'est garanti aux Conservateurs, dont les remises ne peuvent dépasser le chiffre de 18.000 fr.

Ces remises ne revêtent pas, comme celles des Receveurs, le caractère de remises nettes. Elles restent donc affectées jusqu'à concurrence d'un quart, au payement des frais de gestion, par application de l'Art. 3 de la loi du 9 juin 1853.

155. Remises des Receveurs-Conservateurs. — Les remises allouées aux Receveurs-Conservateurs sur les produits qu'ils encaissent pour le compte du Trésor sont calculées d'après le même tarif que celles des Receveurs des bureaux dans la classe desquels leur Recette-Conservation se trouve rangée d'après la moyenne des recettes effectuées pour le compte du Trésor pendant les cinq dernières années.

Ils bénéficient d'un double minimum:

un minimum de remises, suivant la classe, et un minimum de rémunération de 8.000 francs portant sur l'ensemble des remises et des salaires.

Les Receveurs-Conservateurs reçoivent une indemnité de frais de gestion calculée comme celle allouée aux Receveurs.

INVENTAIRE GÉNÉRAL DES DÉPENSES (Mod. N° 480)

456. Forme. Cet inventaire n'est dressé *qu'en un seul exemplaire*, qui est adressé à la Direction *(Inst. 2720-15)*.

Il est divisé en trois parties :

1° JUSTIFICATIONS DIVERSES. — Ce tableau est, *s'il y a lieu*, complété ainsi qu'il suit :

Inventaire des avances à régulariser au 31 décem. 192 . 2
État des passeports gratuits 1

2° OPERATIONS DE TRESORERIE. — *Mouvements de fonds*. RECETES. — Inscrire dans ce tableau les sommes qui figurent à la page 16 du *Compte d'année*, Col. 3.

3° DEPENSES PUBLIQUES, etc. — Cette partie de l'*Inventaire* n'est que la reproduction textuelle des pages 10, 11, 12, 13, 15, 17 du *Compte d'année*.

457. PROCÈS-VERBAL DE SITUATION DE CAISSE.

Ce procès-verbal doit être daté du 31 décembre et présenter la situation de la caisse à cette date après la clôture des opérations de la journée.

Le concours du maire, du juge de paix ou d'un employé supérieur, n'est plus nécessaire ; le Receveur signe *seul* le procès-verbal, qui est vérifié et visé *sur place* par l'employé supérieur en *opération au bureau le 31 décembre* ou, postérieurement à cette date, du 1ᵉʳ janvier au 15 février de l'année suivante. A défaut d'un employé supérieur, il est comparé à la Direction avec le Bordereau de décembre et le Compte d'année *(Inst. 3032)*.

Les résultats des pages 1 et 2 ne doivent jamais être **modifiés** ; les erreurs reconnues ultérieurement sont rectifiées selon le mode indiqué au N° 460.

1° NUMERAIRE. La somme à détailler sous ce titre doit être *rigoureusement* égale au restant en caisse, *tel qu'il résulte de la comptabilité du mois de décembre*. Si ce restant en caisse s'élève à 79 fr. 16, il pourra être détaillé ainsi qu'il suit :

Billets de banque .... 50 »
Or et argent 28 50
Monnaie de bronze .... » 66

                                 Total égal....... 79 16

Aucune modification n'a été apportée à l'imprimé utilisé pour l'établissement de la situation au 31 décembre 1922, à ce sujet, mais il va sans dire que, le cas échéant, le solde créditeur du compte courant postal doit être ajouté au numéraire en caisse *(Voir ci-après N° 539)*.

2° TIMBRE. On inscrit, *en toutes lettres,* en regard du titre de chaque espèce de papiers timbrés et de timbres-mobiles les quantités restant en nature au 31 décembre d'après les *Registres de comptabilité du timbre.* Cette opération doit être faite avec *beaucoup de soin et d'attention,* afin d'éviter les ratures et les renvois.

458. Renvois, ratures, surcharges, etc. — Les quantités et la somme arrêtées en lettres, ne doivent être ni grattées ni surchargées. Les mots écrits à tort doivent être raturés; ceux qui les remplacent sont écrits, soit à la suite, si l'espace en blanc le permet, soit en marge du Procès-verbal, au moyen d'un renvoi. Les renvois et les ratures sont, s'il y a lieu, approuvés d'après les exemples du N° 529 *infrà.*

459. Développement des pages 2 et 3. — Les quantités à y inscrire sont celles qui restent en nature *d'après la comptabilité du mois de décembre aux Registres de Complabilité du timbre.* Ces quantités peuvent ne pas être les mêmes que celles qui figurent aux pages 20 à 26 du *Compte d'année* (V. N° 460).

460. ANNEXE. — Les résultats consignés aux pages 1, 2 et 3 du Procès-verbal *ne devant jamais être modifiées, pour quelque cause que ce soit* (V. N° 457), les erreurs reconnues depuis la rédaction de ce document doivent être indiquées et expliquées dans les deux cadres de la page 4. S'il n'existe aucune différence entre les résultats du *Procès-verbal* et ceux du *Compte d'année,* l'Annexe de la page 4 n'est ni remplie ni signée.

1. — RECTIFICATION DES ERREURS. - EXEMPLES :

A. — NUMERAIRE. — Supposons que, par suite de la rectification, *postérieurement à la rédaction du Procès-verbal,* d'une erreur commise dans le calcul des produits du timbre le restant en caisse se trouve diminué de 3 fr. 14, l'*Annexe* (p. 3. du Procès-verbal) sera remplie ainsi qu'il suit :

En regard du titre : NUMERAIRE EN CAISSE, *imprimé en haut de la 1re colonne,* on inscrira :

1° dans la colonne N° 2 : *le restant en caisse, tel qu'il figure à la première page du Procès-verbal*....... 79 16

2° dans la colonne n° 3 : *le nouveau restant en caisse* (p. 13 du Comp.), c'est-à-dire 79,16 — 3,14 = 76 02

3° dans la colonne N° 5 ; *la différence entre les deux sommes ci-dessus, soit*.................... 3 14

4° On inscrira enfin, dans la colonne N° 6, la mention suivante : *Conséquence de la rectification d'une erreur commise dans le calcul des produits du timbre.*

On procèderait inversement si le redressement de l'erreur avait pour résultat d'augmenter le restant en caisse au lieu de le diminuer.

B. — TIMBRE — I. — Si l'on a, par suite d'une erreur de comptage, fait figurer à la page 2 du Procès-verbal, 46 coupons de timbre proportionnel à 0,25 au lieu de 56, on rectifiera cette erreur, *sans toucher à la page 2*, en inscrivant :

dans la col. N° 1 de l'Annexe : *Coupons de la débite à 0,25* ;
— id. — N° 2 — id. — : 46.
— id. — N° 3 — id. — : 56.
— id. — N° 4 — id. — : 10.
— id. — N° 6 — id. — : *Erreur de comptage.*

II. — Une erreur, *en plus*, dans le *Total*, à la page 2 du Procès-verbal, *de 100 timbres mobiles ordinaires*, serait rectifiée en inscrivant :

dans la col. N° 1 : *Timbres mobiles ordinaires de dimensions* ;
— id. — N° 2 : 850 *(Total erronné de la page 2)* ;
— id. — N° 3 : 750 *(Total exact* — Page 20 du Compte) ;
— id. — N° 5 : 100 (Différence entre 850 et 750) ;
— id. — N° 6 : *Erreur d'addition.*

461. INVENTAIRE DES AVANCES RESTANT A REGULARISER.

— Il faut *détailler* sur cet inventaire, *article par article et chronologiquement*, toutes les avances qui restaient à recouvrer ou à régulariser au 31 Décembre, en ayant soin de les classer *par nature* et dans le même ordre qu'à la page 18 du *Compte d'année* (N°ˢ 50 à 73).

On inscrit dans la *première colonne* les titres sous lesquels les avances ont été faites, savoir : *Frais de justice maritime ; Frais de poursuites concernant l'Enregistrement ; etc:*

Les diverses avances faites au même titre, sont réunies par une accolade, et le total en est indiqué dans l'avant-dernière colonne intitulée : PAR COMPTE. Il importe de s'assurer qu'il existe une concordance parfaite entre les sommes qui figurent dans cette colonne et celles de la *dernière colonne* de la *Situation des avances* (Page 18 du Compte d'année). Il est même prudent *(Voir les motifs au N° 471)* de procéder à cette vérification avant d'envoyer le bordereau de *Décembre* (Revue 41-VII).

462. Motifs de non recouvrement ou de non régularisation. — Il faut les indiquer clairement dans la *dernière colonne* de l'Inventaire *pour tous les articles qui remontent à plus d'un an.*

EXEMPLES

« *Instance X... en cours* ».

« *L'instance vient d'être terminée par jugement du... 192 , qui a donné gain de cause à l'Administration ; le débiteur a promis de se libérer prochainement* ».

« *Un ordre, auquel il a été produit, sera clos prochainement* ».

463. Communication des pièces. — Toutes les pièces justificatives des avances qui se trouvent entre les mains du Receveur *(V. N° 313-1) doivent être jointes à l'Inventaire et communiquées à la Direction.* Cette communication est toutefois inutile quand la situation des avances a été constatée par un employé supérieur en opération au bureau le 31 décembre, et que cet employé supérieur a signé le certificat du bas de la page 2 de l'Inventaire *(C. C. 21 déc. 1891 N° 171-2).*

464. Deux expéditions de l'*Inventaire* doivent être envoyées à la Direction ; mais s'il ne restait au 31 décembre aucune avance à régulariser, il serait inutile de fournir des Inventaires négatifs.

Les renvois, râtures ou surcharges *dans l'arrêté en lettres* doivent être approuvés d'après les exemples du N° 529.

465. ETAT DES SOMMES RESTANT A REMBOURSER AUX CORRESPONDANTS DU TRESOR. — Le total de cet

état, *dont une seule expédition est adressée à la Direction*, doit être égal à celui de la colonne N° 7 de la Situation établie à la page 18 du *Compte d'année*.

Il n'est pas fourni *d'état négatif*.

466. **Assistance judiciaire**. — Il faut mentionner, *très exactement*, en regard de chaque somme restant à rembourser à ce titre, *la date des avertissements adressés aux ayants-droit* (C. C. 23 déc. 1881, N° 153-1 et 8 fév. 1899, N° 180-V), ou indiquer que cette somme ne représente qu'un acompte *(V. N° 279)*.

Si la somme restant à rembourser ne représente qu'un acompte, la Comptabilité publique exige que la date du jugement, qui fixe le point de départ de la prescription décennale, soit indiquée dans la dernière col. de l'Etat.

Voir au N° 279-VII, le mode de versement des sommes recouvrées depuis plus de *cinq ans*.

467. **ÉTAT DES PASSEPORTS GRATUITS**. — Cet état, dont ci-dessous le modèle, n'est pas fourni *s'il est négatif*.

DÉPARTEMENT

d ....

BUREAU

d ....

ÉTAT des formules de passeports destinées à des indigents, délivrées pendant l'année 192 .

DATES des demandes des Maires	NOMS des personnes pour lesquelles les formules ont été demandées	NOMS des communes de leur résidence	NOMBRE des formules délivrées	OBSERVATIONS
§ 1er. Passeports délivrés sur la représentation de l'autorisation du Préfet.				
§ 2. Passeports remis sur la seule réquisition du Maire.				
Total.........				

Certifié par le Receveur, soussigné,

A_____________, le _____________192 .

(Signature).

Vu et vérifié,   Vu et vérifié par le   Préfet,

Le Directeur,   A_____________, le_____________192 .

(Cachet).   *(Signature)*.

Si cet état n'est pas revêtu du visa du Préfet ou du Sous-Préfet de l'arrondissement, *les réquisitions doivent y rester jointes* (C. C. 6 janv. 1859, N° 101-V).

468. ÉTAT DES TAXATIONS SUR LA DÉBITE DU TIMBRE ET DES PASSEPORTS. — Voir N° 215.

1. ÉPOQUE ET MODE D'ENVOI DES ÉTATS. — Les états émargés, définitivement arrêtés, et postdatés du 31 décembre, doivent, autant que possible, être adressés à la Direction vers le 20 décembre *(V. N° 216)* accompagnés de l'état récapitulatif *(V. N° 469 infrà)* ; ils sont certifiés datés et signés par le Receveur ; le visa du Directeur n'est utile que sur *l'état récapitulatif* (V. ci-après).

469. Etat récapitulatif. — Voici un modèle de cet état qu'il est inutile de fournir *s'il est négatif*, ou même s'il ne doit comprendre *qu'un seul nom* — et sur lequel doivent figurer *distinctement et dans l'ordre ci-après* : 1° les distributeurs auxiliaires ; 2° les débitants de timbre à 0,10 ; 3° les Receveurs des Contrib. indirectes ; 4° les Gérants de recettes auxiliaires des Postes ; 5° les Receveurs des Douanes ; 6° les Percepteurs, les Receveurs municipaux et les employés de préfecture *(V. N° 219)*.

ÉTAT RÉCAPITULATIF *des taxations sur la débite des papiers timbrés et timbres mobiles et sur le produit de la distribution des passeports, payés pendant l'année 192 .*

NOMS	RÉSIDENCES	MONTANT de la remise	Observations

VU ET VÉRIFIÉ :   Certifié par le Receveur soussigné,

Le Directeur,   A_____________, le_____________192 .

Nota. — L'état ci-dessus est fourni chaque année par la Revue Deltour avec le N° du 15 décembre.

1. Les remises payées aux Receveurs des Postes commissionnés comme agents auxiliaires de l'Administration ne doivent pas être comprises dans cet état.

470. **Distributions auxiliaires à maintenir ou à supprimer. — Propositions.** — Les Receveurs doivent soumettre au Directeur, en janvier, des propositions motivées en vu du maintien ou de la suppression des distributions qui s'approvisionnent à leur bureau et dont la débite moyenne annuelle a été inférieure à 100 francs *(I. 3720 § 28)*.

L'état dont l'établissement était prescrit par la Lettre Commune du 5 avril 1902, n'est plus fourni.

471. ÉTAT DES DIFFERENCES ENTRE LE BORDEREAU DE DECEMBRE ET LE COMPTE D'ANNEE. — Les

Receveurs doivent signaler *immédiatement* à la Direction les erreurs qu'ils découvrent *après l'envoi du Bordereau de décembre, si elles causent des différences entre les résultats de ce Bordereau et ceux du Compte d'année.* Ils suspendent, *jusqu'à ce qu'ils aient reçu des instructions de la Direction,* la rédaction des divers documents de leur Comptabilité annuelle auxquels la rectification des erreurs commises doit faire subir des modifications.

Les comptables doivent établir *avec le plus grand soin* le Bordereau de décembre, afin d'éviter des différences entre ce document et le Compte d'année. On leur recommande particulièrement d'apporter tous leurs soins au classement des produits sur la ligne, et en regard du N° d'ordre que chacun d'eux concerne.

472. ETAT PRESCRIT PAR L'INSTRUCTION 2728-12.

Voir (page 205) le modèle de cet état, dont les éléments seront puisés à la page 30 du *Compte d'année* et au *Registre de Comptabilité du Timbre.*

BUREAU

d ....

Année 192 .

ÉTAT faisant connaître, pour chacune des espèces de papiers désignées ci-après, les quantités débitées pendant l'année 192 , et celles restant en nature au 31 Décembre de la même année.

DÉSIGNATION DES PAPIERS		QUANTITÉS débitées pendant l'année 192 .	QUANTITÉS restant au 31 décembre 192 .
A. Série ordinaire			
Petit papier à 2 fr. la feuille simple	Réglé.............		
	Non réglé.............		
	Billets d'aver- tisse- ments — en carnets de 25.....		
	— id. — 50......		
	— id. — 100.....		
	— id. — 200......		
	Certifi- cats de vie — pour rentiers........		
	pour pension^res (notaires) .		
	(maires)..		
	Total.......		
Petit papier à 4 fr. la feuille double	Réglé..........		
	Non réglé........		
	Total......		
B. Série spéciale aux registres de l'Etat-Civil			
Petit papier à 2 fr. la feuille double	Réglé..........		
	Non réglé........		
	Total......		

Certifié par le Receveur soussigné,

A_____________, le 10 Janvier 192___.

COMPTABILITÉ DE FIN D'EXERCICE

Les divers documents que comprend cette comptabilité sont énumérés à la *Table alphabétique*, au mot : *Comptabilité d'exercice.*

ÉTAT DES RESTES A RECOUVRER (Mod. No 476)

473. Délai et mode d'envoi. — La *minute* et l'*expédition* de cet état, *postdatés du 30 avril*, sont transmises à la Direction, avec toutes les pièces à l'appui, le *20 avril* (Revue 49-1). Les Receveurs doivent y joindre *les pièces justificatives des recettes domaniales* (V. No 532).

La Direction examine *immédiatement l'Etat des restes à recouvrer* afin que les rectifications reconnues nécessaires puissent être faites par le Receveur dans la comptabilité d'avril, *la dernière de l'exercice.*

Il est inutile de joindre aux *Etats* les bordereaux d'inscription et les originaux des actes de poursuites. Ces pièces restent entre les mains du Receveur et sont jointes par lui à l'Etat qu'il doit adresser au Directeur — *après que ce dernier lui a renvoyé l'Etat des restes à recouvrer* — pour provoquer la régularisation des frais concernant les articles tombés en non-valeur *(V. No 324)*. Mais il faut indiquer sur les états, *la date, le volume et le No* de chaque inscription *ainsi que la date et la nature des actes de poursuites.*

474. Etat négatif. — Si tous les articles des *Sommiers* Nos 1, 2 et 3 appartenant à *l'exercice précédent* (V. No 4) sont apurés, *l'Etat des restes à recouvrer* est négatif *et il est inutile de le fournir.*

475. Formation de l'Etat. — On y relève, en suivant l'ordre chronologique des consignations et les indications des colonnes, *tous les articles des Sommiers Nos 1, 2 et 3 appartenant à l'exercice précédent* (V. Nos 4, 390, 414 à 417 et 490), *et qui ne sont pas encore recouvrés* ou qui ont *été recouvrés par virement* (V. No 13).

Aux pages 2 et 3 sont inscrits les articles du *Sommier* No 1, concernant les produits de l'Enregistrement, du Timbre, de l'impôt sur les Opérations de Bourse, et de la Taxe sur le revenu des Valeurs mobilières.

Le montant des droits en sus remis par décision gracieuse *(V. No 415-4)*, doit figurer dans l'une des colonnes 11 ou 12, et les Receveurs doivent joindre à leur état des copies certifiées :

1° de la consignation, suivie ou émargée du décompte de la somme due, de celle remise, et de celle payée ;

2° de la recette de la somme payée ;

3° de l'avis de décision :

Les pages 4 à 7 reçoivent l'indication des articles du *Sommier* N° 2 (Produits du Domaine non forestier).

Enfin, aux pages 8 et 9, on porte les articles du *Sommier* N° 3 (Produits des eaux et forêts), les Recettes d'ordre *(Sommiers* N°ˢ 1, 2 et 3), les Produits divers du budget, *(Sommier* N° 2), les Produits de la Liquidation des stocks *(Sommier* N° 3).

La somme revenant au Trésor dans le montant d'un article d'assistance judiciaire, à l'exclusion de celle due aux officiers ministériels, doit figurer page 9, dans la colonne 17 intitulée : « Recouvrements de frais de justice. » Les frais en matière de faillite *(V. N° 130)*, sont inscrits dans la même colonne.

476. Indigence. — Si l'indigence est régulièrement constatée *(V. § § 1 à 5 ci-dessous)*, on inscrit dans la colonne de l'État à ce destinée, la mention : *Indigent. Certificat du .... 192* .

Le N° de l'article du *Sommier* N° 1 doit être indiqué en tête de *chaque certificat*.

Plusieurs débiteurs pour un article : Ils doivent *tous* être dénommés dans la colonne 2 de l'État, et il est nécessaire de produire un certificat pour *chacun d'eux* (C. C. N°ˢ 98-4 et 103-4).

Femme mariée. — Si l'article est dû par une femme *mariée*, il faut produire un certificat pour elle et un autre pour son mari, ou indiquer pour quelle raison ce dernier ne saurait être tenu au payement de la dette de sa femme.

Débiteur décédé : Il doit être produit, indépendamment du certificat concernant le décédé, un certificat pour *chacun* des héritiers. Toutefois, si ces derniers sont mineurs, un certificat collectif suffit.

Changement de domicile du débiteur (V. § 4 ci-après).

Concordance entre l'état et le certificat : La somme portée sur le certificat devant être *rigoureusement égale* à celle qui figure sur l'*État des restes à recouvrer* (V. N° 475), le montant d'un article d'*Assistance judiciaire* doit être indiqué sur le certificat d'après l'exemple suivant :

Montant de ⎱ *au* ⎰ *Trésor*.............. *84 56* ⎱ *150 83*
la somme due ⎱ *aux officiers ministériels.* *66 27* ⎰

1. Conditions de régularité des certificats. — Les certificats, *qui ne sont plus soumis à la légalisation* (C. C. N° 193-V), doivent être rédigés avec clarté ; et lorsqu'il n'y a pas concordance entre le certificat du Percepteur et celui du Maire, *ce dernier doit en expliquer la cause (Vente des biens imposés ; immeubles n'appartenant pas au débiteur ; dettes hypothécaires absorbant la valeur des biens* (V. § 5 ci-après). En cas de refus de la part du Maire, le Receveur explique cette discordance au verso du certificat.

Il ne suffit pas que le Maire certifie que le débiteur ne possède ni meubles ni immeubles ; il faut encore qu'il atteste l'indigence *d'une manière précise et absolue,* ainsi que l'énonce le renvoi en marge de la formule N° 105.

Exemples : ⎰ *X. . est complètement insolvable :*
⎱ *X. . est secouru par le bureau de bienfaisance.*

2. Ascendants des débiteurs vivants. — Pour les débiteurs dont les parents sont vivants, les Maires doivent s'expliquer sur la position de fortune de ces derniers, et sur les droits que les débiteurs pourront un jour exercer dans leurs successions *(C. C. N° 68-3).*

3. Débiteur imposé au rôle des contributions. — Toutes les fois que la somme due à l'Administration est inférieure, et souvent lorsqu'elle est supérieure au chiffre des contributions directes que paye le débiteur, la Cour des Comptes n'admet pas, comme pouvant décharger la responsabilité du Receveur, le certificat du Maire. Elle décide, non sans raison, que le débiteur peut payer au Receveur la somme qu'il paie au Percepteur.

Le certificat du Maire peut néanmoins être admis, si celui du Percepteur constate, dans la dernière colonne, que la côte du débiteur figure au nombre de celles irrécouvrables.

4. Débiteur absent ou inconnu. — Si le débiteur est absent, le Maire indique dans son certificat le lieu du nouveau domicile. Dans ce cas, le Receveur produit un certificat du Maire de la commune de ce nouveau domicile, ou renvoie l'article à son collègue qui, par suite de la situation de cette commune, demeure chargé de suivre le recouvrement *(V. N° 11-1).*

Le certificat de consignation sur le *Sommier des découvertes de* celui-ci est produit à l'appui de l'*Etat des restes à recouvrer* du premier Receveur pour *permettre au Directeur d'autoriser l'annulation de l'article* (V. anal. N° 13 ; C. C. N° 40-8).

Si le débiteur est inconnu, ou si le Maire ignore son nouveau domicile, le certificat doit le constater.

Exemples : ⎰ *X...... est inconnu dans la commune* où il ne *possède rien.*
⎱ *X...... ne possède absolument rien dans la commune* où *il n'habite plus ; son domicile actuel est inconnu.*

5. Dettes hypothécaires des débiteurs. — Si les immeubles des débiteurs sont grevés de dettes hypothécaires qui en absorbent la valeur, le Receveur peut se dispenser de prendre inscription, à la condition de produire à l'appui de son Etat un *Relevé des inscriptions certifié par le Conservateur.* Dans ce cas, la colonne des *motifs de non-recouvrement* est remplie ainsi qu'il suit :

Indigent. — Certificat du Maire du_______________192 .

Il résulte d'un certificat ci-joint du Conservateur, que la valeur des biens imposés est absorbée par des dettes hypothécaires.

477. Inscription hypothécaire. — Les Receveurs sont tenus, *sous leur responsabilité,* de prendre inscription contre tout débiteur d'une somme *supérieure à 30 fr.,* qui ne s'est point libéré après un premier avertissement et qui possède, *ou est appelé a posséder des immeubles, quelque faible qu'en soit la valeur* (Inst. 1503 ; Revue p. 2). L'inscription doit comprendre les sommes dues au Trésor et celles revenant aux officiers ministériels.

La date, le volume et le N° de l'inscription doivent être indiqués sur *l'Etat des restes à recouvrer,* au-dessous de la date du certificat du Maire *(V. N° 476y).* S'il résulte du certificat que le débiteur ne possède aucun immeuble *et ne paraît pas appelé à en posséder,* ces indications sont remplacées par la mention : *Absence complète d'immeubles ; Inscription inutile.*

On peut également se dispenser de prendre inscription quand la valeur des biens possédés est absorbée par les dettes *hypothécaires* (V. N° 476-5) et lorsqu'il résulte du certificat du Maire ou du Receveur que les immeubles imposés ont été saisis, vendus, ou n'appartiennent pas au débiteur *(V. N° 476-1).*

Les bordereaux doivent être rédigés sur les formules créées en exécution de la loi du 1er mars 1918, en double exemplaire.

Voir pour les mentions à porter obligatoirement sur les bordereaux, l'Inst. 3544 ainsi que les dispositions légales et règles à suivre figurant sur la formule de bordereau.

1. PLUSIEURS DÉBITEURS, INSCRIPTION COLLECTIVE. — Il est pris une inscription *collective contre tous les débiteurs d'un même article,* et non pas une par débiteur *(Voir de plus amples détails à l'Art. 42-V de la Revue ; V. N° 324).*

478. Moyen de contrôle. — Il importe de s'assurer que le montant des recouvrements effectués pendant les *4 premiers mois de l'année courante* au compte de l'exercice *précédent (V. P. 4 à 9 du Sommier de Comptabilité)* et le montant de *l'Etat des restes à recouvrer* Modèle N° 476, représentent, *pour chaque nature de produits et au total,* une somme égale à celle qui restait à recouvrer *au 31 décembre précédent (V. la 1ʳᵉ colonne des dites pages 4 à 9 du Sommier et le N° 425 du Manuel), augmentée, s'il y a lieu : 1° du montant des retenues pour pensions civiles recouvrées dans les cas cités au N° 488 ; 2° des produits afférents aux établissements spéciaux constatés après le 31 décembre (V. N° 416-1) ; 3° du montant des erreurs en moins, reconnues après l'envoi du Compte d'année (V. N° 487).*

1. Rectification des erreurs. — Si l'importante vérification que nous recommandons ci-dessus faisait découvrir qu'une recette appartenant à *l'exercice précédent* a été classée au *Sommier de Comptabilité à l'exercice courant*, le Receveur devrait rectifier ce faux classement en inscrivant le montant de cette recette à l'exercice précédent *(dans la colonne du mois d'Avril)*, et en diminuant de pareille somme *les recettes faites pendant ce même mois d'avril*, au compte de l'exercice courant *(Revue p. 37)*.

En outre, si des erreurs dans les restes à recouvrer au 31 Décembre étaient reconnues depuis, elles devraient être rectifiées ; c'est-à-dire que les articles devraient figurer sur les *États des restes à recouvrer* pour leur montant *réel*, et non pour la somme portée par erreur dans la *dernière colonne de l'État des Droits constatés* fourni à l'appui du Compte de l'année précédente *(Voir l'exemple du N° 487)*.

479. ARRÊTÉ DU DIRECTEUR. — Après avoir vérifié les *États des restes à recouvrer*, le Directeur les revêt de son Arrêté (P. 8), et les renvoie au Receveur avec une lettre ou une note lui faisant connaître les Nᵒˢ des articles : 1° à annuler ; 2° à reporter au *Sommier des surséances* ; 3° mis à sa charge (V. Inst. 2590) ; 4° à reporter à *l'exercice courant*.

480. **Annulations et reports.** — Dès la réception des états, arrêtés par le Directeur, les Receveurs doivent :

1° annuler les articles admis définitivement en non-valeur et ceux dus par des débiteurs *solvables*, dans le cas cité au N° 13-1, lesquels sont indiqués en marge des États par la lettre **A**.

2° reporter au *Sommier des Surséances*, les articles dus par des débiteurs insolvables, et que le Directeur a désignés au moyen de la lettre **S** *(En prévision du recouvrement ultérieur de l'article et des frais, indiquer, s'il y a lieu, en marge des consignations, le montant des avances — V. N° 324)*.

3° consigner à *l'Exercice courant*, les articles mis à la charge des comptables, ou à recouvrer sur les débiteurs.

Il faut avoir soin, en procédant à ces diverses opérations, d'annuler tous les articles de *l'Exercice expiré*, dont les Nᵒˢ figurent sur les États et de les émarger, soit de la date de l'autorisation d'annulation, soit du N° et de la date de la consignation qui vient d'en être faite au *Sommier des Surséances* ou à *l'Exercice courant.*

On inscrit ensuite *dans les deux dernières colonnes des Etats,* et en regard de chaque article, les N°s des consignations faites à *l'Exercice courant* et au *Sommier des Surséances,* et on signe, après l'avoir rempli, le certificat de la page 7.

Le Receveur fait immédiatement recette du montant des articles reportés à l'Exercice courant, *et dont il a été déclaré personnellement responsable* (V. N° 8 ; Inst. 2590). Il poursuit contre ses prédécesseurs le paiement des articles mis à leur charge *(Inst. 1358 et 1921 — C. C. N° 32-8)* .

1 Régularisation des avances relatives aux articles tombés en non-valeur — Voir le N° 324 *suprà.*

481. Renvoi de l'expédition. — *L'expédition* de l'état, *complétée comme il est dit au N° 480, ci-dessus,* est renvoyée à la Direction avec le *Compte de l'exercice.*

COMPTE DE L'EXERCICE (Modèle N° 473)

482. Délai d'envoi. — *Dès la réception des Etats des restes à recouvrer, revêtus de l'Arrêté du Directeur,* les Receveurs dressent le *Compte de l'exercice,* qu'ils envoient à la Direction avec les pièces à l'appui et, le cas échéant, les mandats qui n'ont pu être payés avant la clôture de cet exercice, *(V. N° 78).* Les Receveurs qui n'ont pas à fournir *l'Etat des restes à recouvrer,* parce qu'il est *négatif,* doivent envoyer le Compte et les pièces à l'appui, *le 10 mai au plus tard.*

Chaque comptable en fonctions au 30 avril, doit produire un compte d'exercice, même si aucune opération de recette ou de dépense au titre de l'exercice précédent n'a été effectuée pendant les quatre premiers mois de l'année en cours.

483. Page 1. — Observer les règles tracées au N° **404.**

C'est toujours le Receveur ou *l'intérimaire* en fonctions *le 30 avril,* date de la clôture de l'exercice, qui doit rendre et signer le compte, ainsi que les pièces produites à l'appui.

484. Arrêté en lettres. — La somme à arrêter en lettres, à la 1re page, est celle qui figure au bas de la page 10 du *Sommier de Comptabilité* de l'année courante, et *dans la colonne 10 du Total général de la Récapitulation* (Page 6 du Compte).

485. Pages 2 à 6, colonne N° 2. — Pour remplir avec exactitude la *colonne N° 2*, il suffit d'y reproduire *textuellement* les résultats de la dernière colonne de *l'Etat des droits constatés* (Mod. N° 475) *de l'année précédente*, intitulée : *Restes à recouvrer au dit jour 31 décembre.*

486. Les colonnes N°ˢ 3 et 4 sont destinées à recevoir les modifications résultant : 1° *des augmentations de recettes et* 2° *de la rectification des faux classements qui auraient pu être faits sur* l'Etat des droits constatés *de l'année précédente.*

EXEMPLES :

487. ERREURS EN MOINS. — RECTIFICATIONS. — 1ᵉʳ Exemple : Si, par suite d'une erreur matérielle, un article de *100 fr.* qui restait à recouvrer au 31 décembre précédent, n'a figuré *sur l'Etat des Droits constatés fourni à cette époque, que pour 10 fr. seulement*, il faut rectifier cette erreur en inscrivant *dans la colonne N° 3 du Compte*, intitulée « *A ajouter* », et en regard du titre que cet article concerne, la somme de *90 fr.* représentant la différence entre le montant *réel* de l'article et la somme pour laquelle il a figuré sur l'Etat des Droits constatés.

L'addition, *dans la colonne N° 5* des 90 fr, ainsi ajoutés, et des 10 fr. qui figurent déjà dans la *colonne N° 2*, donnera le total des 100 fr. montant *exact* de l'article.

Une mention en marge, par renvoi, doit faire connaître les motifs de cette modification. Ces mêmes motifs sont indiqués dans un certificat établi et signé *par le Directeur*, qui le produit à l'appui *de son Etat de Situation au 30 avril.*

488. ERREURS EN MOINS. — DROITS CONSTATÉS POSTÉRIEUREMENT AU 31 DÉCEMBRE.— 2ᵉ Exemple. — Si un agent à traitement fixe a été élevé de classe *pendant l'année courante* mais avec effet rétroactif à partir du *1ᵉʳ* octobre *de l'année précédente*, le montant de la retenue pour le compte des pensions civiles *(douzième d'augmentation et 5 % sur le rappel de traitement pour les mois d'octobre à décembre)* dont la recette a dû être faite *au compte de l'exercice précédent*, est inscrit dans la colonne « *A ajouter* », attendu que cette retenue ne figurait pas sur *l'Etat des droits constatés* parmi les restes à recouvrer au 31 décembre précédent (1).

---

(1) Si la Direction est avisée, *avant le 31 Décembre*, de l'élévation de classe d'un agent à traitement fixe, *avec effet à partir d'une date quelconque de l'année courante*, elle peut, afin de simplifier les écritures, *et nonobstant l'insuffisance des crédits*, mandater au profit de l'ayant-droit le montant de l'augmentation afférente à l'année en cours (*Circ. Bur. Ordon. 12 févr. 1890. N° 23 p. 2*).

Cette opération est justifiée par un certificat *du Directeur* expliquant la cause de cette recette complémentaire, et établi de manière à tenir lieu du tableau du *Bordereau récapitulatif* où figure habituellement le détail des retenues.

On procéderait de la même manière s'il avait été fait recette, pendant les quatre premiers mois de l'année, *au compte de l'exercice précédent*, d'un ou de plusieurs quarts de la retenue du premier 12ᵉ, *dont le montant n'aurait pas été compris parmi les restes à recouvrer au 31 décembre (V. Nᵒˢ 417 et 524).*

489. FAUX CLASSEMENTS. — Si, par exemple, des *Droits et demi-droits en sus* s'élevant à 12 fr. 50, ont été classés par erreur sur l'Etat des droits constatés au titre « *Amendes de consignation, etc...* », ce faux classement est redressé en inscrivant cette somme de 12 fr. 50 :

1° sur la ligne intitulée « *Droits et demi-droits en sus* », dans la colonne Nᵒ 3, qui a pour titre : *A ajouter ;*

2° sur la ligne « *Amendes de consignation, de condamnation, etc...* », dans la colonne Nᵒ 4 intitulée : *A déduire.*

490. ERREURS EN PLUS. — Les erreurs par suite desquelles des restes à recouvrer auraient été portés dans les comptes à une somme excédant leur montant réel, sont rectifiées *par déduction* dans la colonne Nᵒ 6 « *Produits constatés tombés en non-valeur* ». C'est l'arrêté du Directeur *(Page 8 de l'Etat des restes à recouvrer)* qui sert de base à cette déduction, qu'il faut justifier par des pièces établissant l'existence des erreurs en plus, *si l'article que ces erreurs concernent est reporté à l'exercice courant* (V. ci-après).

Les sommes à inscrire dans les colonnes Nᵒˢ 2 et 5, doivent être *rigoureusement* les mêmes que celles qui figurent dans la dernière colonne de *l'Etat des Droits constatés* (Mod. 475), établi à la fin de l'année *précédente*. Il s'ensuit que le Receveur qui aurait, par exemple, fait figurer *à tort* sur ce dernier état comme restant à recouvrer au 31 décembre précédent les sommes revenant aux officiers ministériels, dans le montant d'un article *d'Assistance judiciaire* (V. Nᵒ 415-3°) devrait faire figurer ces sommes sur *l'Etat des restes à recouver*. Le Directeur autoriserait dans ce cas l'annulation ou le report aux surséances du montant *intégral* de l'article, *sans avoir à justifier cette autorisation par d'autres pièces que le certificat d'indigence.*

491. Colonne N° 5. — Elle doit contenir les mêmes sommes que la colonne N° 2 sauf, toutefois, en ce qui concerne les articles de recette qui ont subi des modifications *(Colonnes N°ˢ 3 et 4)*, pour lesquels il y a lieu d'opérer, *selon le cas*, soit une addition, soit une soustraction *(V. N°ˢ 486 à 489)*.

Si la colonne N° 3 ne contient aucune augmentation *effective* résultant de la rectification d'erreurs de la nature de celles citées aux N°ˢ 487 et 488, le *Total* de la colonne N° 5 de la *Récapitulation de la page 6 du Compte* doit être égal à celui de la colonne N° 2. Si, au contraire, la colonne N° 3 contient des augmentations *effectives*, le Total de la colonne N° 5 doit être *supérieur* à celui de la colonne N° 2, *d'une somme égale au montant de ces augmentations*.

492. Colonnes N°ˢ 6 à 9. — On y reproduit *textuellement* les sommes qui figurent dans les 4 colonnes de l'Arrêté du Directeur *(Page 8 de l'Etat des restes à recouvrer, Mod. 476)* en ayant soin de les classer *très exactement* sur la ligne que chacune d'elles concerne. La répartition, par *article de recette*, des sommes ainsi reportées sera faite, *lorsqu'il y aura lieu, au vu des consignations du Sommier N° 1*, et d'après le sort fait à chaque article par la décision du Directeur *(V. page 2 de* l'Etat des restes à recouvrer).

493. Colonne N° 10 et dernière — On reporte dans cette colonne les recettes faites pendant les 4 premiers mois de l'année courante, telles qu'elles figurent aux pages 4 à 10 du *Sommier de Comptabilité*.

L'addition des colonnes N°ˢ 9 et 10 doit donner une somme égale à celle portée dans la colonne N° 5.

494. Page 7. — Développements. — Les deux *Développements* de la page 7 du *Compte* sont remplis au moyen : 1° de *l'Etat des droits constatés* fourni le 31 décembre précédent ; 2° de *l'Etat des restes à recouvrer* au 30 avril et 3° du *Sommier de Comptabilité* de l'année courante. *(Pages 11 à 13)*.

495. DÉPENSES. — Elles figurent aux pages 57 à 61 du *Sommier de Comptabilité* de l'année *courante*, dans la *colonne* intitulée « *Total* », à copier *textuellement*.

496 Arrêté en lettres. — Les résultats du Compte sont arrêtés en *toutes lettres* ; les renvois, les ratures et les surcharges doivent être approuvés au moyen d'une mention *spéciale* signée par le Receveur *(V. les modèles au N° 529)*.

497. INVENTAIRE GÉNÉRAL DES DÉPENSES
(Mod. N° 479)

Cet inventaire n'est dressé *qu'en un seul exemplaire.*

1° JUSTIFICATIONS DIVERSES (RECETTES)

Indiquer au-dessous de ce titre, dans le blanc réservé à cet effet, le nombre, *en chiffres,* des *certificats d'indigence, copies de consignations, avis de décision,* etc... annexés à *l'Etat des restes à recouvrer* (V. N° 475). Cette indication ne sera pas donnée par le Receveur lorsque les dites pièces ne lui auront pas été renvoyées avec l'état mod 476, et c'est alors la Direction qui inscrira le nombre des pièces produites.

2° RECETTES JUSTIFIEES

Ce tableau tient lieu de l'état prescrit par la C. C. du 10 novembre 1880.

Les recettes provenant *d'Etablissements spéciaux,* à inscrire dans la 1re colonne, sont celles du tableau de la page 40 du *Sommier de Comptabilité* de l'année précédente ; la 2e colonne est remplie au vu du tableau de la page 8 du *Sommier* de l'année courante. Les pièces justificatives de ces recettes sont annexées par le Receveur à l'Inventaire *(C. C. 10 novembre 1880, N° 152 et 8 janvier 1885, N° 160).*

Le tableau est rempli, en ce qui concerne les *Produits divers du budget,* savoir : la 1re colonne, au vu du *Sommier* de l'année *précédente* (page 44) ou de la page 6 § 5 du *Compte de l'exercice* ; et la 2e colonne au moyen du *Sommier* de l'année courante, page 10. *Il n'est produit aucune justification de ces recettes.*

3° DEPENSES PUBLIQUES

Copier textuellement les pages 56 à 61 du *Sommier de Comptabilité* de l'année *courante.*

498. JUSTIFICATIONS DOMANIALES. — Les justifications des recettes domaniales, que les Receveurs doivent adresser à la Direction en même temps que *l'Etat des restes à recouvrer* (V. N° 473) sont énumérées aux N°s 532 à 535 *infrà.*

COMPTE DE CLERC A MAITRE

499. Point de départ. — Ce compte ne doit porter que sur la période qui s'est écoulée depuis que le comptable qui le rend a présenté son dernier compte. Ainsi, un Receveur titulaire d'un bureau au *1er janvier*, qui veut profiter d'un congé d'un mois, à partir du *1er juillet*, doit rendre compte de ses opérations du *1er janvier au 30 juin, inclus* ; tandis que le compte que devra lui rendre, à l'expiration de ce congé, l'intérimaire qui l'aura suppléé, ne devra comprendre que les opérations faites par ce dernier du *1er au 31 juillet inclus*.

Dans ce cas, le compte du Receveur a pour point de départ, le numéraire en caisse le 31 décembre précédent et les quantités de papiers timbrés qui restaient en nature à la même époque, *d'après le Compte de l'année précédente ;* et celui de l'intérimaire, le numéraire en caisse et les quantités de timbres que lui a remis le Receveur, *d'après le Compte de clerc à maître rendu par ce dernier.*

Pour les intérims motivés par un congé accordé au titulaire de l'emploi, et dont la durée n'excède pas deux mois, les comptes de clerc à maître ne sont produits à la Cour des Comptes que dans les cas suivants :

1° si le titulaire ne reprend pas son service à l'expiration de son congé.

2° lorsque la date du 30 avril, ou celle du 31 décembre, se trouve comprise dans la durée du congé.

3° quand la reddition des comptes de l'intérimaire, (ou de l'un des intérimaires, si l'intérim est successivement confié à deux agents), fait ressortir de graves irrégularités *(I. 3383 ; Revue Art. 276).*

Si le compte de clerc à maître n'est pas produit à la Cour des Comptes, en exécution des dispositions qui précèdent, l'intitulé des comptes d'année et d'exercice ne doit mentionner d'aucune manière le nom de l'intérimaire, ni la durée de sa gestion, qui est rattachée à celle du titulaire.

Si un Receveur, ayant bénéficié au cours de l'année d'un congé d'une durée égale ou inférieure à deux mois, est ensuite changé de résidence et remet le service à son successeur, le compte de clerc à maître qu'il rendra, devra, à notre avis, s'appliquer, non pas à la période écoulée depuis le précédent compte de clerc à maître, (non produit à la Cour), mais à la période écoulée depuis le précédent compte produit à la Cour des Comptes.

1. COMPTABLES CESSANT LEURS FONCTIONS LE 31 DÉCEMBRE APRÈS LA FERMETURE DU BUREAU. — Ils n'ont pas à rendre de *Compte de clerc à maître* ; le Compte d'année en tient lieu. Mais le comptable entrant doit apposer sur la *Situation de caisse au 31 décembre* (V. N° 457) une mention de prise en charge de l'encaisse *(numéraire et timbre)* visée par le Directeur *(C. C. 31 mars 1903, N° 196-X)*.

500. Intérim à cheval sur deux années. — Lorsqu'une gestion *par intérim* a commencé *l'année précédente*, le compte à rendre par l'intérimaire doit avoir pour point de départ *le 1er janvier de l'année courante*, puisque le dernier compte présenté par lui *(V. N° 499)* est le *Compte d'année*.

501. Inventaire des dépenses. Page 6. — *Détailler* les dépenses du *mois courant*, en ayant soin de les classer par nature et dans le même ordre qu'au *Sommier de Comptabilité* (pages 62 à 71), et inscrire ensuite le total des dépenses des *mois antérieurs*, tel qu'il figure au *total général* des dépenses du dernier Inventaire mensuel *(V. N° 399)*.

Si la remise du service a lieu *le dernier jour d'un mois, après la fermeture du bureau*, les dépenses de ce mois ne doivent pas être *détaillées*, bien que l'Inventaire mensuel n'ait pas encore été adressé à la Direction. Dans ce cas, la somme à inscrire sur la ligne de l'Inventaire intitulée : « Report des dépenses totales des mois antérieurs, etc... », doit être égale à celle qui figure sur la dernière ligne de la page 5 du Compte intitulée « Total général des dépenses ».

502. Prélèvement des remises. — Le Receveur qui part en congé *dans le courant d'un mois*, n'a pas le droit de prélever les remises afférentes au temps qui s'est écoulé du 1er de ce mois au jour où il est relevé de son service *(V. N° 183-2)*.

Celui qui quitte *définitivement* le bureau, doit donner quittance, avant son départ, du complément de ses remises *pour toute la durée de sa gestion*. Le calcul en est établi sur la somme fixée par le Directeur, au début de l'année, comme remises à prélever mensuellement.

503. Situation des avances. — Elle a pour point de départ les avances qui restaient à régulariser *d'après le précédent compte* (V. N° 499) ; les résultats doivent être conformes à ceux du *Sommier des opérations de trésorerie* et de *l'Inventaire* établi (conformément aux indications du N° 461) à la page 7 du compte.

Le comptable qui rend le compte doit remettre à son successeur les pièces justificatives de chaque avance ou indiquer dans la colonne « *Indication des pièces, etc...* », la date de leur envoi à la Direction et le N° du Registre de correspondance *(V. N° 313-1)*.

504 Arrêté. — Le compte est arrêté *en lettres* à la page 12 ; toute rature ou surcharge dans les *sommes* ou dans les *nombres* ainsi arrêtées, doit être approuvée au moyen d'une mention spéciale, signée par le comptable qui le rend et par celui qui le reçoit *(Voir les modèles du N° 529)*.

505. Expéditions. — Le compte est dressé en 4 expéditions. La première *(inutile quand il s'agit d'un congé)*, est conservée par le comptable qui le rend *pour la présenter au Directeur de sa future résidence* (1) ; la seconde reste dans les archives du bureau *et les deux dernières sont envoyées au Directeur dans les trois jours de l'installation.*

Lorsqu'il s'agit de comptes de clerc à maître non susceptibles d'être produits à la Cour des Comptes *(V. N° 499 supra)*, trois expéditions au plus sont nécessaires : une pour les archives du bureau, deux pour la Direction. (Certaines Directions n'en exigent qu'une).

506. AVIS D'INSTALLATION. ENVOI DE PIÈCES. — Il est essentiel que le Receveur entrant en fonctions fasse connaître à son Directeur la date exacte de son installation, par lettre officielle adressée *le jour même de cette installation*. Puis, dans les deux ou trois jours suivants, il transmet les deux expéditions du compte et fait connaître que l'enregistrement au greffe du tribunal de l'arrondissement de sa prestation de serment, a été effectué *(Inst. 2957)*, il renvoie l'inventaire du bureau, *dûment mis au courant et revêtu de la mention de prise en charge*, et enfin, adresse une note *signée de lui et de son prédécesseur*, indiquant la situation des tables alphabétiques et répertoires et les registres qui auraient besoin d'être réparés *(Inst. 1688 et 2081)*.

507. Receveur décédé ou en fuite. — En cas de décès d'un Receveur, ou d'une absence qui ne serait ni *motivée* ni *autorisée*, l'employé supérieur présent au bureau, ou désigné par le Directeur, doit requérir le Juge de paix

---

(1) Il est très rare que cette copie soit exigée par le Directeur,

du canton de se transporter au domicile du Receveur décédé ou absent pour y constater, par un Procès-verbal, l'état de la caisse et celui, tant des registres de perception, que du timbre et des pièces justificatives des dépenses. Il dresse ensuite d'office le compte, en faisant les mentions nécessaires *(Inst. 985, 1769, 2721-18)*, et le fait signer par l'intérimaire.

Le procès-verbal du Juge de paix, *dressé sur papier non timbré* et signé par l'employé supérieur et l'intérimaire, doit être joint au compte de clerc à maître *et adressé par le Directeur à la Comptabilité publique en même temps que ce compte.* (C. C. 16 mai 1917 § V).

L'employé supérieur doit, *lorsqu'il est chargé de l'intérim,* dresser un compte de clerc à maître, quoique ce compte ne puisse être rendu qu'à lui-même *(R. E. 3364)*.

508. Débets de comptables (Voir Nos 372 à 374).

Lorsque le compte présente un débet pour déficit de caisse, *le Directeur* fait connaître dans la lettre d'envoi de ce compte les ressources du comptable débiteur, s'il se libèrera de son débet sur les lieux, ou s'il convient d'en provoquer le prélèvement sur son cautionnement *(C. C. 28 décembre 1830, N° 18-7)*.

REGISTRE DES DÉPENSES

509. Inscription des dépenses. — Les Receveurs doivent porter sur ce Registre toutes les dépenses *(à la charge de l'Administration)* qu'ils acquittent, et tous les versements qu'ils effectuent à la caisse des Receveurs des finances. Les dépenses sont inscrites jour par jour et par ordre de date et de numéros, sauf en ce qui concerne *les Frais de justice criminelle,* payés sur simple taxe, lesquels sont portés en dépense *en bloc,* le 25 de chaque mois *(V. N° 154)*. Il y a lieu toutefois d'indiquer *distinctement* le montant :

1° *des taxes aux témoins ;*
2° *de celles des jurés ;*
3° *des autres frais ayant fait l'objet de mémoires.* (V. N° 150).

510. Recommandations importantes. — Il faut avoir soin de faire en marge de chaque dépense, ayant pour objet une *Restitution de droits ou d'amendes,* le détail du montant de cette restitution et d'indiquer en outre le montant du *timbre des pétitions* restitué. Ce renseignement *est indispensable* pour établir, à la fin de l'année, le *Bordereau de liquidation des remises* (V. N° 433).

Le nombre de pièces justificatives de chaque dépense doit être indiqué au Registre de dépenses, au-dessous du N° d'ordre.

Pour toutes les dépenses acquittées en vertu d'un mandat du Directeur, il faut indiquer la date et le N° de ce mandat, ainsi que l'exercice qu'il concerne, et en classer le montant, *très exactement*, au titre inscrit dans la colonne du mandat intitulée : *Objet de la dépense*. Cette recommandation s'applique surtout aux *Remboursements de droits et d'amendes*, qui sont divisés èn 3 paragraphes. Un faux classement dans les dépenses de cette nature, compliquerait le service de comptabilité de la Direction et pourrait occasionner des rectifications et des retards dont la responsabilité incomberait au Receveur.

511. Retenues pour les pensions civiles. — Dans la dernière colonne du *Registre des dépenses* les Receveurs inscrivent, *en regard de chaque article de dépense*, le montant des retenues exercées sur les traitements et sur les remises au profit de la caisse des *Pensions civiles* (Voir N°ˢ 438 et suivants, 520 et suivants).

512. Arrêtés mensuels. — Le *Registre des dépenses* est arrêté à la fin de chaque mois, *mais en chiffres seulement* ; au total des dépenses du mois, on ajoute celui des mois antérieurs et l'on s'assure que le total général est bien conforme à celui du bas de la Page 70 du *Sommier de Comptabilité*.

513. Vu sans opposition. — Ce vu doit être apposé et signé par le Receveur *sur la caisse duquel les mandats, exécutoires et ordonnances sont délivrés* (V. N° 98).

Rappelons que les Receveurs doivent, *avant de transmettre à un collègue un mandat que ce dernier doit payer par virement*, apposer sur ce mandat leur signature et la griffe du bureau *(V. N° 308)*.

514. Oppositions. — Les Receveurs dressent, sur les dernières feuilles du *Registre des dépenses*, un tableau des oppositions qui leur sont signifiées, et qui ont pour objet d'arrêter le paiement de sommes dues par l'Etat. Ce tableau comprend neuf colonnes, dont les titres sont fournis par l'Instruction N° 1520 (V. N° 98).

Les Receveurs entre les mains desquels il sera formé des oppositions devront en informer *immédiatement* leur Directeur, et se conformer aux prescriptions des Inst.. 1520 et 1548, et de la Circ. du 15 novembre 1922.

1 La portion saisissable des traitements est versée d'office a la caisse des dépots et consignations. — Avant l'établissement des dispositions de la circulaire du 15 novembre 1922, précitée, toutes autres sommes ordonnancées ou mandatées sur la Caisse des Receveurs, et qui se trouvaient frappées de saisie-arrêt ou d'opposition, ne pouvaient être versées qu'autant que ce versement avait été autorisé par la loi, par justice ou par un acte passé entre l'Administration et ses Créanciers. Jusqu'à ce moment, elles restaient consignées entre les mains du comptable.

Depuis le 1er Janvier 1922, les Receveurs doivent se conformer aux instructions suivantes :

Le comptable auquel est remis un mandat de fournitures ou de travaux, vérifie s'il n'est pas frappé d'opposition pour tout ou partie de son montant.

Dans le cas où ce mandat est frappé d'opposition *pour la totalité de son montant,* la somme globale est portée simultanément en dépense au chapitre et à l'article qu'elle concerne et en recette au Compte : « *Recouvrements pour des tiers* ». (V .N° 54).

Un extrait certifié de la recette est mis à l'appui de la dépense inscrite au titre indiqué par le mandat, *pour tenir lieu de l'acquit du titulaire du mandat,* à qui il est remis, le cas échéant, une quittance *d'ordre,* mentionnant la prise en recette aux « *Opérations de Trésorerie* » au Compte « *Recouvrements pour des tiers* » (V. N° 54).

Si la retenue à exercer est *inférieure à la somme mandatée,* la partie prenante est appelée à acquitter le mandat *pour le brut.* Remise lui est faite de la *somme excédant le montant de l'opposition* et d'une *quittance d'ordre* mentionnant la prise en recette de la *part saisie* au compte de Trésorerie précité.

2 Versements aux créanciers opposants. — Les créanciers opposants sont payés, dans les deux hypothèses, sur justification de leurs droits et contre quittances régulièrement établies.

Ces quittances sont mises à l'appui de la dépense correspondante à inscrire au compte « *Recouvrements pour des tiers* ».

3 Sommes non payées aux ayants droit. Versement au Trésor. A l'expiration du délai de cinq ans, à dater du *commencement de l'année au cours de laquelle a eu lieu le mandatement,* les sommes non payées aux ayants-droit sont versées au Trésor au Compte « *Produits divers du budget. Valeurs du Trésor à rembourser depuis plus de cinq ans* », contre délivrance d'un récépissé qui justifie la

dépense inscrite par le comptable au Compte « *Recou-vr ments pour des tiers* » (Revue art. 348).

Les oppositions doivent, pour conserver leur effet, être renouvelées au bout de *cinq ans* (C. C. 26 Octobre 1900. N° 183-2). *Voir N° 78.*

1. PORTION SAISISSABLE. — Inst. 478, 1520, 1548 et 3095-11.

2. SALAIRES ET PETITS TRAITEMENTS. — Voir C. C. 2 sept 1902, N° 194-VI ; Inst. 3095-11 C. C. 3 Juin 1922. Revue Art. 347.

3. RÉCÉPISSÉ-TIMBRE. — Le récépissé délivré par la Caisse des Dépôts de la portion saisissable des *traitements* et *remises* est exempt de timbre (*T. A. V° Reçu N° 201 ; Garnier, V° quittance (Timbre) N° 765).*

INSTALLATION DES AGENTS

515. Serment. — Les agents de l'Administration sont tenus de prêter serment *devant le tribunal civil de l'arrondissement de leur résidence dès leur installation en qualité de Surnuméraires* s'ils sont âgés de 21 ans et, dans le cas contraire, *aussitôt qu'ils ont atteint cet âge.* La prestation de serment est certifiée par le greffier à la suite ou en marge du brevet du Surnuméraire (*Inst. 2957*) ; *le procès-verbal qui la constate n'est passible que du droit fixe de 3 francs* (Sol. 12 août 1898 ; I. 3390 § XIV ; 3700 § 35).

Le serment, une fois prêté dans ces conditions, n'est plus renouvelé, *qu'elle que soit la nature des attributions successives confiées aux agents,* sauf dans les cas indiqués dans l'Inst. 2957.

516. Intérim. — Le Surnuméraire chargé d'un intérim doit lire attentivement la lettre de service que lui remet son Directeur, et s'y conformer très exactement.

517. Devoirs des agents nommés ou changés. — Les Surnuméraires nommés Receveurs et les agents qui changent de résidence doivent :

1° Accuser réception à M. le Directeur Général (*par l'intermédiaire de la Direction, et dans le délai fixé*) de la lettre d'avis de leur nomination, et l'informer de leur acceptation ou de leur refus.

Il est convenable d'informer en même temps son nouveau Directeur qu'on se présentera devant lui dans le délai fixé par l'Administration.

Ce délai est un délai franc, le jour de la remise de service et le jour de l'arrivée n'étant pas comptés. Ex. : Un Receveur a 5 jours pour se rendre. S'il a été relevé de son service le 10 mai, après la fermeture du bureau, *il peut ne se présenter devant son nouveau Directeur que le 16 mai. Si le 16 mai est un dimanche ou un jour férié, il doit se présenter la veille* ou demander au Directeur l'autorisation de se présenter *le dimanche* ou le lendemain.

2° Faire connaître, *aussitôt que possible*, à leur nouveau Directeur, le jour de leur arrivée auprès de lui.

Si des circonstances extraordinaires les empêchaient de se rendre dans le délai fixé, ils devraient en justifier par les certificats, soit des autorités locales, s'il s'agit d'événements imprévus, soit d'un médecin, s'il s'agit de maladie *(Inst. 1280-2).*

3° Prendre, *sans tarder*, toutes les mesures utiles pour justifier de la constitution du cautionnement ou du versement du supplément de cautionnement auquel ils sont assujettis. *(Voir N° 526 et suivants, infrà).*

I. Changement de résidence. — L'agent qui change de résidence doit, *sous peine de ne pouvoir être installé*, remettre à son nouveau Directeur, quand il se présente devant lui :

1° *une expédition du Compte de clerc à maître qu'il vient de rendre* (V. N° 505) ;

2° *le certificat d'inscription de son précédent cautionnement*, si ce cautionnement était constitué en numéraire ou en rentes sur l'Etat, ou une déclaration de perte faite devant le Maire, enregistrée et légalisée par le Préfet ou le Sous-Préfet *(demander le modèle à la Direction) ;*

3° *s'il y a lieu, le récépissé ou le certificat constatant la constitution du supplément de cautionnement* (V. N°⁵ 517-3° et 526). Le cautionnement précédent entre *toujours* dans la composition du nouveau, pour son montant *intégral* en capital (V. N° 526 et suivants ; Revue 82).

II. Avis d'installation au Directeur Envoi de pièces. — Voir N° 506 *suprà.*

518. Certificat de non-opposition. — Les agents n'ont plus à produire ce certificat ni toute autre pièce en tenant lieu *(I. 3220. Revue 161).*

519. Compte de clerc à maître. — Voir N°⁵ 499 et suiv.

RETENUES POUR PENSIONS CIVILES

520. RETENUE DU PREMIER MOIS DE REMISES OU DU PREMIER DOUZIÈME D'AUGMENTATION.

(Circ. Compt 23 Mars-5 Avril 1907, N° 204-VI-3°, page 8).

Les cas où il y a lieu à retenue sont énumérés dans la Circ. du 8 septemb. 1897 et dans les Circ. Comp. des 10 juillet 1895, N° 175, et 2 janvier 1899, N° 180-3.

Mode de recette : V. N° 511 — Classement V. N° 524.

1. Calcul de la retenue. - Epoque de l'exigibilité. — Le premier mois de remises et le premier douzième des augmentations ultérieures de remises ou de salaires sont acquittés savoir :

1° Par les Receveurs et les Receveurs-Conservateurs, *lors de leur installation* dans chacun des postes qui leur auront été attribués, *sur le minimum de la classe personnelle* (Receveurs) *ou de l'emploi* (Receveur-Conservateurs) ;

2° Par les Receveurs, les Receveurs-Conservateurs, et, en outre, par les Conservateurs des Hypothèques, *lors de la cessation de leurs fonctions,* sur la différence entre la somme soumise au précédent prélèvement et la moyenne des émoluments *des cinq dernières années d'activité.* Cette retenue, *dite de fin de gestion,* fait l'objet du N° 522 *infrà.*

Le fonctionnaire qui, par mesure disciplinaire *ou par mutation volontaire d'emploi,* est descendu à un traitement inférieur, subit la retenue du premier douzième des augmentations ultérieures *(Inst. 2.000 ; Règl. 1866, art. 64).* Si ce fonctionnaire reçoit, soit un changement de poste, soit une élévation de classe, *c'est son dernier traitement,* fût-il *inférieur* à celui *sur lequel il aurait autrefois versé,* qui devrait être pris pour base du calcul de la retenue du douzième d'augmentation.

Si, au contraire, la diminution de traitement a été occasionnée par toute autre cause *(nécessité de service, etc.)* c'est le montant du traitement ou des remises du pénultième emploi qui sert de base au calcul de la retenue. L'énumération contenue dans le § 2 de l'art. 25 du décret du 9 nov. 1853 est strictement limitative *(C. C. 12 sept. 1899, N° 181).*

2. Modèle de liquidation de la retenue que doit supporter, lors de son installation dans un bureau de 4ᵉ classe, un Receveur qui n'était précédemment que de 5ᵉ classe.

Minimum de la classe personnelle du comptable (1)	8.000	«
Emolument soumis au précédent prélèvement.	7.000	«
Différence formant l'augmentation	1.000	«

____

(1) Si le comptable est installé dans les fonctions de Receveur-Conservateur, c'est le minimum de 8.000 fr. qui doit être indiqué. La Circ. Comp. du 23 mars-5 avril 1907, page 11 porte, en effet. « Les Receveurs nommés Receveurs-Conservateurs devront évidemment subir, lors de leur installation, la retenue du douzième sur la différence entre le minimum affecté à leur nouvel emploi (fixé à 8.000 fr. par l'art. 4 du décret du 21 fév. 1920) et l'émolument soumis au précédent prélèvement.

Report....................	1.000	»
Montant de la retenue de 5 %	50	»
Augmentation nette soumise au prélèvement du 12°	950	»
Montant de ce douzième, à porter en recette au *Registre de dépenses et à classer*, en fin de mois, en regard du N° 507 de la page 42 du *Sommier de Comptabilité* intitulé « *Premier mois de traitement etc...* »	79.17	

La recette de la retenue du premier douzième ne dispense pas le comptable qui la supporte de porter en recette, à la fin du mois, le 5 % sur l'*intégralité* de la somme qu'il prélève pour ses remises. Dans l'exemple qui précède, le Receveur devrait donc faire recette : 1°, de 79.17 montant du douzième d'augmentation ; et 2°, de 5 % de la somme prélevée mensuellement, d'après les indications du Directeur.

3. Surnuméraire nommé Receveur. — La retenue à supporter par un Surnuméraire nommé Receveur d'un bureau de 6° classe est liquidée comme suit :

Minimum	6.000	
A déduire la retenue de 5 %	300	»
Reste net	5.700	»
Dont le douzième à porter en recette est de ...	475	»

Il va sans dire que le versement de cette retenue ne dispense pas le Receveur de porter en recette, indépendamment de cette retenue, le montant du 5 0/0 sur la somme faisant l'objet du prélèvement mensuel fixé par le Directeur

4. Epoque de la recette du premier douzième. Faculté de le verser par quart. — La faculté de verser la retenue du premier douzième *par quart* est exclusivement applicable aux cas de *première nomination* ou de *réintégration* (Circ. Enregistrement 8 septembre 1897 ; Circ. Comptabilité 30 décembre 1897, N° 179-III et 8 février 1899).

La retenue du douzième *sur une augmentation de traitement, de remises ou de salaires*, doit être portée en recette *au plus tard à la fin du mois pendant lequel l'agent a été installé*, à moins que l'augmentation ne porte que sur une partie du mois, auquel cas l'agent a la faculté de ne verser, à la fin de ce premier mois, que la fraction du douzième correspondant au nombre de jours du mois comportant l'augmentation ; le surplus est porté en recette le mois suivant *(Inst. 2720-I et 166 ; Circ. Comp. 30 Décembre 1897).*

5. Conservateurs. — Calcul de la moyenne des salaires et remises. — Les Conservateurs auxquels n'est assuré aucun minimum de salaires ou de remises subissent, *lors de leur installation*, la retenue du douzième d'après les règles établies par les décisions des 12 janvier 1837 et 4 mars 1845 *(Circ. Compt. 23 mars-5 avril 1907, p. 11)* c'est-à-dire *sur la moyenne des salaires et remises des 5 dernières années*. Pour établir cette moyenne, il faut additionner les salaires et remises des 5 dernières années *révolues avant la nomination à l'emploi*, retrancher la plus forte et la plus faible et prendre le tiers du produit des trois autres. On élève à 100 francs les sommes supérieures à 50 francs et on néglige celles au-dessous de 50 francs. *(Inst. 1727 et 2000).*

521. **Retenues rétroactives.** (I. 3307 : 3321. Revue, art. 234 et 239).

1. Temps de surnumérariat admis pour la constitution et la liquidation des pensions. — *Obligation* de verser la retenue.

Depuis la promulgation de la loi du 8 Avril 1910, le temps du surnumérariat doit être compté, en toute hypothèse, pour le calcul du nombre des années de service servant à déterminer le droit à la retraite. Par suite, les agents sont *astreints*, lors de leur installation dans leur premier emploi rétribué, à verser rétroactivement, la retenue de 5 % calculée sur leur traitement initial.

2. Bases du calcul de la retenue :

I. Durée effective du surnumérariat. — La *durée effective* pour laquelle les retenues rétroactives sont dues comprend tout le temps du surnumérariat accompli par l'agent, à partir du premier jour de sa vingt et unième année, sous déduction :

1° Du temps passé dans la position de disponibilité ou de non activité ;

2° De la durée des services militaires admissibles pour la retraite, effectués après l'âge de vingt ans, et faisant l'objet d'une liquidation spéciale dans le calcul de la pension. *(Voir Note au bas de la page 5 de l'I. 3307).*

Lorsque l'agent a été admis comme surnuméraire après sa vingtième année, c'est la date de *l'installation* et non celle de la nomination au grade de surnuméraire qui doit servir de point de départ pour le calcul de la durée du surnumérariat.

II. Traitement initial. — La retenue est calculée à raison de 5 % du montant du traitement *supposé alloué* à l'agent pendant la *durée effective* de son surnumérariat s'il avait eu droit pendant cette même période aux remises qu'il *touchera* réellement pendant la première année de titularisation dans son premier emploi rétribué. Mais comme le chiffre des remises que l'agent « *touchera pendant la première année qui aura suivi sa titularisation* » (I. 3321 p. 5, 5e alinéa. — I. 3307 p. 9, 2e alinéa) ne peut être connu au moment où le Directeur liquide la retenue rétroactive *(Voir N° 4 infra)* cette retenue est calculée *provisoirement* sur le *minimum* de la classe de début. *(Voir N° 5 infra).*

III. VERSEMENTS ANTÉRIEURS DE 5 % DE RETENUE A L'OCCASION DE L'INTÉRIM D'EMPLOIS VACANTS. — Sur la somme calculée d'après les indications précédentes on impute, le cas échéant, le montant des retenues déjà payées par le surnuméraire à l'occasion de l'intérim d'un emploi vacant. Le surplus seulement représente le montant de la retenue rétroactive à verser.

3. Epoque du versement des retenues rétroactives. — Les retenues rétroactives peuvent être versées au choix de l'agent :

1° Intégralement à l'expiration du 5e mois de son installation dans le premier emploi rétribué ;

2° Par quart à la fin des 5e, 6e, 7e et 8e mois de cette installation ;

3° En autant de fois douze termes mensuels qu'il y aura d'années *entières* de stage accomplies, la fraction d'année en excédant étant toujours négligée.

Pour déterminer le nombre de termes on doit ne tenir compte que de la durée *effective* du surnumérariat accompli après l'âge de vingt ans, c'est-à-dire du temps pour lequel sont dues les retenues rétroactives *(Voir N° 2 § I).*

Le premier terme doit être versé à l'expiration du 5e mois de l'installation dans le premier emploi rétribué.

En ce qui concerne le versement de la portion de retenue résultant de la *liquidation définitive* (Voir N° 5 B), si l'intéressé a déjà intégralement acquitté le montant des retenues *provisoirement* liquidées, il pourra payer le complément soit en une seule fois à la fin du mois courant, soit par fractions mensuelles représentant chacune une somme égale à celle qui aurait été fixée à l'origine si l'agent avait voulu se libérer en des périodes correspondant à la durée du stage et si le chiffre exact du « *traitement initial* » avait été connu.

Ainsi par *exemple,* s'il reste à un agent une somme de 360 francs à verser par suite de la liquidation définitive de la retenue rétroactive, et si cet agent a versé en 12 termes de chacun 90 francs, la retenue liquidée provisoirement, chacun de ces douze termes aurait dû être augmenté de 30 francs (360 : 12 = 30). Il aurait donc dû verser, à l'origine 90 fr. + 30 fr. = 120 fr. C'est par suite en 3 termes mensuels de 120 francs chacun qu'il devra verser le *complément* liquidé à sa charge.

Si au contraire, les retenues provisoirement liquidées n'ont pas encore été intégralement acquittées, le complément résultant de la liquidation définitive sera ajouté au reliquat restant dû, et le total sera réparti en autant de fractions égales qu'il restera de termes à échoir.

Ainsi par *exemple*, s'il restait à verser par l'agent 2 termes s'élevant *ensemble* à 225 francs et s'il résulte de la liquidation définitive que cet agent doit verser en sus de la somme provisoirement liquidée celle de 360 francs, on ajoutera la somme de 225 francs à celle de 360 francs = 585 francs, et chacun des deux termes restant à payer s'élèvera à 292 fr. 50 (585 : 2), et non plus à 225 francs

4. Liquidation de la retenue rétroactive. — Au moment de leur installation dans le premier emploi rétribué, les agents doivent remettre à leur Directeur une déclaration par laquelle ils font connaître quel est celui des trois modes de libération autorisés qu'ils ont choisi pour le versement de leurs retenues (N° 3).

Le Directeur procède ensuite, sur les bases exposées au N° 2 *suprà* à la liquidation provisoire de la retenue à imposer à l'agent, auquel il fait connaître par lettre officielle, d'une manière très précise, la *date* et le *montant* de *chacun* des prélèvements qu'il aura à opérer sur ses remises au titre des retenues rétroactives.

Après la liquidation définitive des *remises touchées pendant la première année qui a suivi la titularisation*, le Directeur procède, s'il y a lieu, à la révision des retenues rétroactives à la charge de l'agent et, le cas échéant, adresse à ce dernier les instructions nécessaires en vue de sa libération.

**5. Exemple de liquidation de retenue rétroactive.
Fixation de la date des échéances.**

M. X. surnuméraire, a été installé dans son premier emploi rétribué le 1ᵉʳ Juillet 1922. La durée de son surnumérariat a été de 32 mois. Il n'a fait aucun intérim d'emploi vacant. Il a déclaré au Directeur qu'il désirait effectuer ses versements en 24 termes.

A. — LIQUIDATION PROVISOIRE :

La liquidation provisoire sera faite comme suit :

Minimum des remises de l'emploi de début pour
une année. . . . . 6.000 »

Soit pour 32 mois, durée du surnumérariat . . . 16.000 »

Somme sur laquelle le 5 % à verser à titre de
retenue rétroactive est de (1). . . . . 800 »

Dont le 1/24ᵉ s'élève pour chaque versement à
33.33 et doit être réduit en somme ronde à
33 fr. (*I. 3321. p. 2*).

Le premier terme devra être versé à l'expiration du 5ᵉ mois de l'installation, soit le
30 novembre 1922 33   800 »

Une même somme devra être versée à l'expiration de chacun des 22 mois suivants,
soit ensemble 726

Il sera versé ensuite le 31 octobre 1924 . . . 41

B. — LIQUIDATION DÉFINITIVE.

Dans l'exemple qui précède ce n'est qu'au début de
l'année 1924 (et non de l'année 1923) que les remises *touchées* par le Receveur pendant la première année qui a
suivi sa titularisation pourront être définitivement arrêtées. On doit remarquer en effet que la première année de
titularisation durera, dans cet exemple, du 1ᵉʳ Juillet 1922
au 30 Juin 1923. Or, les remises *touchées* en 1923 ne
pourront être connues que lorsque le bordereau de liquidation des remises de la dite année aura été définitivement arrêté, c'est-à-dire dans les premiers mois de 1924.

A cette époque, le Directeur procèdera à la révision de
la liquidation provisoire.

Si, dans l'exemple qui précède, le montant des remises
touchées par le Receveur pour la période courue du
1ᵉʳ Juillet 1922 au 30 Juin 1923 s'est élevé à.. 7.500 »

La retenue *provisoire* ayant été liquidée sur.. 6.000 »

Différence pour une année . . . . 1.500 »

Soit pour 32 mois . . . . 4.000 »

sera passible du 5 % de retenue rétroactive .. 200 »

Si cette liquidation définitive est notifiée au
Receveur en Février 1924, le complément de
retenue ainsi fixé sera ajouté aux . . . . 305 »

restant à verser et il sera effectué neuf versements mensuels, les huit premiers de 56 francs ; le neuvième (31 Octobre 1924), de 57 francs.

---

(1) C'est de cette somme que doit être déduit, le cas échéant, le 5 0/0 versé à
l'occasion d'intérims d'emplois vacants. (*V. Nᵒ 2-III*).

6. Classement en recette des retenues rétroactives.

I. Receveur.

Le Receveur débiteur de retenues rétroactives doit, aux époques fixées, les prélever sur ses remises et les porter en recette, comme la retenue de 5 % sur les remises mensuelles, et indépendamment de cette dernière retenue *(Manuel N° 520-3)*.

Les retenues rétroactives sont portées en recette au « *Registre des dépenses...* », sans consignation au *Sommier des Opérations de Trésorerie* (Manuel N° 523) et classées au *Sommier de Comptabilité* au compte générique : « Retenues pour le service des pensions civiles », sous le titre : « Retenues rétroactives. L. du 8 avril 1910 art. 85. » *Art. N° 508.*

Exercice. — Voir N° 7 *infrà*.

II. Agent a traitement fixe.

Les retenues rétroactives dues par des agents à traitement fixe figurent, lors des échéances, dans une colonne spéciale de l'état d'émargement mensuel, avec l'indication bien apparente du numéro d'ordre, du montant de la fraction de retenue échue recouvrée sur chaque redevable (1er acompte, 2e acompte, etc...).

7. Exercice. — Restes à recouvrer en fin d'année.
Restes à recouvrer en fin d'exercice.

La *totalité* du montant de la *retenue rétroactive* appartient à l'exercice de l'année pendant laquelle le Receveur a été installé dans son premier emploi rétribué (Ainsi procédé par les Trésoreries générales).

Dans l'exemple cité au N° 5 *suprà*, le montant de la retenue rétroactive s'élevant à . . . .   800 »

la recette du 30 Novembre 1922 . . . . . 33 » }
et celle du 31 Décembre. . . . . 33 » }   66 »

seront classées à l'exercice *courant* (Exerc 1922).

Il restera donc à verser au 31 Décembre 1922 .   734 »
somme qui devra figurer sur l'état des droits et produits constatés *(Manuel N°⁵ 414 et suiv.)* parmi les « restes à recouvrer » à cette date ;

La recette du 31 Janvier 1923, ci . . . . 33 » }
Celle de fin Février   —   . . . 33 » }
    —   Mars   —   . . . 33 » }   132 »
    —   Avril   —   . . . 33 » }

seront classées à l'exercice *précédent* (Exerc. 1922).

Il restera encore à verser, le 30 avril 1923 . . .   602 »

somme qui devra figurer sur l'état des droits et produits constatés restant à recouvrer à cette date (*Manuel Nᵒˢ 473 et suiv.*).

Le Directeur ordonnera le report de cette somme à l'exercice courant.

Par suite les recettes de fin Mai à fin Décembre 1923
$$(33 \times 8) = 264 \text{ »}$$
seront classées à l'exercice courant (1923).

Il y aura lieu de procéder comme ci-dessus, en ce qui concerne les retenues restant à verser au 31 décembre 1923 (encaissement au compte de l'exercice précédent jusque fin avril ; ensuite report à l'exercice courant).

Restes à recouvrer. — Dans les cas prévus aux Nᵒˢ 8 à 12 *infrà*, si les fractions de retenues rétroactives restant à verser ont figuré dans les écritures de comptabilité comme *restant à recouvrer*, elles ne pourront être annulées qu'en fin d'exercice par décision du Directeur (*Manuel Nᵒ 479 et suiv.*) (1).

8. Agents changés de département avant le payement intégral des retenues rétroactives. — Voir I. 3321 p. 6.

9. Agents en non activité pour cause de *maladie* ou pour l'accomplissement du *service militaire*. — Voir I. 3321 p. 2.

10. Agents en disponibilité par mesure disciplinaire ou en non activité pour convenances personnelles. — Voir I. 3321 p. 3.

Les retenues rétroactives des agents en disponibilité par *mesure disciplinaire* ou en non activité pour *convenances personnelles* sont recouvrées, dans les départements, par les Trésoriers Payeurs généraux, et à Paris, par le Receveur Central des finances, en vertu de titres de perception émis par l'Administration (*I. 3321 p. 4*). Le Directeur du département où l'agent exerçait ses fonctions doit procéder comme l'indique l'I. 3321 p. 7. IX.

11. Agents démissionnaires, révoqués ou décédés. — Voir I. 3321 p. 3.

12. Agents détachés aux colonies ou à l'étranger. — Voir I. 3321 p. 4, 5ᵉ alinéa.

---

(1) La règle par suite de laquelle « la totalité de la retenue rétroactive appartient à l'exercice de l'année pendant laquelle le Receveur a été installé dans son premier emploi rétribué » complique *considérablement* la comptabilité. Il est à désirer que cette règle soit modifiée en ce sens que les retenues appartiendraient à l'exercice de l'année pendant laquelle elles seraient effectivement portées en recette.

13. Somme à prendre pour base du prélèvement à supporter lors de l'installation de l'agent dans le *deuxième* emploi rétribué.

Les règles exposées ci-avant n'influent en rien sur le principe établi par la Circ. du 5 avril 1907 d'après laquelle le **premier douzième d'augmentation du traitement ou des remises** doit être liquidé sur le **minimum de la classe de l'agent**.

Ainsi, lorsque l'agent dont il a été question dans l'exemple cité au n° 5 sera installé en qualité de Receveur de 5ᵉ classe, le premier douzième d'augmentation à verser sera liquidé sur 7.000 francs déduction faite de *6.000* francs somme sur laquelle le précédent premier douzième d'augmentation aura été calculé.

14. Bulletin indicatif de renseignements.

L'Inst. 3321 § VIII prescrit de joindre au *mandat de régularisation* des remises *(Voir Revue art. 219)* un bulletin conforme à l'un des modèles annexés à la dite instruction. La production de cette pièce devient inutile semble-t-il, les renseignements qui s'y trouveraient devant être donnés au tableau 4 de la 4ᵉ page du bordereau de liquidation des remises, *(mod. 471)*.

15. Surnuméraire nommé Receveur. — Extrait du sommier du personnel.

Lors de la nomination du surnuméraire en qualité de Receveur le Directeur du département auquel il était attaché transmet à son collègue un extrait littéral et certifié de ce sommier. Cet extrait doit mentionner la date de la première installation du surnuméraire et les indications relatives au service militaire. Les intérims d'*emplois vacants* à l'occasion desquels le surnuméraire a supporté des retenues de 5 % doivent être indiqués dans un cadre spécial désignant : la nature de l'emploi ; la date à partir de laquelle le surnuméraire a bénéficié du traitement intégral ou des remises entières ; la date jusqu'à laquelle il a bénéficié de ce traitement ou de ces remises ; et enfin le montant de la retenue de 5 % versée à cette occasion par l'intérimaire.

16. Sommier des retenues rétroactives à tenir dans les Directions. — Voir I. 3321 p. 9 XI.

17. Surnuméraires mobilisés pendant la guerre.

La base à adopter pour le calcul des retenues applicables à chaque promotion est déterminée ainsi qu'il suit :

Surnuméraires des promotions
1911 à 1914 : .... 1.800 fr. (2.400 × 3)

$$\frac{}{4}$$

Surnuméraires des promotions
suivantes : .... 6.000 fr.
(Circ. autogr. 3 avril 1922).

La retenue est liquidée définitivement sur l'une des deux sommes indiquées ci-dessus, quel que soit le chiffre des traitements ou remises réellement touchées au cours de la première année consécutive à la titularisation, et même si le surnuméraire a été nommé directement Receveur d'une classe supérieure à la 6e, ou Receveur Rédacteur, ou Receveur Contrôleur.

18. Surnuméraires provisoires.

La circulaire du 3 avril 1922, précitée laisse aux intéressés le soin de choisir eux-mêmes entre deux dates déterminées (date de la nomination de l'agent à titre définitif ou date de la première nomination de surnuméraire à titre définitif, intervenue dans la promotion de l'agent) celle qui doit être prise comme point de départ du calcul des retenues.

Dans le second système la date à adopter sera celle du 1er octobre 1916 pour les surnuméraires provisoires de la promotion 1915,

Celle du 1er oct. 1917 pour ceux de la promotion 1916
Celle du 1er oct. 1918 pour ceux de la promotion 1917
Celle du 1er oct. 1919 pour ceux de la promotion 1918

En ce qui concerne les surnuméraires provisoires de la promotion 1919, la date à adopter comme point de départ du calcul des retenues sera obligatoirement celle de la nomination à titre définitif de chaque surnuméraire.

19. Surnuméraires mobilisés au-delà du temps de service légal. — Services militaires à déduire pour le calcul des retenues

Les Services militaires accomplis par les surnuméraires après leur passage dans la réserve de l'armée active, doivent être considérés comme *temps de surnumérariat effectif*, et ne *doivent pas être déduits pour le calcul des retenues.* (Circ. autogr. du 2 mars 1922).

522. RETENUE DE FIN DE GESTION,

(CIRC. COMP. 23 MARS - 5 AVRIL 1907, N° 204-VI-4°, PAGE 10)

1. Calcul de la retenue. — *Lors de la cessation des fonctions* des Receveurs, Receveurs-Conservateurs, et Conser-

vateurs, il doit être procédé à la liquidation de la moyenne des émoluments perçus par ces comptables depuis leur installation à leur dernier poste. Il n'est tenu compte que des cinq dernières années, si l'installation remonte à plus de cinq ans, *et dans tous les cas d'années complètes* (1), *la dernière année à considérer étant celle qui aura précédé la sortie de fonctions.* Si la durée des fonctions dans le dernier poste est inférieure à une année, il est tenu compte des émoluments perçus dans l'emploi précédent. Il va sans dire que si l'agent est un Receveur installé dans son *premier poste* depuis moins d'un an, il n'y a pas lieu de liquider la retenue de fin de gestion ; mais ce Receveur doit, le cas échéant *et jusqu'à concurrence des sommes qui lui reviennent pour ses remises,* verser le reliquat de la retenue du 1er douzième, à moins qu'il ne cesse ses fonctions que temporairement *pour cause de maladie ou pour remplir ses obligations militaires* (C. C. 9 août-8 septembre 1897).

Si un agent cesse ses fonctions dans son dernier poste plus d'un an et moins de deux après y avoir été installé, c'est l'émolument touché pendant l'année *complète* qui sert à déterminer le montant du prélèvement complémentaire (2). Après deux ans et moins de trois, le montant du prélèvement est déterminé en tenant compte des émoluments des deux premières années, dont on prend la moitié. Après trois ans et moins de quatre, on prend le tiers des émoluments des trois premières années. Enfin, après quatre ans et moins de cinq on prend le quart des émoluments des quatre premières années. Dans tous les cas il s'agit, bien entendu, d'années complètes antérieures à celle pendant laquelle a eu lieu la sortie de fonctions *(Circ. Enregistrement 1er mai 1907, page 3).*

I. — La retenue de fin de gestion doit être liquidée en tenant compte des *émoluments réellement perçus* par le comptable ; les *compléments de remises* touchés après le 31 décembre doivent être ajoutés au montant des émo-

---

(1) Par année *complète* ou *entière* il faut entendre la période de temps qui s'écoule *du 1er janvier au 31 décembre d'une même année,*

Il n'y a pas lieu de déduire l'année la plus forte et l'année la plus faible ; la moyenne est établie sur le total des remises ou salaires perçus pendant les cinq dernières années d'activité et fixée au cinquième *exact* du total des émoluments.

La différence entre cette moyenne et la somme ayant servi de base au précédent prélèvement est passible de la retenue du douzième.

(2) EXEMPLE : Un Receveur installé dans son bureau actuel le 5 janvier 1920 cesse ses fonctions le 28 décembre 1922. Ce sont les remises de l'année 1921 qui serviront à déterminer le montant du prélèvement complémentaire, attendu que bien que l'installation de ce Receveur remonte à près de trois ans, sa gestion ne comprend, comme *année complète*, que la dite année 1921.

luments de *l'année à laquelle ils se rapportent* (Circ. 23 Avril 1908 p. 10 1er alinéa).

2. Agents qui doivent supporter la retenue de fin de gestion. Classement des recettes. — Le douzième est versé et porté en recette au *Registre de dépenses* sous le titre « Premier mois de traitement, remises..., etc... » lors de la sortie de fonctions des comptables par suite d'*admission à la retraite* ou de *décès*, de *démission*, de *révocation*, de *mise en non-activité* ou *d'appel à d'autres fonctions*. A la fin du mois, il est reporté à la page 42 du *Sommier de Comptabilité* en regard du titre « Premier mois de traitement, remises, etc... »

Sont considérés comme « *appelés à d'autres fonctions* » non seulement les comptables nommés dans une autre Administration que celle de l'Enregistrement, mais encore ceux nommés *Receveurs-Rédacteurs*, *Receveurs-Contrôleurs* ou *Inspecteurs-adjoints* et ceux détachés en *Algérie*, en *Tunisie* ou *aux colonies*.

La retenue de fin de gestion n'est pas imposée aux Receveurs appelés à un autre bureau par suite de simple changement de résidence, ni aux Receveurs élevés de classe *sur place*, puisqu'ils ne cessent pas leurs fonctions. Il est bien entendu, toutefois, que ces derniers Receveurs doivent verser le douzième de la différence existant entre le minimum de la classe à laquelle ils viennent d'être élevés et la somme qui a servi de base au précédent prélèvement.

La retenue de fin de gestion est appliquée aux *Conservateurs* comme aux Receveurs et aux Receveurs-Conservateurs ainsi qu'il vient d'être dit.

3. Obligation de verser la retenue de fin de gestion dès son exigibilité. — **Devoirs des Directeurs.** — Par suite de l'obligation résultant pour les Receveurs, Receveurs-Conservateurs et Conservateurs de supporter la retenue de fin de gestion, ces comptables se trouvent débiteurs du montant de cette retenue dès l'accomplissement de l'événement qui en entraîne la liquidation. Les Directeurs devront donc toujours procéder sans retard à cette liquidation et mettre le comptable intéressé en demeure de leur fournir la justification du versement de la somme mise à sa charge.

Le défaut de payement du montant de la retenue pour fin de gestion aurait d'ailleurs pour résultat de constituer le comptable *en débet* et, dès lors, son cautionnement ne pourrait lui être remboursé. Aussi, afin de permettre à l'Administration de ne donner qu'en connaissance de cause son consentement aux remboursements de l'espèce, il est indispensable que les Directeurs indiquent toujours, à l'occasion des demandes relatives à ces remboursements, la *date* du versement de la somme par eux liquidée pour retenue de fin de gestion (*Circ. Enregistrement 1er mai 1907, page 4*).

Il semble que la retenue de fin de gestion due par un comptable qui a quitté définitivement son bureau avant de se libérer, peut être versée pour son compte par l'intérimaire si le comptable débiteur est créancier de l'Etat pour complément de remise ou pour toute autre cause.

523. Recette sans consignation préalable. — Les retenues doivent être portées en recette sur le *Registre de dépenses* aux époques et de la manière que nous avons indiquées au paragraphe relatif à chaque nature de ces retenues ; elles ne doivent pas être consignées au Sommier des Opérations de trésorerie (*C. C. 204, p. 13*).

524 Exercice. — La *totalité* du douzième du premier traitement *appartient à l'exercice de l'année pendant laquelle le Receveur a été installé* (V. N° 417).

Ainsi, par exemple, un Surnuméraire installé comme Receveur le *1er Novembre 1922* versera :

A la fin du mois de Novembre 1922	....	118.75
— id. —	Décembre 1922	....	118.75
— id. —	Janvier 1923	....	118.75
— id. —	Février 1923	....	118.75

Total égal au montant du douzième (V. N° 520-3)   475   »

Ce Receveur devrait donc classer à la page 9 du *Sommier de Comptabilité de l'année 1923*, en regard du titre : « *Premier mois de traitement, remises et salaires, etc.* », les deux sommes de 118.75, soit : 237.50, portées en recette *à la fin des mois de Janvier et Février 1923*.

Le Receveur *installé* en Décembre (*après le 1er*), a la faculté de porter la retenue en recette, par quart (V. N° 520-4) en *Janvier, Février, Mars et Avril de l'année suivante*. Il a soin, dans ce cas, d'en faire figurer le montant *intégral* (475 fr.) dans les deux dernières colonnes de la p. 43 du *Sommier de Comptabilité* de l'année de son installation ; dans les colonnes N°s 4, 5 et 7 de l'Etat des droits constatés du 31 Décembre de la même année (V. N° 417 *supra*) ; et enfin, de classer le montant des recettes mensuelles à la page 9 (et non page 42) du *Sommier de Comptabilité* de l'année suivante.

Les Receveurs de 6e classe qui, *installés après le 1er*

Septembre, ont la faculté de ne verser que l'année suivante tout ou partie du premier douzième, simplifieront cependant leurs écritures et celles de la Direction, en portant en recette *le 31 Décembre de l'année de leur installation, au plus tard*, le montant *intégral* de ce douzième. Ceux qui ne voudront pas ou ne pourront pas faire la recette à cette date extrême, ne devront pas omettre de faire figurer : 1° la retenue *entière* (475 fr.) dans les colonnes N°ˢ 4 et 5 de l'*Etat des droits constatés* ; 2° la somme *versée pendant l'année*, dans la *colonne N° 6* dudit état ; et 3° celle *restant à verser*, dans la colonne N° 7 *(V. N° 417)*.

La *retenue de fin de gestion* appartient à l'exercice de l'année pendant laquelle l'agent a cessé ses fonctions.

1. Employé à traitement fixe. — La retenue du douzième est rattachée au même exercice que le traitement sur lequel elle est exercée *(C. C. 30 Décembre 1897, N° 179-3)*.

525. Restitution des retenues. — Les retenues régulièrement opérées ne peuvent être répétées dans aucun cas *(Inst. 2000 et 2006)*. Mais on peut demander par la voie hiérarchique la restitution des sommes *indûment versées* (Géraud N°ˢ 2016-10 et 4653; Répertoire de Manut. V° *Pensions civiles N° 10*).

CAUTIONNEMENT DES AGENTS

Les agents de l'Administration de l'Enregistrement peuvent constituer leur cautionnement :

en numéraire ; *(Voir N° 526)*.
en rentes sur l'Etat *(Voir N° 527)*.
par la garantie de l'Association française du Cautionnement mutuel *(Voir N° 528)*.

526. CAUTIONNEMENT EN NUMÉRAIRE.

1. Constitution du cautionnement. — Un cautionnement ne peut être constitué *partie* en numéraire et *partie* en rentes sur l'Etat *(I. 2964)* et sa nature ne peut être modifiée pendant la durée des fonctions de l'agent. Le supplément d'un cautionnement *en rentes* ne peut être fourni *en numéraire* et vice versa *(Revue 20)*.

Le montant du cautionnement doit être versé à la Caisse centrale du Trésor, à Paris, et à la Caisse des Trésoriers-payeurs-généraux ou des Receveurs des finances dans les départements.

Il est très important de veiller à ce que les *récépissés* de versement du cautionnement présentent l'indication *très exacte* des nom et prénoms de l'agent tels qu'ils sont portés sur son acte de naissance. Ce récépissé est remis au Directeur au moment où l'agent se présente devant lui pour être installé *(Voir N° 517)*.

2. Intérêts. — Les Directeurs doivent comprendre dans *l'état des intérêts de cautionnements* les préposés en exercice dans leur département à la date du 30 juin *(ou du 31 décembre pour l'état supplémentaire de fin d'année)* et pour l'intégralité des sommes versées par eux et détenues par le Trésor à titre de cautionnement. Par suite, dans le cas où le cautionnement afférent au poste d'un agent est inférieur à la garantie précédemment fournie par lui, c'est le montant du précédent cautionnement qui doit figurer sur l'état jusqu'à ce que l'excédent de ce cautionnement sur le nouveau ait été remboursé *(I. 3211 p. 4)*.

3. Demande de remboursement. — Les *comptables* qui se trouvent dans les conditions voulues *(Voir § 4 et 5 infrà)* pour obtenir le remboursement partiel ou intégral de leur cautionnement, adressent, *sous enveloppe fermée et non affranchie* :

1° *à M. le Directeur Général de la Comptabilité publique*, une demande *(sur papier libre)*, dont on trouvera le modèle à la page 36 de la Circ. du 8 Février 1899, N° 180 *(Annexe 10)* ;

2° *à M. le Directeur de la Dette inscrite*, une pétition *(sur timbre)*, à laquelle il faut joindre le certificat d'inscription ou, à son défaut, une déclaration de perte *(Voir N° 517-1-2°)*.

Il est inutile de produire l'extrait de l'arrêt de quitus.

4. Remboursement des deux premiers tiers. — Les agents *comptables* peuvent obtenir le remboursement des deux premiers tiers de leur cautionnement lorsque leur compte de clerc-à-maître a été reconnu exact par la Direction générale de la Comptabilité Publique et dès que les articles relevés lors de la vérification de leur gestion au sujet desquels leur responsabilité peut se trouver engagée sont entièrement apurés.

5. Remboursement *d'office* **du dernier tiers.** — Si le remboursement a été effectué partiellement pour les deux tiers, *le dernier tiers est remboursé d'office, sans qu'il soit besoin d'une demande nouvelle*, dès que la Cour des Comptes a statué définitivement sur la gestion du Comptable.

6. Cautionnement nouveau inférieur à l'ancien. — Lorsque
le cautionnement *nouveau* est inférieur au *précédent*, la différence
ne peut être restituée qu'après l'arrêt de quitus de la Cour des
Comptes, *si elle est inférieure au tiers du premier cautionnement*
(Inst. 1171). Mais si la différence entre les deux cautionnements
est supérieure au tiers, l'Administration peut autoriser immédiatement le remboursement de ce qui excède ce tiers *(C. C. 15 mars 1888)*.

7. Certificat de non opposition au remboursement. — Ce
certificat ne doit plus être fourni dans aucun cas *(I. 3220)*.

527. CAUTIONNEMENT EN RENTES SUR L'ÉTAT. (I. 2964-
3211).

Les agents *qui constituent leur cautionnement en rentes
sur l'État* ou qui ont à fournir un supplément de cautionnement constitué de cette manière doivent remettre au
Directeur départemental, *lors de leur installation*, les titres
et autres pièces désignés ci-après :

1er **Cas** : CONSTITUTION D'UN PREMIER CAUTIONNEMENT :

1° Titre de rente nominatif, suffisant pour représenter
ce cautionnement, au cours moyen de la rente au jour de
la nomination *(article 2 du règlement d'administration
publique du 2 juillet 1898, Inst. n° 2964, annexe 1).*

S'il s'agit du fonds 3 0/0 amortissable, le calcul doit être fait par
excès en tenant compte de ce fait que les coupures dudit fonds ne
peuvent être que des multiples de 15 ;

2° Déclaration d'affectation établie sur timbre dans la
forme de l'un des modèles numéros 1 ou 3 annexés à
l'I. 2964.

2e **Cas** : CONSTITUTION D'UN SUPPLÉMENT DE CAUTIONNEMENT :

1° Titre de rente nominatif suffisant pour représenter
le supplément, au cours moyen de la rente *au jour de l'1
dernière nomination du comptable* (1) ;

2° Déclaration d'affectation sur timbre, conforme à
l'un des modèles numéros 1 *bis* ou 3 *bis* annexés à l'I.
2964.

---

(1) Le cautionnement *précédent* entre *toujours* dans la composition du nouveau pour son montant *exact*, quel que soit, *au jour de la dernière nomination*, le cours de la rente affectée. Le comptable doit donc, *dans tous les cas*,
acheter la somme de rente nécessaire pour représenter, d'après le mode de calcul
indiqué dans l'Inst. 2964, page 30, un capital *égal au supplément de cautionnement auquel il est assujetti par son nouvel emploi* (Voir l'Art. 82 de la
Revue). Les Conservateurs peuvent, toutefois, obtenir la révision du cautionnement *en rentes* affecté à la garantie de leur gestion **vis-à-vis des tiers**
(Inst. 2998).

3° Certificat d'inscription *du cautionnement précédent* (titre sur papier bleu).

Après l'affectation, la Direction de la Dette inscrite renvoie les extraits des inscriptions de rente aux titulaires, par l'entremise des trésoreries générales, et les certificats d'inscription de cautionnements sont transmis aux agents par l'intermédiaire de leur Directeur.

1. Installation avant la délivrance du titre. — Lorsque l'agent ne se trouvera pas encore en possession des titres devant être affectés à son cautionnement, le Directeur pourra le faire installer au vu du bordereau d'achat de ces titres ou du récépissé constatant le versement des sommes destinées à leur acquisition. Mais, conformément aux dispositions de l'Instruction n° 3148, la décision qui sera rendue, pour chaque cas particulier, d'après l'appréciation des circonstances, aura un caractère essentiellement provisoire, et elle pourra être rapportée si le dossier à transmettre à la Dette inscrite par l'intermédiaire de la Direction Générale n'est pas constitué et remis au Directeur dans les deux mois de l'installation.

528. CAUTIONNEMENT MUTUEL. — Tous les agents de l'Administration de l'Enregistrement ont la faculté de substituer à leur cautionnement la caution solidaire fournie par l'*Association française du cautionnement mutuel*, dont le siège social est à Paris, 19, Avenue de l'Opéra (1er arrondissement) *(I. 3269)*.

1. Adhésion. — L'agent qui désire constituer son cautionnement par garantie de l'A. F. C. M. peut demander tous les renseignements utiles au Siège Social de l'Association (1), en réclamant les imprimés nécessaires pour « demande d'admission » et « bulletin d'adhésion ».

Il renverra ensuite avec ces deux pièces dûment remplies, directement au Siège Social :

1° l'Original de l'avis de nomination qu'il a reçu avec la lettre par laquelle la Direction Générale lui a notifié sa nomination.

2° le montant de sa cotisation augmenté du droit de timbre quittance, et de 0,25 pour le retour de la quittance.

Cette somme peut être envoyée en un bon de poste établi au nom de M. le Trésorier Général de l'Association française de Cautionnement Mutuel, 19, Avenue de l'Opéra, à Paris (1er arrondissement), ou en un chèque postal. (N° du compte de chèques postaux de l'Association : 145-88, du Bureau de Paris).

---

(1) Joindre un timbre de 0,25 pour la réponse.

2. Somme à payer lors de l'adhésion :

1° *Fonds de réserve :* 1 % du montant du cautionnement.

2° *Cotisation annuelle :* 10 % du montant du cautionnement garanti avec minimum de 1 fr. La cotisation doit être payée à compter du 1ᵉʳ du mois de la date d'adhésion.

Tout adhérent à l'Association, à dater du 1ᵉʳ octobre, est tenu au paiement du prorata de la cotisation de l'année courante et de celle de l'année suivante.

Les cotisations sont payables au siège social, du 10 au 20 novembre inclus de chaque année, pour l'année suivante. Si le montant de la cotisation dépasse 10 fr., joindre à l'envoi le prix du timbre de la quittance.

Actuellement (dispositions transitoires de l'art. 22 des statuts de l'A. F. C. M.), les adhésions nouvelles, principales ou supplémentaires, comportent le versement lors de l'adhésion de 1 0/0 du montant du cautionnement ou du supplément du cautionnement représentant le fonds de réserve, et, par avance, des cotisations des années restant à courir, du jour de l'adhésion au 31 décembre 1926 inclus.

3. Extrait d'inscription. — L'extrait d'inscription sur les registres du Grand Livre du Cautionnement Mutuel au Ministère des Finances est adressé à chaque intéressé par la voie hiérarchique. L'Association du Cautionnement Mutuel reste étrangère à l'établissement et à la délivrance de l'extrait d'inscription.

Tout sociétaire qui est l'objet d'une mutation, même sans changement de cautionnement, est tenu, dans le mois qui suit, d'en aviser le Siège Social.

4. Adhésion totale. — Les agents ne peuvent adhérer à l'A. F. C. M. que pour la totalité de leur cautionnement. Voir toutefois ci-après.

5. Adhésion partielle. — Seuls les agents en fonctions lors de la constitution définitive de l'Association (30 décembre 1908) peuvent, sans modifier la nature de leur cautionnement primitivement réalisé en numéraire ou en rentes, adhérer à l'Association *pour les suppléments* de cautionnement qu'ils ont à fournir.

6. Suppléments de cautionnement. — L'agent dont le cautionnement est augmenté dans le cours de l'année produit les pièces ordinaires *(V. N° 1 ci-dessus)* auxquelles il joint l'extrait de l'inscription primitive. (*V. N° 528-3 suprà*).

Il doit payer sur le chiffre de cette augmentation, lors de l'adhésion complémentaire ;

1° un supplément de cotisation qui est dû à partir du 1ᵉʳ du mois de la date de l'adhésion complémentaire :

2° le complément du fonds de réserve de 1 %, correspondant au montant du nouveau cautionnement.

7. Installation des agents. — Pièces à produire au Directeur. — L'agent doit, au moment de son installation, justifier de la réalisation de son cautionnement en produisant à son Directeur l'*extrait d'inscription* délivré par le service de la Dette inscrite. A défaut de cette pièce le directeur ne peut procéder à l'installation de l'agent *(Instr. 3269 p. 2)*.

Si l'agent se trouve dans le cas spécifié au N° 3 *suprà*, il doit produire en outre de l'extrait d'inscription sur le livre des cautionnements mutuels, le certificat d'inscription de son précédent cautionnement.

8 Remboursement des cautionnements constitués en numéraire. — Les agents qui ont fourni leur cautionnement en *numéraire* peuvent en obtenir le *remboursement* après avoir adhéré à l'A. F. C. M.

A cet effet, et dès qu'ils ont reçu l'*extrait d'inscription* sur le livre des cautionnements mutuels, ils adressent à leur Directeur qui les transmet à la Direction générale (1re Division, 2e Bureau) : 1° une demande de remboursement (sur papier timbré) ; 2° le certificat du cautionnement à rembourser.

9. Cautionnements constitués en rentes. — Désaffectation des rentes. — Les agents dont le cautionnement est constitué en rentes peuvent obtenir la désaffectation de ces rentes après avoir adhéré à l'Association française du cautionnement mutuel. Ils procèdent comme il est indiqué au N° 8 *suprà* et joignent en outre à leur envoi les titres de rentes affectés.

10. Substitution d'un autre cautionnement au cautionnement mutuel. — Voir I. 3269 p. 4, 2e alinéa.

11. Cautionnement nouveau inférieur à l'ancien. — L'agent qui par suite de nomination à un nouvel emploi se trouve astreint à un cautionnement *inférieur* à celui pour lequel il est inscrit au livre des cautionnements mutuels doit, pour obtenir la réduction du montant de sa cotisation annuelle, adresser, par la voie hiérarchique, au Ministre des Finances (Direction de la Dette Inscrite) une demande sur papier timbré (modèle renvoi 1) à l'effet de faire remplacer l'extrait qui lui a été délivré par un autre portant le montant du nouveau cautionnement. Cette demande doit être accompagnée :

1° de l'extrait d'inscription à échanger ;

2° de l'extrait d'arrêt de quitus afférent à la gestion à laquelle s'appliquait l'extrait d'inscription à échanger.

La demande de réduction ne peut donc être présentée qu'après réception de l'extrait d'arrêt de la Cour des Comptes.

12. Cessation de fonctions. — Radiation du livre des cautionnements mutuels. — En cas de cessation de service pour cause de retraite, démission ou décès, ou en cas de nomination à un emploi ne comportant aucun cautionnement, la demande de radiation (modèle renvoi 2) doit être adressée au Siège Social de l'Association, par le sociétaire (ou par ses héritiers).

Cette demande peut être formulée dès la cessation des fonctions ; elle doit être accompagnée d'une pièce officielle constatant soit la mise à la retraite, soit le décès, soit la cessation du service cautionné.

La cotisation n'est plus due à partir du 1er janv. suivant.

13. Remplacement d'extrait d'inscription perdu ou détruit. — En cas de perte ou de destruction de son extrait d'inscription sur le Livre des Cautionnements mutuels l'agent doit adresser directement à la Direction de la Dette inscrite, service des cautionnements, au Ministère des finances, une déclaration de perte rédigée sur papier timbré et signée par le Maire dont la signature, sauf à Paris, doit être légalisée par le Préfet ou le SousPréfet. (Voir renvoi N° 3, modèle de cette déclaration).

---

(1)   Monsieur le Ministre,

J'ai l'honneur de vous informer qu'en qualité d'adhérent à l'Association française du cautionnement mutuel, j'ai reçu de la Direction de la Dette inscrite, à la date du_________, un extrait d'inscription sur le livre des cautionnements mutuels pour un cautionnement de_______ fr. afférent à ma fonction de_______ en_______ résidence à_______, mais que depuis le_______ j'ai été nommé_______ (qualité) à_______ avec un cautionnement ne s'élevant plus qu'à _______ francs. Je viens solliciter de votre bienveillance le remplacement de mon premier extrait d'inscription par un second extrait conforme à mon cautionnement actuel.

J'ai également l'honneur de vous demander, Monsieur le Ministre, de vouloir bien faire informer l'Association de la réduction opérée sur mon premier cautionnement.

---

(2)   Monsieur le Président,

J'ai l'honneur de vous faire connaître que M_______ (nom, qualité et résidence) ayant cessé ses fonctions par suite de_______ (démission, appel à des fonctions sans cautionnement, retaite ou décès) à la date du_______ demande à être radié de l'Association du cautionnement mutuel à partir du 1er Janvier prochain.

       (Signature du démissionnaire ou de la personne agissant en qualité d'héritier).

---

(3)

Aujourd'hui, le_______ a comparu devant nous, Maire de la commune d_______ département d_______ M_______ lequel nous a déclaré avoir perdu l'extrait d'inscription sur le livre des cautionnements mutuels qui lui a été délivré par M. le Directeur de la Dette inscrite le_______ sous le N°_______ et s'élevant à la somme de _______ montant du cautionnement auquel il est assujetti en qualité de_______ (fonction et résidence).

       Le Maire,

529. APPROBATION DES RENVOIS, RATURES ET SURCHARGES.

I. RENVOIS

Le Receveur soussigné, affirme véritable le présent état montant à *Seize mille* [1] *dix huit francs 88 centimes.*

[1] *Cinq cent* /,   A   *Cahors* , le   10 mai   1906.

                             (Signature)

Renvoi approuvé,
(Signature)

II. RENVOIS ET RATURES

Le Receveur soussigné, affirme véritable le présent état montant à *Six mille* [x] *un francs* ~~12 centimes~~ *34 centimes*
[x] *deux cent* /.   A *Cahors* , le *10 mai* 1906
Renvoi, un mot et deux
chiffres rayés, approuvés /.
    Miquel

III. RATURES

Le Receveur soussigné, affirme véritable le présent état, montant à *Douze francs vingt* ~~deux centimes~~ *six centimes*
Approuvé la rature A *Cahors* , le *10 mai* 1906.
de deux mots nuls /.
    Miquel   [1].   *Miquel*

(1) L'approbation ne peut être considérée comme valable, si elle est simplement interlignée au-dessus de cette signature, sans apposition d'une nouvelle signature (*Circ. Compt.* du 1er mai 1849, N° 78-IV).

IV. SURCHARGES ET INTERLIGNES

Certifié véritable le présent état montant à la somme de *Cinq mille cent* ~~trente deux~~ *francs 12 centimes*.
Approuvé les mots: A *Cahors* , le *10 mai* 1906
trente deux, surchargés /.
    Miquel   *Miquel*

Je soussigné, certifie véritable le présent état montant à la somme de *Mille* ~~trente deux~~ *francs seize centimes*
Bon pour la somme A *Cahors* , le *10 mai* 1906.
de Mille trente deux
francs seize centimes. /.
    Miquel   *Miquel*

 # LIQUIDATION PROVISOIRE DES REMISES
à la fin du mois D'OCTOBRE 192 . (1)

Recettes effectuées *du 1er Janvier au 31 Octobre 192*
(dernière ligne de la page 54 *du Sommier de Compt,*   77.597.38

A déduire. (2)

5 0/0, frais de régie, *non compris celui re-*
latif aux pensions d'aliénés............   11.25

Retenues pour les { . Exercice courant...   95.43

pensions civiles } Exercice précédent.   59.36

Opérations de trésorerie (Pages 52 à 55 du Sommier de Compt.).

Produits d'aliénations d'immeubles à classer......   » »

Mouvements de fonds *(Fonds de subvention et Recettes par virements*..   207.65   551.32

Régularisations d'avances.   65.13

Fonds particuliers du Receveur ....   » »

Droits restitués (3).....................   112.50

Reste passible de la remise..................   77.046.06

A ajouter 1/5 *(Recettes présumées de Nov. et de Déc.)*..   15.409.21

Total présumé pour l'année entière.......   92.455.27

Calcul des remises : (4)

Total...............

Dont les 9/12 sont de.....................

Il a été prélevé pendant les 9 premiers mois (5)..

Certifié par le Receveur, soussigné,

A......................, le 31 octobre 192 .

(1) Il est indispensable, avant d'établir ce Bordereau, de procéder aux opérations détaillées sous les Nos 433 et suiv.
(2) Observer rigoureusement les recommandations du N° 433.
(3)   id.   id.   des Nos 433-8° et 437.
(4) Voir observation précédant le N° 433.
(5) Si le total des prélèvements des mois de janvier à septembre inclus, excède les 9/12 du montant des remises provisoirement liquidées, le comptable réduira en conséquence le montant du prélèvement à opérer pour le mois d'octobre. Mais si ce même total est inférieur aux 9/12 desdites remises, les Receveurs et Receveurs-Conservateurs continueront à ne prélever, chaque mois, qu'une somme égale à celle précédemment touchée.

Nota. — Dresser au verso du bordereau, un tableau des restitutions conforme à celui du *Bordereau de liquidation des remises (Modèle N° 471)* — Voir N° 437.

Un bordereau de liquidation provisoire de l'indemnité de frais de gestion, liquidée comme il est indiqué au n° 452 suprà, est adressé en même temps que le bordereau de liquidation provisoire des remises, par les Receveurs et Receveurs Conservateurs.

531. LIQUIDATION PROVISOIRE DES REMISES
à la fin du mois de NOVEMBRE 192   (1)

Recettes effectuées *du 1er Janvier au 30 Novembre 192*
(dernière ligne de la page 54 *du Sommier de Compt.*).   83.532.08

A déduire. (2)

5 0/0, frais de régie, *non compris celui re-latif aux pensions d'aliénés*............	11.25
Retenues pour les pensions civiles — Exercice courant...	103.88
— Exercice précédent.	59.36

Opérations de trésorerie (*Pages 52 à 55 du Sommier de Compt.*)

Produits d'aliénations d'immeubles à classer......	» »
Mouvements de fonds (*Fonds de subvention et Recettes par virements*).	219.41
Régularisations d'avances.	68.17
Fonds particuliers du Receveur	» »

580.82

Droits restituées (3)................   118.75

Reste passible de la remise............   82.951.26

A ajouter 1/11 (*Recettes présumées de Décembre*)......   7.541.22

Total présumé pour l'année entière........   90.492.48

Calcul des remises (4)

Total.............

Dont les 10/12 sont de.....................

Il a été prélevé pendant les 10 premiers mois (5)

Certifié par le Receveur, soussigné,

A .... , le 30 novembre 192 .

(1) Il est indispensable, avant d'établir ce Bordereau, de procéder aux opérations détaillées sous les N°s 433 et suiv.

(2) Observer rigoureusement les recommandations du N° 433.

(3) id. id. des N°s 433-8° et 437.

(4) Voir observation précédant le N° 433.

(5) Si le total des prélèvements des mois de janvier à octobre inclus, excède les 10/12 du montant des remises provisoirement liquidées, le comptable réduira en conséquence le montant du prélèvement à opérer pour le mois de novembre. Par contre, si ce même total est inférieur aux 10/12 desdites remises, les Receveurs et Receveurs-Conservateurs ne prélèveront, fin novembre, qu'une somme égale à celle précédemment touchée.

Nota. — Dresser au verso du bordereau, un tableau des restitutions conforme à celui du *Bordereau de liquidation des remises (Modèle N° 471)* — Voir N° 437.

Un bordereau de liquidation provisoire de l'indemnité de frais de gestion, liquidée comme il est indiqué au N° 452 supra, est adressé en même temps que le bordereau de liquidation provisoire des remises, par les Receveurs et Receveurs-Conservateurs.

JUSTIFICATION DES RECETTES DOMANIALES

532. Nature des justifications. — La *Nomenclature des produits et revenus du Domaine* annexée à la Circulaire Comptabilité du 22 Février 1902, N° 192, fait connaître la nature des justifications à produire pour chaque article.

Ces justifications doivent être établies *lors de chaque opération*, et les employés supérieurs sont tenus de signaler les négligences qu'ils auraient l'occasion de constater.

1. JUSTIFICATIONS QUE TOUS LES RECEVEURS DOIVENT PRODUIRE. — Tous les Receveurs, *sans exception*, doivent adresser à la Direction, en même temps que l'*Etat des restes à recouvrer au 30 avril* (Voir N° 473).

1° *l'Etat des biens non affectés.* Mod. N° 537 ;
2° *l'Etat des rentes constituées, etc.*, Mod. N° 538 ;
3° *le Bordereau des justifications produites*, M. N° 549.

Il paraît toutefois inutile de conserver *minute* au bureau des états *négatifs*.

2. — RECETTES QUI NE DOIVENT PAS ÊTRE JUSTIFIÉES. — Les recettes des catégories ci-dessous indiquées ne donnent lieu à la production d'aucune justification :

Concessions pour exploitations de pêcheries maritimes ;
Concessions temporaires pour tout autre objet ;
Revenus du domaine militaire ;
Aliénations d'immeubles autres que ceux ci-dessus ;
Successions en déshérence ;
Epaves et biens vacants.
Produits du domaine fluvial (bacs, passages d'eau, droits de touage, pêche, chasse, francs bords, etc...) (*C. C. 13 novembre 1922 § 2*).

3. EXTRACTIONS SUR LE RIVAGE DE LA MER DES SABLES, TERRES, PIERRES, ETC..., RECETTE. JUSTIFICATIONS. — Voir I. 3206.

533. Fiches récapitulatives N° 539. — Il doit être établi une *Fiche* pour *chacun* des titres de recettes (*à l'exception de ceux désignés au N° 532-2, ci-dessus*), auxquels des droits et produits ont été constatés pendant l'année dont le millésime est indiqué en tête de la *Fiche*.

Bien que les *Fiches* ne doivent être adressées à la Direction que le 20 avril, en même temps que l'*Etat des restes à recouvrer* (Voir N° 473), les Receveurs, dans certains départements, doivent les annexer à l'*Etat des droits constatés, Mod. 475* qu'ils doivent envoyer le *10 janvier*. La Direction les leur renvoie après s'être assurée que le total de la colonne 4 de ces fiches est égal à la somme inscrite sur la ligne correspondante dudit *Etat des droits constatés*, dans la colonne N° 5 (V. N° 471).

Voir à la page ci-après, un modèle de *Fiche* pour la ligne de recette N° 129 (art. 462). *Revenus du domaine privé de l'Etat.*

Modèle de Fiche 539.

FICHE RÉCAPITULATIVE

NUMÉROS d'ordre des pièces	MONTANT					DIFFÉRENCE				OBSERVATIONS
	du titre de recette (Somme exacte)		de la recette constatée pendant l'exercice précédent		de la recette constatée durant l'exercice		en plus		en moins	Indiquer, suivant le cas, soit la nature de la pièce produite (original, copie, extrait, etc.), soit la référence au compte auquel le titre a été joint. — Les pièces justificatives des admissions en non valeur, certificats d'indigence, décisions administratives, etc.), seront jointes aux états des restes à recouvrer en fin d'exercice.
1	2		3		4		5		6	7
	fr.	c.	fr.	c.	fr.	c.	fr.	c.	fr.	c.	
1	100	»	»	»	100	»	»	»	»	»	Extrait de bail *mod. 540* (Cet extrait n'est produit que la 1re année du bail).
»	100	«	»	»	75	»	»	»	25	»	Titre de recette produit à l'appui du compte du Receveur pour l'année 19 .
»	25	»	»	»	»	»	»	»	25	»	Titre produit à l'appui du compte du Receveur pour l'année 19 .
»	100	»	75	»	25	»	»	»	»	»	La somme de 25 fr. (*col. 4*), a été reportée de l'exercice 1921 à l'exercice 1922.
											Titre produit à l'appui du compte du Receveur pour l'année 19
Total..	225	»	75	»	200 (1)	»	»	»	50	»	

(1) **Recommandation importante.** — Avant d'établir le bordereau de décembre, il faut arrêter la fiche et s'assurer que le total de la col. 4 est égal à la somme inscrite sur la ligne correspondante de la page 41 du *Sommier de Comptabilité*, colonne intitulée : *Total des droits recouvrés pendant l'année*. Pour la rectification des faux classements V. suppl. N° 5-VII de la *Revue*).

N.-B. — Quand il n'y pas eu de recette avant l'exercice courant, les col. 5 et 6 doivent faire ressortir le résultat de la comparaison entre les col. 2 et 4. C'est ce qui doit avoir lieu pour tous les produits qui ne comportent pas des recettes périodiques. Le total des sommes inscrites dans la col. 4 doit représenter exactement le montant des recettes inscrites à la ligne du mod. 475 dont le numéro est désigné ci-dessus.

EXPLICATION DU MODÈLE CI-AVANT

1re ligne. — Inscription d'un titre de recette de 100 fr. intégralement recouvrés en 1922 : *Pas de difficultés.*

2e ligne. — Le montant du titre est de 100 fr. *(Col. 2).* Sur cette somme, 75 fr. seulement ont été recouvrés en 1922 ; il sont inscrits dans la col. 4. La différence entre les col. 2 et 4, c'est-à-dire les 25 francs restant à recouvrer le 31 décembre 1922, figure dans la col. 6 intitulée : *Différence en moins.*

3e ligne. — Le titre de recette s'élève à 25 fr. *(col. 2).* Aucune recette n'ayant été effectuée *en* **1922** sur le montant de ce titre, la somme entière de 25 fr. figure dans la col. 6 : *Différence en moins.*

4e ligne. — *Le 31 décembre 1921,* une somme de 25 fr. restait à recouvrer sur le montant d'un titre de recette de 100 fr. Cette somme de 25 fr. a été reportée à l'exercice 1922 en vertu de l'Arrêté du Directeur *(page 8 de l'Etat des restes à recouvrer au 30 Avril 1922),* puis recouvrée en 1922.

Le montant du titre *(100 fr.)* figure dans la col. 2 ; dans la col. 3 sont portés les 75 fr. *recouvrés pendant l'année précédente (1921)* ; enfin, les 25 fr. *recouvrés en 1922* sont inscrits dans la col. 4.

FICHES N° 539 - RECTIFICATION DES FAUX CLASSEMENTS QU'ELLES CONTIENNENT

Nous avons recommandé dans le modèle ci-avant, d'arrêter les *fiches* avant d'établir le *Bordereau de Décembre,* et au N° 533 *suprà,* de communiquer ces *fiches* à la Direction lors de l'envoi, *le 10 janv.* de l'Etat des droits constatés Mod. N° 475.

Le Receveur qui, n'ayant pas observé ces recommandations, s'apercevra, *en fin d'exercice seulement,* qu'il n'y a pas concordance entre le *total* de la col. 4 d'une *fiche* et la somme portée en regard du titre correspondant, dans la col. 5 de l'*Etat Mod. 475,* qui ne peut plus être modifié, pourra, pensons-nous, rétablir cette concordance de la manière suivante :

Si la différence représente le montant *intégral* d'un titre de recette, il retirera ce titre de la fiche qui contient l'erreur *en plus,* et en inscrira le montant, au prix même d'un faux classement, sur la fiche qui contient l'erreur *en moins.*

Si, au contraire, la différence ne représente *qu'une partie d'un titre de recette,* et qu'il soit impossible, par conséquent, de procéder comme dans le cas qui précède, le Receveur inscrira, en regard du total de la fiche qui contient l'erreur *en plus,* une mention dans le genre de celle-ci :

« Le total de la col. 4 est supérieur de 2 fr. à la somme portée dans la col. 5 de l'Etat des droits constatés N° 475. Cette différence *en plus,* qui est le résultat « d'un faux classement, est compensée par une différence égale *en moins* existant entre le total de la fiche de la ligne de recette N°   et la somme inscrite sur « la même ligne de l'*Etat Mod. 475* ».

Une mention inverse de celle qui précède, sera inscrite en regard du *total* de la Fiche qui contient l'erreur *en moins.*

531. Etablissement du titre de recette et de la Fiche Mod. 539. — *Dès qu'ils ont consigné un article*, les Receveurs établissent l'extrait du titre de recette *(Voir N° 532)* qu'ils numérotent et qu'ils classent dans la *Fiche*, après en avoir inscrit le montant dans la colonne 2. Ce montant est calculé d'après les exemples du N° 535.

S'il s'agit d'un bail ou d'une concession *consenti pour plusieurs années*, l'extrait n'est produit que la *première* année *(Revue 81)*.

Les colonnes 3 à 6 de la Fiche, ne sont remplies qu'à la fin de l'année, ou dès que le montant du titre *(colonne 2)* est *entièrement recouvré*.

535. Baux et concessions — Classement des termes par exercice. — C'est la date de l'échéance d'un terme qui détermine l'exercice auquel le montant de ce terme appartient.

1ᵉʳ EXEMPLE. — Si un bail consenti pour 9 ans, moyennant 100 fr. par an, payables par *trimestre* et *d'avance*, a pour point de départ le 1ᵉʳ janvier, le montant du titre de recette à inscrire chaque année dans la col. 2 de la Fiche 539 sera de 100 fr. puisque les *quatre* termes *trimestriels* sont venus à échéance et ont été consignés au cours de l'année.

2° EXEMPLE. — Pour un bail de 3 ans à partir du 1ᵉʳ Juillet 1923, moyennant 100 fr. par an payables par *trimestre* et *d'avance*, on inscrira dans la col. 2 de la *Fiche*

    de l'exercice 1923 :   **50** fr. *(trim. échus les 1ᵉʳ juil. et 1ᵉʳ oct. 1923)* ;
    — id. —   1924 :   **100** fr. *(les 4 trimestres échus en 1924)* ;
    — id. —   1925 :   **100** fr. *(les 4 trimestres échus en 1925)* ;
    — id. —   1926 :   **50** fr. *(trim. échus les 1ᵉʳ janv et 1ᵉʳ avr. 1926)*.

3° EXEMPLE. — Si le même bail a pour point de départ le 31 décembre 1923 le Receveur consignera à cette date les 25 fr. montant du 1ᵉʳ trimestre, et les inscrira dans la col. 2 de la Fiche de l'année 1923. Au cas probable de non-recouvrement de ces 25 fr. *le jour même de la consignation*, le Receveur les fera figurer dans la col. 6 de la Fiche *(V. le modèle de la page précédente, 3° ligne)*, au *Sommier de Comptabilité* et sur *l'Etat des droits constatés* dans la colonne des *restes à recouvrer au 31 Décembre* (V. N° 414 et Supplément N° 5 de la Revue, p. XXIII).

Consignations tardives. — Le Receveur qui s'aperçoit *dans les premiers jours de Janvier* qu'il a omis de consigner au Sommier le montant d'un terme *échu pendant l'année précédente* doit, s'il n'a pas encore envoyé à la Direction la comptabilité annuelle, réparer immédiatement cet oubli en consignant *à la date extrême du 31 Décembre précédent*, la somme devenue exigible avant cette date, et en la faisant figurer sur son *Etat des droits constatés Mod. N° 475* dans la colonne des *Restes à recouvrer au 31 Décembre*. (Voir N° 416).

S'il ne s'aperçoit de son oubli qu'après l'envoi de l'*Etat des droits constatés*, le Receveur en prévient son Directeur sur-le-champ. Celui-ci fait, si c'est possible, rectifier l'erreur ; dans le cas contraire il fait connaître au Receveur qu'il devra, *en fin d'exercice*, procéder par voie d'augmentation comme dans les exemples des Nᵒˢ 487 et 488 *suprà*.

1. — Forêts. — Voir Nᵒ 4-2 et Supplément Nᵒ 4 de la Revue, page XX § V.

Les *produits divers* du Domaine public fluvial *(cours d'eau navigables et flottables non canalisés)* doivent figurer au *Sommier de Comptabilité* sur la dernière ligne des *Produits forestiers* (Page 40, nᵒ 486).

2. Marchés d'issues. Livraisons du 4ᵉ trimestre. — Les prescriptions rappelées sous le Nᵒ 4-1 *suprà*, sont applicables à ces marchés.

3. Bail d'un prix minime. Offre de payer plusieurs années. — L'instruction 1358-4ᵒ interdit d'accepter le paiement des termes qui ne sont pas échus *(suppl. Nᵒ 5 de la Revue, page XXIII)*.

Toutefois, il a été décidé *(I. 3697 § V)*, que les redevances domaniales n'excédant pas 10 francs pourront désormais être payées par anticipation, si les redevables en font la demande. Les redevances payées dans ces conditions sont rattachées à l'exercice auquel l'année du paiement donne son nom. *(Revue Art. 331)*.

4. — Domaine public fluvial. Adjudication du droit de chasse et de pêche. Expédition du procès-verbal et du cahier des charges. Paiement des droits de rôle. — Circ. 30 Décembre 1909. *(Revue Art. 231)*.

5. Vente de poteaux, de fils de fer et d'éléments de pile hors d'usage, par les Postes. — *(Voir Nᵒ 301-2)*. — Aucune justification à produire ; il suffit d'inscrire dans la colonne 7 de la fiche 539 : *Expédition du procès-verbal de la vente joint au récépissé de fonds de subvention aux Postes annexé à la comptabilité du mois de...* 192 , (C. C. 8 octobre 1900, § V ; 31 mars 1903 § V ; 5 mars 1913 § IV ; Inst. 3358).

6. Prix de vente d'immeubles. — La *Fiche 539*, à établir l'année de l'échéance et de la recette *d'un cinquième* (le 3ᵉ dans l'espèce) du prix d'une vente d'immeubles *préalablement remis au Domaine* (V. Nᵒ 532-2), sera conforme au modèle de la page XIV du *Supplément Nᵒ 4 de la Revue*, et contiendra les indications suivantes :

Col. 1 : N° d'ordre de la pièce justificative   1
— 2 : Prix *intégral* de la vente 500
— 3 : Deux cinquièmes payés pendant les
           exercices précédents. 200
— 4 : 3ᵉ cinquième payé pendant l'année 100
— 6 : Deux cinquièmes du prix *restant enco-*
           re dus 200
— 7 : Extrait d'acte de vente (mod. 545).

Les intérêts échus et payés *(V. N° 19)* sont inscrits sur une ligne *distincte* dans les col. 2 et 4 avec, en regard, dans la colonne 7, la mention « *Décompte* (mod. 546) *des intérêts du prix de vente inscrits sous le N° 1 qui précède* ».

Quand le prix intégral de la vente est payé dans le mois de l'adjudication, il suffit d'en faire figurer le montant dans les colonnes 2 et 4 de la Fiche.

536 PAYEMENT, PAR CHÈQUES, DES DROITS ET PRODUITS RECOUVRÉS PAR L'ADMINISTRATION. (C. C. 29 juillet 1916 ; 9 mai 1917 §§ III-IV et VI ; 10 mai 1917 §§ I et II ; 17 août 1918).

I. OBSERVATIONS GÉNÉRALES. — L'emploi des chèques n'est pas autorisé pour le payement des droits afférents aux formalités hypothécaires ; les autres droits et produits dont le recouvrement rentre dans les attributions de certains Conservateurs peuvent être acquittés au moyen de chèques.

Il ne doit pas être admis de chèques pour un versement inférieur à 100 fr. ; toutefois, ce minimum ne s'applique pas aux chèques envoyés par la poste.

Les chèques (qui sont remis directement entre les mains des comptables ou leur sont adressés par la poste), peuvent être refusés s'ils portent, dans le premier cas : une date antérieure à la veille de leur remise et, dans le second cas : une date autre que celle du jour de leur expédition.

Ils doivent être émis à l'ordre du « Receveur de l'Enregistrement ou Conservateur des Hypothèques à...... » sans faire mention du nom personnel du comptable.

Ils doivent être barrés ; entre les deux barres, le tireur doit porter la mention : « Banque de France ». De cette façon, ils ne peuvent être encaissés que par la Banque de France et au profit exclusif du Trésor.

Le Receveur qui reçoit un chèque s'assure de sa régularité et vérifie si les règles fixées par les circulaires précitées ont été exactement observées par le tireur. Le tireur qui apporte son chèque en personne effectue immédiatement, s'il y a lieu, les rectifications nécessaires et les approuve. Si le chèque est remis par un tiers ou adressé par la poste, le receveur apprécie s'il convient, soit de le refuser, soit de l'accepter malgré les lacunes ou irrégularités. (Il y a lieu, à ce sujet, de tenir scrupuleusement compte des prescriptions du § 3 de la circ. du 29 juillet 1916).

Toutes les fois qu'il refuse un chèque ou le retourne à l'envoyeur, le Receveur en indique le motif avec précision et demande le renvoi d'un nouveau chèque régulier.

Tous les chèques reçus par les Receveurs, à l'exception de ceux remis séance tenante à la partie qui les présente, sont enregistrés sur un carnet (mod. 534 de la nomenclature), qui est servi au fur et à mesure de la réception des chèques, et doit être tenu à jour avec le plus grand soin.

La mention « Reçu en un chèque sur.......... » doit être inscrite tant sur les quittances remises aux parties que sur les registres de recette, registres-carnets des officiers publics ou ministériels et sur les carnets des distributeurs auxiliaires.

Les agents sont tenus de faire toute diligence pour l'encaissement des chèques. Leur responsabilité pécuniaire pourrait être engagée au cas où la provision aurait péri par le fait du tiré, si une négligence était relevée à leur charge.

II. DISPOSITIONS SPÉCIALES CONCERNANT LES ACTES S. S. P. — VERSEMENTS EXCESSIFS. — OUVERTURE D'UN COMPTE DE TRÉSORERIE. — Aux termes de l'article 6 de l'arrêté ministériel du 28 Juillet 1916, les actes sous seing privé ne sont considérés comme présentés à la formalité et ne sont effectivement enregistrés que le lendemain de l'expiration du délai fixé par l'Art. 5, 2° alinéa, ainsi conçu : « Le Receveur peut différer pendant un délai double de celui dans lequel le paiement du chèque doit être réclamé aux termes de l'Art. 5 de la loi du 14 juin 1865, la remise des actes ou pièces soumises à la formalité ainsi que des papiers timbrés, timbres mobiles et objets vendus par le Domaine ».

Cette disposition implique l'encaissement provisoire du montant des chèques reçus pour payement des droits d'enregistrement des actes s. s. p., à un compte de trésorerie ouvert parmi les correspondants du Trésor sous le titre : « Chèques reçus en payement de droits et prix de vente » auquel seront imputés :

en recette : le montant des chèques ;

en dépense : les sommes portées en recette définitive

lors de l'accomplissement des formalités ou restituées aux déposants en cas d'excédent de versement.

Le montant des chèques déposés est porté en recette au registre à souche des Opérations de Trésorerie, sans consignation préalable au sommier. La quittance, exempte de timbre, doit être rapportée au Receveur en échange des actes revêtus de la mention de l'enregistrement et de la recette définitive des droits ; le redevable donne au verso décharge des actes qui lui sont remis et, s'il y a lieu, de l'excédent de versement qui lui est restitué par le Receveur (décharge soumise au timbre si la somme restituée est supérieure à 10 fr.).

Le même compte de trésorerie sert en outre à l'inscription en recette du montant des chèques remis en paiement du prix des papiers timbrés, timbres mobiles et objets vendus par le Domaine, dont la délivrance est différée, dans les conditions de l'Art. 5, 2e alinéa, de l'arrêté ministériel du 28 juillet 1916, précité (1).

Il convient également de porter en recette à ce compte les sommes qui, dans les chèques transmis par correspondance ou déposés par des tiers, excèderont le montant des droits exigibles sur les actes soumis à la formalité et devront être restitués aux parties. La délivrance des quittances et la restitution des excédents seront effectuées dans les conditions indiquées à l'alinéa précédent.

Les Receveurs inscrivent sur un relevé (mod. N° 535 de la nomenclature), au fur et à mesure des opérations, les sommes encaissées au compte de trésorerie sus-visé (montant des chèques ou excédents à restituer, sommes à porter en recette définitive, montant des restitutions effectuées).

Ces opérations sont inscrites en bloc le dernier jour du mois au registre de dépense.

Le relevé dont il s'agit est tenu en double exemplaire dont l'un, auquel sont jointes les quittances des sommes restituées, est produit à l'appui de la dépense figurant dans la comptabilité mensuelle.

Le 2e exemplaire est conservé au bureau pour être représenté aux agents de contrôle.

III. Encaissement. — Tous les chèques reçus par les Receveurs sont encaissés par la Banque de France. Ils doivent être endossés à l'ordre de cet établissement. A cet effet, les Receveurs inscrivent au dos, la mention sui-

---

(1) Les Receveurs ne doivent user qu'avec la plus grande modération de la faculté de retenir les actes ou de différer la remise des papiers timbrés dont les droits ou le prix leur ont été payés au moyen de chèques. — (C. 29 juillet 1916, pages 6 et 7).

vante, datée, signée et appuyée de la griffe du Bureau :
« Payez à l'Ordre de la Banque de France ».

Les comptables en résidence au chef-lieu du département ou dans un chef-lieu d'arrondissement qui possède une succursale ou un bureau auxiliaire de la Banque de France ont la faculté de déposer les chèques reçus ou centralisés par eux, soit à la Banque de France, soit à la Trésorerie générale ou à la recette des finances.

Les comptables des chefs-lieux d'arrondissement où la Banque de France n'a ni succursale ni bureau auxiliaire, doivent déposer leurs chèques à la Recette des finances.

Les chèques déposés directement à la Banque de France sont récapitulés sur un bordereau en double expédition (mod. N° 536 de la nom.)..

La Banque de France accepte les chèques comme numéraire et en délivre au comptable un reçu par primata et duplicata distinct de ceux afférents aux autres versements qui pourraient être effectués le même jour.

Elle conserve une expédition du bordereau et remet l'autre au comptable.

Le Receveur envoie le jour même le duplicata à la Trésorerie générale ; il conserve le primata comme valeur de caisse jusqu'à la transmission qui lui est faite, par l'intermédiaire du Directeur, du récépissé de versement souscrit à son nom par le Trésorier général. Le Directeur se fait remettre les primata au fur et à mesure de l'envoi des récépissés et les fait parvenir en fin de mois à la Trésorerie générale.

Les chèques reçus par les comptables résidant hors du chef-lieu du département ou de l'arrondissement, dans une localité où la Banque de France ne possède ni succursale, ni bureau auxiliaire, sont adressés chaque jour, par lettre, à la Direction, avec un bordereau mod. 536 en double exemplaire. Le Directeur renvoie, par retour du courrier, l'une des expéditions du bordereau revêtue d'une mention d'accusé de réception pour servir au Receveur de décharge provisoire jusqu'à la transmission du récépissé de versement, souscrit à son nom par le Trésorier Général, après l'accomplissement, par les soins du Directeur, de l'opération indiquée ci-dessus.

Les chèques déposés à la Trésorerie générale ou à la Recette des Finances sont détaillés sur un bordereau mod. 536 en simple expédition dont l'intitulé est modifié par l'indication de la Trésorerie générale ou de la Recette des Finances où s'effectue le dépôt.

Le montant global des chèques est reporté distinctement sur le bordereau produit par le comptable à l'appui de son versement si celui-ci comprend, en plus des chèqúes, du numéraire ou des pièces de dépenses, ou sur un bordereau particulier s'il n'est effectué qu'un dépôt de chèques.

Le récépissé rose délivré au titre « Versements des Receveurs des Régies financières » correspond à la totalité de la somme versée, mais indique la décomposition du versement.

IV. Non-Paiement. — Lorsqu'un chèque n'est pas payé, la Banque de France en fait immédiatement le renvoi au Receveur intéressé en lui indiquant les motifs de non-paiement.

Il n'est, dans ce cas, apporté aucune modification aux opérations effectuées lors du dépôt du chèque.

Le jour même de la réception du chèque impayé qui lui est retourné par la Banque de France, le Receveur en verse le montant au Comptable du Trésor qui a délivré le récépissé dans lequel a été comprise la somme impayée. Ce remboursement est opéré soit sur les fonds de la caisse, soit au moyen de la remise d'un récépissé de « fonds de subvention reçus des Receveurs des Finances » ; une dépense correspondante est inscrite à un compte ouvert parmi les « Paiements à régulariser » sous le titre : « Chèques retournés impayés ». Le chèque est conservé comme pièce justificative de l'avance.

Le redevable est mis immédiatement en demeure de se libérer sans retard. Les sommes versées sont portées en recette au compte de trésorerie sus-indiqué, lequel se trouve ainsi soldé.

Dans le cas où, le chèque ayant été présenté en dehors des délais légaux, la provision a péri par le fait du tiré, aucun recours ne peut être exercé contre le tireur. Dans cette hypothèse, il en est immédiatement référé par les Directeurs à l'Administration qui apprécie la responsabilité encourue par le comptable. La Direction générale de la Comptabilité publique doit également être avisée du non-paiement du chèque.

Lorsque la bonne foi du tireur d'un chèque impayé paraît pouvoir être mise en doute, les comptables doivent en référer immédiatement à leur Directeur. Celui-ci soumet la question à l'Administration qui décide s'il y a lieu de faire exercer des poursuites contre le tireur devant les tribunaux répressifs.

V. Relevé a fournir. — Un relevé du nombre et du montant global des chèques reçus, conforme au modèle donné par la circulaire du 17 août 1918, n° 2197-238, § II, doit être fourni dans les premiers jours du mois de janvier, pour les opérations de l'année écoulée.

537. PAYEMENT DES DÉPENSES PUBLIQUES AU MOYEN DE VIREMENTS DE BANQUE ET DE MANDATS-CARTES POSTAUX. (C. C. 16 déc. 1916 et 9 mai 1917; Décret du 16 novembre 1916).

Le paiement des dépenses des Administrations financières peut être effectué :

1° par simple « virement » comportant inscription de la somme due au crédit d'un compte de dépôt de fonds ouvert au nom du créancier soit à la Caisse Centrale du Trésor Public ou dans une Trésorerie générale, soit à la Banque de France ou dans une banque possédant elle-même un compte à la Banque de France.

2° par « mandats-cartes postaux » payables à domicile, pour les créances inférieures à 500 francs.

Observations générales. — Le décret du 16 novembre 1916 est spécial aux dépenses des Administrations financières ; il ne s'applique pas aux paiements effectués pour le compte du ministère de la Justice. Mais ses dispositions s'étendent, non seulement aux dépenses budgétaires, mais aux dépenses d'Opérations de Trésorerie (Correspondants du Trésor et Avances).

Les nouveaux modes de paiements doivent, en principe, n'être utilisés que pour l'acquittement des dépenses afférentes aux fournitures et travaux. Une clause rendant obligatoire le nouveau mode de paiement doit être insérée dans tous les marchés. Malgré l'absence de cette clause, et au cas où il n'existe pas de marché, le créancier peut demander ce mode de paiement par lettre adressée au Directeur départemental ou au moyen d'une mention inscrite sur les mémoires ou factures.

Le paiement par virement de compte peut être étendu à toutes autres créances sur demande du créancier au Directeur. Le paiement par mandat-carte ne devra être utilisé pour les traitements que dans certaines circonstances spéciales ; il ne sera par ailleurs, employé qu'à titre tout à fait exceptionnel, lorsqu'il existera à la résidence du créancier un comptable de l'Administration.

Il est tenu dans les Directions un répertoire spécial des clauses de règlement par virement de compte insérées dans les marchés, ainsi que des autres demandes de virement ayant une portée plus ou moins générale.

Ce répertoire présente les renseignements suivants : nom du créancier — indication de la Trésorerie générale ou de l'établissement où son compte de dépôt de fonds est ouvert — le numéro de ce compte — la nature des dépenses à payer par virement.

Les comptables tiennent un répertoire présentant les

mêmes renseignements ainsi que l'indication du titre de paiement auquel le marché a été annexé.

Dans les bureaux où cette simplification est jugée possible par la Direction, en raison du faible nombre des opérations, ce répertoire spécial est remplacé par un tableau présentant les mêmes renseignements dressé à la fin du registre de dépense.

En ce qui concerne les paiements par virements de compte de sommes imputables à des comptes de Trésorerie, des Ordres de Paiement sont établis par les Directeurs, au vu des titres et pièces justificatives des dépenses transmis par les comptables.

Opérations à effectuer. — Les indications suivantes sont portées par les Directions sur les mandats ou décomptes-mandats :

1° au recto, au-dessous du nom de la partie prenante :
le nom du mandataire désigné pour créditer le compte de l'intéressé ;
le n° du compte ouvert, ou l'indication que le compte sera ouvert à l'occasion de l'opération en cours de réalisation.

2° au verso :
nom du mandataire ;
nom du créancier titulaire du compte ;
n° du compte.

Les mandats et ordres de paiement sont adressés aux comptables accompagnés des pièces justificatives et des « avis de crédit » destinés à être remis ultérieurement aux créanciers par l'intermédiaire du Directeur.

Le comptable s'assure qu'il y a concordance entre la désignation du titulaire de la créance et celle du titulaire du compte à créditer ; il procède très soigneusement à toutes vérifications utiles *(Voir à ce sujet, la circ. du 16 décembre 1916, pages 6 et 7)*.

Le comptable, après avoir reconnu la régularité des pièces produites et l'exactitude des mentions inscrites sur les mandats et ordres de paiement, fait, le cas échéant, application des oppositions ou autres empêchements.

Lorsque les titres de paiement ont été reconnus réguliers, le comptable y mentionne au recto les différentes retenues à opérer (y compris le prix du timbre-quittance, I. 3720 § 26), et établit le décompte de la somme nette revenant au créancier. Au verso, il inscrit, au-dessous des indications portées par l'ordonnateur, la mention : « Somme nette à payer » qu'il fait suivre de l'indication de cette somme, d'abord en chiffres, puis en lettres ; il signe ladite mention et appose son « Vu bon à payer » qu'il a le soin de dater.

Il complète ensuite les avis de crédit reçus de la Direction par l'inscription de la somme nette à payer : en chiffres dans le cadre de gauche, en toutes lettres dans le corps de l'imprimé.

Les mandats ou ordres de paiement sont insérés dans des bordereaux établis :

1° en double expédition si les comptes de dépôt à créditer sont ouverts à la Caisse Centrale ou dans une Trésorerie générale ;

2° en triple expédition si les comptes à créditer sont ouverts à la Banque de France ou dans une autre banque.

Les bordereaux et avis de crédit, datés et signés par le comptable, sont ensuite transmis par lui au Directeur qui remet les bordereaux accompagnés des mandats et ordres de paiement au Trésorier Général. Une expédition du bordereau revêtue d'un accusé de réception, est rendue au Directeur qui adresse ensuite les avis de crédit aux destinataires.

Le Trésorier général effectue ou fait effectuer par la Banque de France, ou par son intermédiaire, les opérations nécessaires.

Après leur exécution, lorsque les mandats ou ordres de paiement lui ont été retournés, il les transmet immédiatement au Directeur, contre remise de l'expédition du bordereau restée en sa possession. Lesdits mandats ou ordres de paiement sont appuyés des reçus constatant le dépôt des fonds à la Trésorerie générale ou revêtus par les banques des certifications constatant l'exécution du virement.

Le Directeur les fait aussitôt parvenir au comptable en y joignant une formule de demande de fonds de subvention pour le montant net des paiements ; la demande porte l'indication de la date et du n° du bordereau d'envoi.

A la réception de ces pièces, le comptable rattache à chaque mandat ou ordre de paiement les pièces justificatives retenues par lui lors de l'envoi des bordereaux ; il appose sur les mandats et ordres de paiement le timbre ou la mention : « payé ». Il en porte ensuite le montant brut en dépense définitive aux titres budgétaires ou aux comptes de trésorerie intéressés dans les mêmes conditions que si le payement avait été effectué à sa caisse, en indiquant, toutefois, que ce paiement a été fait par virement de compte.

Il fait recette des retenues pour le service des pensions civiles, du montant des prélèvements afférents à des traitements. D'autre part, il effectue, s'il y a lieu, le versement des retenues pour oppositions à la Caisse des Dépôts et Consignations, et il en joint le récépissé au mandat ou ordre de paiement.

(Voir, pour ce qui concerne les oppositions les Circ.

Comp. du 9 mai 1917, n° 2152, § II, et 15 novembre 1922 Revue Art. 348).

Enfin, le comptable appose les timbres-quittances nécessaires, soit sur les reçus, si le compte crédité est ouvert dans les écritures de la Trésorerie générale, soit sur les titres de paiement eux-mêmes, si le virement a été effectué par une banque. (Il est fait observer que, dans le premier cas comme dans le second, un seul droit de timbre est exigible).

Il fait, par ailleurs, recette au compte « Fonds de subvention reçus des Receveurs des Finances » de la somme inscrite sur la demande et renvoie celle-ci, après avoir rempli le récépissé et le talon, à son Directeur, qui les remet le jour même au Trésorier général.

Quant aux pièces justificatives des paiements, elles sont produites en la forme ordinaire dans la comptabilité mensuelle.

Lorsque des mandats de paiement revêtus du « Vu bon à payer » du comptable dans les derniers jours d'un exercice ne lui auront fait retour qu'après la clôture dudit exercice, la dépense devra être imputée au compte ouvert parmi les Avances, sous le titre : *« Paiements effectués en vertu des dispositions du 5 mai 1914. »* Il sera procédé à la régularisation des avances au moyen de l'émission de nouveaux mandats au nom du comptable sur le chapitre des *« Dépenses des exercices clos ».*

MANDATS-CARTES. — Lorsque la demande en a été faite sur la facture ou le mémoire, ou par lettre adressée au Directeur, les mandats et ordres de paiement inférieurs à 500 fr. peuvent être payés aux frais des créanciers par mandats-cartes postaux.

Les titres de paiement sont revêtus par le Directeur de la mention à l'encre rouge : « A payer par mandat-carte ».

Le Directeur transmet au comptable, en même temps que les titres de paiement, des mandats-cartes établis pour le montant des sommes à payer après déduction des frais d'envoi par la poste et auxquels il joint, s'il y a lieu, un bordereau (mod. 1406 *quater*), du service des Postes, préparé par ses soins.

Les mandats-cartes indiquent l'objet des paiements.

Le comptable procède aux vérifications règlementaires et s'assure de la concordance des mandats-cartes avec les autres pièces. Dans le cas où il y aurait lieu d'opérer sur le montant du titre de paiement, d'autres retenues que celle des frais d'envoi, il retourne au Directeur, avec les titres revêtus de l'indication des sommes à précompter, les mandats-cartes pour qu'il en soit établi de nouveaux, et le bordereau (mod. 1406 *quater*) à fin de rectification.

Après avoir accusé réception au Directeur des titres de paiement reconnus réguliers qu'il revêt de son « Vu bon à payer » daté et signé, le comptable remet les mandats-cartes avec leur montant (frais compris) et le bordereau, au Receveur des Postes qui, en échange, lui délivre des Reçus en nombre égal à celui des mandats-cartes déposés.

Le Receveur appose ensuite sur les titres de paiement le timbre ou la mention « Payé » et y joint, pour valoir quittance, les reçus de la Poste qui demeurent exempts du timbre de quittance. Le montant brut de ces titres de paiement est inscrit en dépense à la date d'émission des mandats-cartes dans les mêmes conditions que si le paiement avait été fait aux créanciers à la caisse du comptable.

Il est simultanément fait recette du montant des retenues pour le service des pensions civiles. Quant aux retenues pour opposition, le versement en est effectué dans la forme ordinaire à la Caisse des Dépôts et Consignations ; ce versement est justifié par le récépissé émanant de la Recette des Finances.

RELEVÉ A FOURNIR. — Un relevé du nombre et du montant global des paiements par virement de banque et par mandats-cartes postaux, conforme au modèle donné par la circulaire du 17 août 1918, n° 2197-238, § II, doit être fourni dans les premiers jours du mois de janvier, pour les opérations de l'année écoulée.

538. IMPOT SUR LE CHIFFRE D'AFFAIRES
(Loi du 25 juin 1920, art, 59 à 73. I. 3632-3675)

Les recettes provenant de l'impôt sur le chiffre d'affaires se divisent en deux catégories :

1° *Recettes budgétaires ;*
2° *Recettes à titre d'Opérations de Trésorerie.*

Les recettes budgétaires comprennent :

1° le produit de la taxe de 1 % ;
2° le produit des taxes de 3 % et 10 % (l'Administration ne perçoit la taxe de 3 % qu'en Corse) ;
3° les neuf dixièmes du principal des pénalités encaissées et la totalité des décimes de ces mêmes pénalités.

Elles sont classées au *Sommier de Comptabilité*, pages 38 et 39 à l'art. VIII du § 1er, sous les titres :

Affaires de toutes catégories soumises à la taxe de 1 0/0 : { *Affaires de ventes.* / *Affaires de courtages, etc.*

Vente d'objets de luxe par les commerçants (payements sur relevés).
Pénalités.

Les recettes à inscrire aux *Opérations de Trésorerie* sont :

1° le produit du décime ajouté à l'impôt de 1 % au profit des départements et des communes.

2° le dixième du produit en principal des pénalités que l'art. 70 de la loi du 25 juin 1920 attribue à un fonds commun destiné à être réparti entre les agents chargés de l'application de la loi.

Ces recettes sont inscrites aux « *Correspondants du Trésor* » sous les rubriques suivantes :

Fonds communs de l'impôt sur le chiffre d'affaires :
{
Décime perçu au profit des départements et des communes.
Dixième des pénalités recouvrées à répartir au personnel chargé de l'application de la loi.
}

Les pénalités doivent être calculées, lorsqu'il y a lieu, sur l'intégralité des taxes dues, y compris le décime, mais par contre, aucune pénalité n'est à porter au fonds commun des départements et communes, le décime qui leur est attribué porte uniquement sur la taxe de 1 %.

1. VERSEMENT DU PRODUIT DU DÉCIME PERÇU AU PROFIT DES DÉPARTEMENTS ET COMMUNES. — Le produit du décime fait l'objet de versements, distincts des versements ordinaires :

au Receveur Central des Finances, à Paris, *pour le département de la Seine.*

aux Trésoriers payeurs généraux ou Receveurs des finances *pour les autres départements.*

A l'appui de chaque versement, les comptables remettent une déclaration indiquant la somme versée et le libellé du compte auquel doit leur être délivré le récépissé, intitulé : « *Produit du décime de l'impôt sur le chiffre d'affaires à répartir entre les départements et les communes.* »

La dépense à inscrire aux C/ des Correspondants du Trésor précité, est justifiée par un récépissé, à chiffres latéraux, série D.

Il doit être tenu compte du produit du décime pour la détermination du maximum de l'encaisse.

2. RÉPARTITION DU DIXIÈME DES PÉNALITÉS ENTRE LES AGENTS CHARGÉS DE L'APPLICATION DE L'IMPÔT. — Un arrêté ministériel du 26 juin 1922. *(J. O.* du 4 juillet), a établi le mode de répartition des sommes inscrites au fonds commun des agents chargés de l'application de l'impôt sur le chiffre d'affaires.

Sont admis à cette répartition les agents chargés de la constatation ou du recouvrement de la taxe, qui se sont signalés à l'occasion de leur service. *(Art. 2 de l'arrêté).*

Une première répartition est d'abord faite par le Directeur général, entre les départements, puis une deuxième, sur les propositions du Directeur, entre les agents locaux.

Les sommes ainsi réparties sont portées en dépenses au compte précité ouvert parmi les Correspondants du Trésor : « *Dixième des pénalités recouvrées à répartir au personnel chargé de l'application de la loi.* »

3. Modes de payement de l'impôt sur le chiffre d'affaires. — Le redevable peut se libérer, soit en numéraire, soit à l'aide d'un chèque postal, d'un mandat-poste ou mandat-carte émis au profit du Receveur compétent et à lui adressé sous enveloppe affranchie, soit par virement à son compte de chèques-postaux, soit par chèque barré émis à son ordre et portant la mention « *Banque de France* », si le versement à effectuer excède 100 fr. *(Décret du 24 juillet 1920, Art. 15, I. 3632, page 42, dernier alinéa).*

4. Recouvrement par traites. — En outre, en exécution du même art. 15 du décret du 24 juillet 1920, « les « *redevables exerçant une profession ou un commerce* « *dans une place bancable peuvent être autorisés, par le* « *Directeur de l'Administration compétente, à acquitter* « *le montant de l'impôt sur présentation d'une traite émise* « *par l'agent de ladite administration désigné à cet effet.* « *Dans ce cas, l'impôt est augmenté des frais de traite* « *ainsi que des frais de recouvrement dont le montant* « *est fixé par arrêté ministériel.* »

Conformément aux dispositions qui précèdent, un arrêté ministériel du 14 septembre 1920 *(I. 3675 p. 3, et annexe V),* autorise l'Administration à faire présenter aux redevables, par le Service des Postes, les traites ou autres titres émis pour le recouvrement de l'impôt sur le chiffre d'affaires.

Une circulaire autographiée du 14 septembre 1920 a notifié les mesures arrêtées en conséquence :

a) *Etablissement et Remise à la Poste des titres de perception.* — Des quittances extraites d'un registre à souche spécial, augmentées du montant des frais de recouvrement indiqués ci-après, sont établies par les soins de l'Office départemental ; elles sont signées, dans les Directions auxquelles un Receveur spécial a été attaché dans ce but, par ce Receveur, et, dans les autres Directions, par un employé supérieur désigné par le Directeur.

Ces quittances sont dûment timbrées, le cas échéant.

Puis, on groupe ensemble toutes celles concernant les redevables desservis par un même bureau de poste, et elles sont remises pour recouvrement, à la Poste, dans les conditions ci-après :

Les quittances sont énumérées dans des bordereaux fournis gratuitement par le Service des Postes, qui ne doivent pas contenir chacun plus de cinq quittances. Chaque bordereau, accompagné des quittances correspondantes, est ensuite placé dans une enveloppe, fournie également gratuitement par le Service des Postes, adressée au bureau de poste compétent, après avoir été affranchie comme pli recommandé (c'est-à-dire 0 fr. 50 : 0,25 de recommandation et 0,25 de port, si le poids ne dépasse pas 20 grammes).

Sur le bordereau, il est demandé que le montant des quittances soit porté au crédit du compte de chèques postaux ouvert au Receveur compétent.

b) *Frais de recouvrement*. — Les frais de recouvrement, à ajouter au montant de chaque quittance ont été fixés par l'Art. 2 de l'arrêté ministériel du 14 septembre 1920, précité, à :

1° une somme fixe forfaitaire de 0 fr. 15, quelle que soit la somme à recouvrer (pour tenir lieu, jusqu'à due concurrence, des frais d'affranchissement de l'enveloppe contenant les valeurs à recouvrer, des frais de recommandation et des frais de virement au compte de chèques postaux du comptable) ;

2° une somme égale au droit proportionnel d'encaissement perçu par l'Administration des Postes, c'est-à-dire :

pour les quittances ne dépassant pas 100 fr. : 0,10 par 20 fr. ou fraction de 20 fr. ;

pour les quittances supérieures à 100 fr., mais ne dépassant pas 500 fr. : 0 fr. 60 ;

pour les quittances supérieures à 500 fr., mais ne dépassant pas 5.000 fr. : 0 fr. 60 pour les premiers 500 fr., plus 0 fr. 10 par 500 fr. ou fraction de 500 fr. excédant ;

pour les quittances supérieures à 5.000 fr. : 1 fr. 50 pour les premiers 5.000 fr., plus 1 fr. par 5.000 fr., ou fraction de 5.000 excédant.

Le droit de présentation, fixé à 0 fr. 30, est dû pour chaque valeur restée impayée. Il doit être supporté, en définitive, par le redevable qui ne s'est pas libéré sur présentation de la quittance régulière.

La même circulaire du 14 septembre 1920 indique les diverses opérations de manutention et de comptabilité à effectuer à l'Office départemental, pour l'exécution desquelles il est tenu cinq registres :

1° Registre d'enregistrement des quittances ;
2° Registre des avances ;
3° Registre de recettes ;

4° Registre des quittances non recouvrées ;
et 5° Registre servant à ouvrir une consignation pour chacune des quittances restées impayées de manière à en poursuivre le recouvrement ultérieur.

c) *Opérations d'avances.* — Le prix des timbres apposés sur les quittances, les frais d'affranchissement et de recouvrement prévus ci-dessus, sont avancés par le Receveur spécialement chargé du recouvrement par traites et portés en dépense à un compte d'avances à ouvrir sous le titre : « Frais de recouvrement par traites, de l'impôt sur « le chiffre d'affaires » à la suite du compte relatif) aux « Frais de poursuites et d'instances concernant l'Admi- « nistration de l'Enregistrement. »

Ce compte est débité des avances inscrites au registre des avances tenu à l'Office départemental, et crédité des avances recouvrées, incrites au registre spécial des recettes tenu également à l'Office.

Pour faire face aux avances, les Receveurs spéciaux demandent des fonds de subvention à un de leurs collègues du chef-lieu du département, et portent ces fonds en recette dans la forme ordinaire.

Dans les Offices ne comportant pas de Receveurs spéciaux les avances sont effectuées par le Receveur désigné à cet effet, au vu d'un état certifié par le Directeur, qui tiendra lieu de pièce justificative de la dépense, et sera considéré jusqu'à la fin du mois comme valeur en caisse.

d) *Comptabilité des recettes et des dépenses.* — Dans les Offices pourvus d'un Receveur spécial, ce comptable fait recette, chaque mois, à son *Sommier de Comptabilité* :

1° comme recette budgétaire : du montant de l'impôt porté au registre spécial de recettes prévu ci-dessus, durant le mois ;

2° aux *Opérations de Trésorerie :* du montant des avances recouvrées pendant le mois, d'après le même registre.

Il porte en dépense, au même compte des *Opérations de Trésorerie*, les avances inscrites au registre des avances durant le mois.

Dans les Offices non pourvus d'un Receveur spécial, le Chef de l'Office transmet, le dernier jour du mois, les renseignements nécessaires au Receveur du chef-lieu du département, désigné, afin que celui-ci en fasse état dans sa comptabilité.

En outre, il est remis au même Receveur, dès la réception des bordereaux renvoyés par la Poste après encaissement, un état des sommes dont son compte courant de chèques postaux a été crédité, afin que la situation de caisse du comptable puisse être établie, le cas échéant, dans le cours du **mois**.

e) *Régularisation du compte des avances en fin d'année*. — Ainsi qu'on l'a expliqué ci-dessus, le ~compte est *débité* des avances inscrites au registre des avances, et *crédité* des avances recouvrées.

Le montant des avances se trouve ainsi compensé, jusqu'à due concurrence, par celui des recouvrements opérés.

La situation du compte, en fin d'année, est régularisée de la manière suivante *(Circ. du 12 janvier 1922)* :

Excédent de dépenses. — L'excédent des avances non recouvrées est régularisé de la manière habituelle, par imputation sur les crédits du chapitre : *Frais de poursuites et d'instances concernant l'Administration de l'Enregistrement* (V. N° 320).

Excédent de recettes. — Cet excédent est porté en recette sous le titre : *Produits divers du Budget. Autres recettes*, page 44 du *Sommier de Comptabilité*.

5. Payement par Mandat-Contribution. — Un décret du 12 avril 1922 *(I. 3735)*, a autorisé le payement, à compter du 16 mai 1922, de l'impôt sur le chiffre d'affaires aux moyens du mandat-contribution modifié en conséquence. Le redevable doit inscrire tant au recto qu'au verso du coupon les indications nécessaires.

La formule dûment remplie est déposée avec les fonds, à l'Agent des Postes, et donne lieu à la délivrance d'un récépissé mentionnant la nature du mandat. Ce récépissé est libératoire si la formule déposée par la partie contient les indications suffisantes pour l'imputation exacte de la somme versée qui doit comprendre, le cas échéant, le coût du timbre quittance.

Le Receveur fait créditer son compte courant postal du montant des mandats-contributions qu'il reçoit. *(C. C. 14 décembre 1922)*.

La quittance établie par le comptable pour le montant exact de l'impôt reste annexée avec le coupon du mandat au dossier de classement des déclarations des redevables.

539. CHÈQUES ET COMPTES COURANTS POSTAUX

Un décret du 6 déc. 1918 détermine les conditions dans lesquelles les comptables peuvent utiliser le Service de chèques et comptes courants postaux dont la gestion est confiée à l'Administration des Postes et Télégraphes.

Tout comptable chargé d'effectuer des opérations de Recettes ou Dépenses de l'Etat peut se faire ouvrir un compte courant. Mais cette faculté devient une obligation pour tous les comptables publics appelés à recouvrer des recettes où à payer des dépenses par voie de virement à des comptes de chèques-postaux. C'est le cas des comptables de l'Enregistrement.

Les dispositions du décret précité ont fait l'objet d'une circulaire de la D. G. de la Comptabilité Publique du 8 janvier 1919. N° 2214/242.

OBJET DU SERVICE. — DISPOSITIONS GÉNÉRALES. — Les comptes courants ouverts aux comptables publics peuvent être utilisés pour le recouvrement des recettes, le payement des dépenses et, suivant certaines règles déterminées par les Administrations intéressées, pour diverses autres opérations.

L'avoir des comptes ne doit jamais descendre au-dessous de 5 fr. Par contre, les comptables doivent éviter d'y maintenir des sommes de quelque importance dont ils ne peuvent prévoir l'emploi par virements postaux. Aucun dépôt de garantie n'est exigé.

DEMANDES D'OUVERTURE DES COMPTES COURANTS. — INTITULÉ DU COMPTE. — Les demandes d'ouverture de comptes courants sont faites dans les conditions fixées par l'Art. 6 du décret précité. *(Voir également l'instruction 3555 et ses annexes).*

La demande est déposée au bureau de poste de la résidence du comptable après avoir été visée par le Directeur départemental. Elle présente l'indication de l'intitulé (qui ne doit pas comprendre le nom patronymique du comptable) à donner au compte et, s'il y a lieu, la désignation des fondés de pouvoir autorisés par le signataire à recevoir les formules de chèques et à signer les chèques.

Toute modification en ce qui concerne la désignation des fondés de pouvoir fait l'objet d'une demande nouvelle du titulaire du compte, approuvée par le Directeur.

Lorsqu'il y a urgence, le Directeur notifie au bureau de chèques postaux les signatures provisoirement accréditées pour les opérations du compte courant postal.

Le compte ouvert demeure unique pour l'ensemble des services gérés par le comptable. Toutes opérations personnelles en sont exclues.

MUTATION DE COMPTABLE. — INTÉRIM. — A l'effet d'être substituée au fonctionnaire sortant, le fonctionnaire entrant, ou l'intérimaire, adresse au bureau de chèques-postaux, *dès son installation*, une demande présentée dans les conditions indiquées ci-dessus.

La C. C. du 24 février 1923 § IV insiste pour l'exécution stricte de cette prescription, dont la non observation entraîne de multiples inconvénients.

Opérations inscrites au compte. — Art. 3 et 4 du décret).

I. Sont portés au crédit du compte :

1° Les versements effectués par les titulaires à leur propre compte.

2° le montant des virements ordonnés par les titulaires d'autres comptes courants postaux (*V. ci-après*).

3° les versements effectués par les débiteurs non titulaires de comptes courants postaux, *sous la condition que l'imputation à donner à la somme versée soit indiquée sur le coupon du mandat de versement.*

En outre les Receveurs sont autorisés à faire créditer leur compte courant postal du montant des mandats-contributions utilisés par les redevables de l'impôt sur le chiffre d'affaires, dans les conditions prévues par les C. C. des 25 avril 1922 § I, annexée à l'instruction 3735, et 14 décembre 1922 § I. *(V. N° 538-5).*

La même faculté est admise pour les mandats de toute origine qu'ils reçoivent sous pli fermé et pour les mandats-cartes à leur nom payables à domicile. *(Circ. précitée du 14 décembre 1922).*

II. Sont portées au débit du même compte, les sommes qui font de la part des titulaires, l'objet :

1° de chèques nominatifs payables à leur profit ;

2° des chèques de virement émis au profit de titulaires de comptes courants postaux dans les conditions ci-après indiquées pour le payement des dépenses publiques ordonnancées ;

Taxe postale. Frais d'imprimés. — Chacune des opérations de recette et de dépense effectuées par virements postaux donne lieu à la seule perception d'une taxe fixe, actuellement fixée à 0,15. Le Service des chèques postaux prélève cette taxe sur le compte *crédité* dans le cas de versement du comptable, et sur le compte *débité* dans tous les autres cas.

Le montant de la taxe est imputé au débit du compte des personnes qui tirent des chèques de virement au profit des Receveurs, en vûe d'acquitter leurs dettes vis-à-vis de l'Etat. Cette taxe reste à la charge des tireurs.

Au contraire, c'est le compte courant du comptable qui est débité du montant de la taxe quand il opère lui-même un versement ou lorsqu'il provoque un virement au profit d'un autre compte de chèques-postaux. Toutefois, dans le cas de dépenses ordonnancées, il récupère cette taxe sur le créancier, par voie de retenue. Dans tous les autres cas la dépense est comprise parmi les frais de gestion du Receveur et s'impute sur l'indemnité forfaitaire qui lui est allouée à ce titre.

Il en est de même pour les dépenses concernant ceux des imprimés que l'Administration des Postes ne fournit, pour l'exécution des opérations de chèques postaux, que moyennant remboursement.

RECOUVREMENT DES RECETTES PAR IMPUTATION A UN COMPTE DE CHÈQUES POSTAUX. — Toutes les sommes dues à quelque titre que ce soit, et quelle qu'en soit l'importance, aux Services dont les comptables sont titulaires de comptes courants postaux, peuvent être versées par les débiteurs pourvus eux-mêmes d'un compte courant postal, au moyen de chèques de virement tirés au profit desdits comptables.

Ce mode de libération n'est admis que si le chèque de virement est accompagné d'un avis de crédit destiné au comptable intéressé et contenant toutes les indications nécessaires pour permettre de donner à la somme virée l'imputation qu'elle doit recevoir. L'établissement de ces avis de crédit incombe aux tireurs de chèques de virement qui se procurent les imprimés destinés à cet usage dans les bureaux de chèques-postaux.

Le montant des virements ainsi ordonnés doit être majoré, s'il y a lieu, du montant des droits de timbre-quittance et des frais d'envoi de la quittance par la poste.

Au reçu des avis de crédit qui lui sont adressés, le Receveur fait figurer dans sa comptabilité, parmi les valeurs de caisse, sous le titre « *Chèques postaux* », les sommes portées comme il a été indiqué ci-dessus à son compte courant postal.

1. Il résultait de cette réglementation, établie par l'Art. 3 du décret du 6 décembre 1918 que « seuls pouvaient se libérer par chèques postaux les redevables titulaires d'un compte courant postal. »

Des modifications ont été apportées sur ce point par le décret du 12 janvier 1922. *(C. C. 25 avril 1922 § II annexée à l'Inst. 3735).*

Aux termes de l'Art. 1er de ce décret « sont portés au crédit des C/C ouverts en vertu de l'Art 1er du décret du 6 décembre 1918 : 1°...... ; 2° les versements effectués par les débiteurs non titulaires de comptes courants postaux, sous la condition que l'imputation à donner à la somme versée soit indiquée sur le coupon du mandat de versement. »

Par suite, les débiteurs de sommes quelconques à payer à la caisse d'un comptable titulaire d'un compte courant postal peuvent se libérer par chèque postal, alors même qu'aucun compte courant postal n'est ouvert à leur nom.

Il va sans dire que le montant des chèques doit être

majoré, le cas échéant, du montant du droit de timbre-quittance et des frais d'envoi de la quittance par la poste, ainsi qu'il a été indiqué ci-dessus pour les chèques de virement.

PAYEMENT PAR VIREMENT A UN COMPTE DE CHÈQUES POSTAUX DES DÉPENSES ORDONNANCÉES. — Les créanciers de l'Etat qui ont un compte courant de chèques postaux peuvent obtenir le payement de l'ordonnance du mandat ou de l'ordre de payement délivré à leur profit par l'ordonnateur, sans avoir à se déplacer, ni à donner personnellement quittance, par simple virement comportant inscription de la somme due au crédit de leur compte courant postal.

Ces dispositions réalisent une extension du mode de règlement par virement de banque institué par le décret du 16 novembre 1916. *(C. C. 22 décembre 1916). (V. N°537).*

1. RÉPERTOIRE A TENIR PAR LES ORDONNATEURS ET COMPTABLES. — Le mode de libération ci-dessus prévu est utilisé en vertu, soit d'une clause formelle des marchés ou contrats, soit d'une mention signée inscrite sur la facture ou le mémoire, soit d'une lettre adressée au Directeur par le titulaire de la créance, et qui doit être remise au comptable en même temps que le titre de payement.

Il est tenu à la Direction un répertoire spécial des clauses de règlement par virement à un compte de chèques postaux insérées dans les marchés, et des autres demandes de virement ayant une portée plus ou moins générale.

Ce répertoire indique :

a) le nom du créancier ;
b) l'indication du bureau de chèques postaux où sont tenues les écritures du compte courant.
c) le numéro de ce compte.
d) la nature des dépenses à payer par virement.

Les Receveurs tiennent un registre analogue mentionnant, outre les renseignements énumérés ci-dessus, le titre de payement auquel le marché a été annexé.

2. DÉCOMPTE DES SOMMES NETTES A PAYER. VISA DES MANDATS. AVIS DE CRÉDIT AUX BÉNÉFICIAIRES. — Les mandats à payer par virement à un compte de chèques postaux doivent indiquer, au-dessous du nom de la partie prenante :

1° le bureau de chèques postaux ;

2° le numéro du compte courant postal à créditer.

Au verso du mandat sont également inscrites par l'ordonnateur les mentions ci-après :

1° indication du bureau de chèques postaux ;
2° nom du créancier titulaire du compte.
3° numéro de ce compte.

Les titres de payement sont adressés au comptable, accompagnés des pièces justificatives, ainsi que d'un bordereau d'émission en tête duquel est inscrit à l'encre rouge la mention : « *A payer par virement à un compte de chèques postaux.* »

A cet envoi, sont joints les avis de crédit (mod. N° 1 annexé à la Circ. du 8 janvier 1919) préparés d'avance par la Direction, sauf en ce qui concerne les indications de sommes et le N° du compte courant postal du comptable. Ces avis de crédit seront remis ultérieurement, aux créanciers, par le Service des chèques postaux.

Le Receveur fait, le cas échéant, application des oppositions ou autres empêchements. Il procède ensuite soigneusement à toutes les vérifications recommandées par la Circ. du 8 janvier 1919 pages 8 et 9.

Il inscrit sur les mandats, d'après les renseignements consignés au répertoire visé ci-dessus N° 1, une mention de référence aux marchés précédemment produits.

Lorsque les titres de payement ont été reconnus réguliers, le Receveur y mentionne *au recto* les différentes retenues à opérer, y compris celle de la taxe postale fixe et, s'il y a lieu, celle du timbre-quittance. Il détermine ainsi la somme nette revenant au créancier.

Au verso, il inscrit, au-dessous des indications portées par la Direction, la mention : « Somme nette à payer », à la suite de laquelle il inscrit cette somme, d'abord en chiffres, puis en toutes lettres. Il signe ladite mention et appose son « Vu bon à payer » en ayant soin de le dater.

Cette dernière précaution est indipensable pour déterminer le jour à partir duquel les saisies-arrêts, oppositions, transports, etc., ne peuvent plus avoir d'effet. Toutefois, le comptable devrait tenir compte des oppositions faites avant l'envoi des titres de payement au bureau de chèques postaux.

Les Receveurs accusent réception aux Directeurs des mandats qu'ils ont visés.

3. INSCRIPTION DES SOMMES NETTES A PAYER AU COMPTE DES CRÉANCIERS. — Le comptable adresse au bureau de chèques postaux détenteur de son compte courant :

1° les titres de payement ;
2° un bordereau d'envoi (mod. 102 de l'Administration des Postes, fourni gratuitement par celle-ci) ;
3° un chèque de virement collectif pour l'ensemble des titres de payement ;
4° des avis de crédit, préalablement complétés, distincts pour chacun de ces titres de payement.

Bien entendu, le comptable retient les pièces justificatives de dépenses, à joindre aux mandats correspondants lorsqu'ils lui feront retour. Il conserve, d'autre part, une minute du bordereau mod. 102 qui lui permettra de vérifier que tous les mandats lui ont bien été renvoyés.

Après inscription au débit du tireur, le bureau de chèques postaux crédite ou fait créditer les comptes des bénéficiaires.

Le bureau de chèques détenteur du compte crédité porte au verso de chaque titre la mention suivante dûment signée du préposé et appuyée du timbre à date du bureau :

« *Porté au crédit du compte de* ——————— N° ——— *la somme de* ——————— (en toutes lettres). »

Les titres de paiement ainsi annotés sont renvoyés sous pli fermé au comptable titulaire du compte débité. Celui-ci demeure personnellement responsable dans le cas où le virement n'a pu être opéré faute de disponibilités suffisantes à son compte courant postal.

Dès réception des titres de paiement, le Receveur porte en dépense le montant brut des mandats payés par virement, fait recette des retenues qui doivent recevoir leur imputation dans ses écritures, déduit du solde de son compte figurant parmi ses valeurs de caisse sous la rubrique « *chèques postaux* » le montant net des titres de paiement, ainsi que la taxe fixe prélevée par le service des chèques postaux, et enfin appose sur les titres de paiement, sous sa responsabilité, les timbres-quittances exigibles.

ENREGISTREMENT DES OPÉRATIONS DE CHÈQUES POSTAUX. — Les comptables titulaires de comptes courants postaux doivent suivre sur un carnet ou registre spécial la situation de ce compte. Ils enregistrent en détail les sommes dont ils ont effectué le versement ou dont ils ont été, soit crédités par virement, soit débités ; ils font ressortir dans une colonne le solde en leur faveur à toute époque.

Les opérations de chèques postaux n'ont donné lieu, dans la comptabilité des Receveurs, à l'ouverture d'aucun nouveau compte. Les fonds représentés par le solde créditeur du compte courant postal sont, en effet, considérés comme valeurs de caisse.

MESURES DE CONTRÔLE. — Les chefs de service et agents de contrôle peuvent se procurer gratuitement douze fois par an, l'indication du solde du compte courant du comptable et, quatre fois, la copie dudit compte pour une période de dix jours.

D'autre part, ils obtiennent, moyennant les redevances

prévues à l'Art. 36 du décret du 7 Janvier 1918, des communications supplémentaires ou des copies de comptes courants pour des périodes plus étendues.

Ils utilisent, en outre, le cas échéant, les reçus délivrés par les bureaux de poste lors des versements faits par les titulaires à leur compte, les souches des carnets de chèques, ainsi que les différents avis de débit et de crédit, et les notifications de solde en fin de quinzaine que le service des chèques postaux fait parvenir aux comptables intéressés.

540. ÉMISSION DE VALEURS DU TRÉSOR. — BONS DE LA DÉFENSE NATIONALE

Depuis 1914 les comptables de l'Enregistrement ont été appelés à coopérer au placement des Valeurs du Trésor. En ce qui concerne les rentes sur l'Etat et Bons du Trésor, les circulaires transmises au personnel lors des différentes émissions indiquent d'une manière détaillée toutes les formalités à remplir.

Aussi n'examine-t-on ci-après que les différentes questions concernant les bons du Trésor désignés sous l'appellation « *Bons de la Défense Nationale* » dont l'émission se fait sans interruption.

1. APPROVISIONNEMENT. EMISSION. VERSEMENT DU PRODUIT DE L'ÉMISSION. — L'approvisionnement des comptables spécialement autorisés à cet effet est constitué conformément aux règles indiquées dans deux circulaires des 26 Juillet et 28 août 1916.

Les demandes d'approvisionnement sont rédigées sur des formules spéciales extraites d'un carnet à souche et comprenant, outre la souche, trois parties savoir : 1° demande du Receveur ou Conservateur; 2° bordereau de remise des bons par le Trésorier-Payeur général ou le Receveur particulier des Finances ; 3° accusé de réception du Receveur ou Conservateur. Après avoir rempli la souche et la première partie de la formule, le Receveur ou Conservateur détache cette formule et la remet au Trésorier général ou au Receveur des finances ; celui-ci sépare et conserve provisoirement la demande, établit le bordereau de remise (2ᵉ partie de la formule) et joint ce bordereau (auquel reste attaché l'accusé de réception, 3ᵉ partie de la formule) aux bons remis au comptable.

Le Receveur ou Conservateur prend charge de la *Valeur nette* des Bons à un compte ouvert parmi les Correspondants du Trésor sous la rubrique : *Bons de la Défense Nationale* reçus du Trésor à titre *d'approvisionnement*.

Il détache de son registre à souche des opérations de Trésorerie une quittance de la valeur globale nette des bons reçus et la remet au comptable du Trésor en même temps que l'accusé de réception (3ᵉ partie de la formule) ; au reçu de cet accusé de réception, le Trésorier-Payeur général ou le Receveur particulier des Finances transmet au Directeur la demande (1ᵉ partie de la formule) qu'il avait conservée provisoirement.

De son côté, le Receveur ou Conservateur adresse immédiatement au Directeur le bordereau de remise (2ᵉ partie de la formule) établi par le comptable du Trésor, après avoir rempli, daté et signé le certificat de prise en charge imprimé au pied de ce bordereau.

Au fur et à mesure de leur émission, les bons sont, en réalité, échangés contre du numéraire sans passation d'écritures de comptabilité ; les fonds provenant de cette émission sont confondus avec ceux provenant des recettes ordinaires du service et sont versés en même temps au Trésor ; mais ils font l'objet d'un bordereau de versement distinct et ils donnent lieu à la délivrance d'un récépissé spécial (Série D).

A cet effet, chaque Receveur ou Conservateur tient un carnet d'émission sur lequel il inscrit, au jour le jour, le montant et la valeur des bons émis dans la journée ; les chiffres de ce carnet sont additionnés lors de chaque versement, en vue de permettre l'établissement d'un bordereau d'émission.

Ce bordereau, dressé en triple exemplaire est remis, avec les talons et les souches des bons émis, au Trésorier Général ou Receveur des Finances qui en conserve un exemplaire ; après avoir revêtu les deux autres exemplaires de son visa, il en remet un au Receveur ou Conservateur et adresse le troisième au Directeur départemental.

Les Receveurs résidant aux chefs-lieux de canton peuvent, après entente entre le Directeur et le Trésorier Général, être autorisés à verser le produit des émissions de bons à la Caisse du Percepteur de leur résidence qui leur délivre en échange une quittance de fonds de subvention. Ils adressent, le jour même, au Receveur des Finances cette quittance accompagnée des souches et des talons des bons émis, ainsi que d'un bordereau d'émission en triple exemplaire dont l'usage a été indiqué plus haut.

Le montant des versements provenant des bons émis est porté en dépense au compte précité ouvert parmi les Correspondants du Trésor. La dépense est justifiée par le récépissé spécial du Trésorier Général ou Receveur des finances et par l'un des exemplaires du bordereau d'émission.

Les Receveurs et Conservateurs prenant charge de la *Valeur nette* des Bons, leur encaisse est constituée par le numéraire proprement dit, augmenté de la *Valeur nette globale* des Bons non émis. Sur tous les documents de Comptabilité où apparaît cette encaisse, la décomposition en numéraire et en bons doit être indiquée.

2. CONSTATATION DE LA DATE D'ÉMISSION. — Les comptables doivent se servir pour l'indication de cette date, d'un timbre à encre grasse. De plus lorsque ce dernier ne permet d'indiquer le millésime de l'année qu'en chiffres, il est prescrit d'inscrire en outre, manuscritement, en toutes lettres, la date d'émission sur les valeurs dont il s'agit. Toutefois, les comptables ne doivent pas refuser de rembourser les bons de la Défense Nationale dont la date d'émission aurait été indiquée à l'aide d'un seul timbre à encre grasse en chiffres *lorsqu'aucun doute ne sera possible sur le millésime de l'année pendant laquelle l'émission a eu lieu* (Circ. 29 Mai 1918).

3. APPOSITION DU CACHET DU BUREAU. — Il est prescrit aux différents comptables émetteurs des Bons de la Défense Nationale d'apposer leur cachet tant sur les titres eux-mêmes que sur les souches.

Toute erreur ou omission en ce qui concerne cette formalité engagerait leur responsabilité (même circulaire).

4. REMBOURSEMENT DES BONS. — Les bons remboursés remplacent, dans l'encaisse, le numéraire employé à leur remboursement et sont compris comme tels dans les versements ordinaires.

Il n'y a pas lieu d'exiger l'acquit de la partie prenante pour le remboursement des bons au porteur. Ces derniers doivent être annulés séance tenante et en présence de l'intéressé : l'omission de cette formalité engagerait gravement la responsabilité du comptable. *(Voir pour le remboursement des bons à ordres aux illettrés la Circ. Comptabilité du 29 Mai 1918, N° 2185/236. § IV).*

5. RENOUVELLEMENT DES BONS. — Le renouvellement des bons comporte deux opérations distinctes :

1° le remboursement des bons échus ;
2° la délivrance de nouveaux bons.

On applique à ces deux opérations, qui doivent demeurer distinctes, les règles les concernant, remarque étant faite que le renouvellement pur et simple entraîne une sortie de fonds égale au montant des intérêts pour la durée des nouveaux bons.

Un bon de 100 francs à un an, venu à échéance, et renouvelé, donne lieu à décaissement de 100 francs et à encaissement immédiat de 95 francs pour le nouveau bon, soit un mouvement de caisse de 5 francs.

Le point de départ du nouveau bon est la date du renouvellement, et non l'échéance du bon remboursé.

6. ACCEPTATION DES BONS ÉCHUS EN PAIEMENT DES DROITS DUS AU TRÉSOR. — Les bons de la Défense Nationale échus peuvent être présentés en payement de tous les impôts et de toute somme due au Trésor, chez tous les comptables qui font le service des Bons de la Défense Nationale.

Si la valeur du bon échu est supérieure au montant du droit à acquitter, l'excédent doit être remis en numéraire à l'intéressé, sans qu'aucune difficulté puisse être opposée à ce dernier en dehors des cas où l'insuffisance de l'encaisse mettrait un obstacle absolu à cette opération.

Les bons échus dont le remboursment reçoit l'affectation sus indiquée sont compris, par les comptables qui les ont reçus en paiement, dans leur plus prochain versement. *(Circ. 29 Mai 1918)*.

7. DROITS DE MUTATION PAR DÉCÈS. PAYEMENT EN BONS NON ÉCHUS. — Voir Circ. 30 novembre 1918. (Revue, Art. 291.)

8. BARREMENT ET DOMICILIATION. — Circ. 4 avril 1919.

9. RELEVÉS TRIMESTRIELS. — Les 31 mars, 30 juin, 30 septembre et 31 Décembre de chaque année, chaque comptable émetteur adresse au Directeur un relevé des bons émis conforme au mod, n° 2 annexé à la circulaire du 15 Décembre 1917.

Ces relevés sont ensuite transmis au Trésorier Général.

10. LIQUIDATION DES REMISES ALLOUÉES AUX COMPTABLES. — Des remises au tarif déterminé par arrêtés ministériels des 15 juin 1920 *(Circ. du 21 juillet 1920)* et 17 novembre 1921 *(Circ. du 7 Décembre 1921)*, sont allouées aux comptables chargés de l'émission des bons de la Défense Nationale.

L'exercice pour le calcul de ces remises va du 1er Octobre au 30 Septembre.

Un décompte, conforme au mod. n° 1 annexé à la circulaire du 5 Décembre 1914 est adressé les 1er Janvier, 1er Avril, 1er Juillet et 1er Octobre de chaque année, à la Direction.

Les Directeurs vérifient les états fournis par les comptables sous leurs ordres et les transmettent ensuite au Trésorier Général avec un état nominatif présentant par comptable le montant des sommes dues.

11. Paiement des Remises. — Les états des comptables sont renvoyés aux Directeurs départementaux après avoir été revêtus d'un timbre de la Direction du mouvement Général des Fonds, dont l'apposition vaut mandatement au profit des intéressés, à qui les états sont aussitôt transmis.

Dès réception, les ayants droit acquittent les états les concernant (acquit sujet au timbre-quittance, le cas échéant) et comprennent ces états comme numéraire dans leur plus prochain versement.

12. Comptables non approvisionnés en bons de la Défense Nationale. — Les comptables non approvisionnés en Bons de la Défense Nationale se conforment, pour les souscriptions qu'ils reçoivent, aux prescriptions de l'Instruction 3423 et de la Circ. Comp. du 17 Septembre 1914.

Ils délivrent à chacun des souscripteurs une quittance à souche, *exempte de timbre*, extraite du registre à souche des Opérations de Trésorerie. Ils ont soin de mentionner, aussi bien sur la souche que sur la quittance, indépendamment de la somme versée, le nombre et la nature des bons souscrits.

La recette est classée en fin de mois, au *Sommier de Comptabilité*, parmi les comptes de *Correspondants du Trésor*, sous le titre : *Bons de la Défense Nationale.*

Le montant des souscriptions fait l'objet de versements distincts, à la Trésorerie Générale ou à la Recette des Finances, appuyés d'un état récapitulatif, *en double exemplaire*, du modèle annexé à la Circulaire du 17 Septembre 1914 précitée. L'un des doubles de cet état est conservé à la Trésorerie Générale ou à la Recette des Finances ; le second, revêtu du visa du Trésorier Général ou du Receveur particulier est remis au Comptable avec le récépissé de la somme versée.

La dépense est classée dans les écritures, aux Opérations de Trésorerie, sous le titre correspondant à celui de la recette ; cette dépense est justifiée en fin de mois, par la production du double de l'état récapitulatif visé par le Trésorier Général ou le Receveur des Finances.

A la réception des Bons, le Receveur en donne décharge au Comptable du Trésor, et joint à cette décharge le récépissé délivré lors du versement des fonds de souscription.

Lors de la délivrance des Bons aux souscripteurs, le Receveur ou Conservateur se fait remettre par la partie la quittance à souche, au dos de laquelle il fait signer une décharge *exempte de timbre*, qu'il conserve comme pièce justificative de ses opérations.

ÉTATS ET ARRÊTÉS PÉRIODIQUES

541. Indépendamment des états désignés dans le *Tableau* ci-après, les Receveurs doivent adresser à la Direction, savoir :

**I
Tous
les
mois**

Le **1ᵉʳ** : la *Comptabilité mensuelle* (Voir Nᵒ 392) ;

Le **2** : l'*État des insertions adm.* faites dans les journaux (*Lett. aut 36 nov. 1900*). État négatif non exigé.

Le **6** : les *Renvois* du mois précédent (*Inst. 2320, 2720-21-111 à 115 et 124*).

Comprendre dans la liasse et dans l'état des renvois du 1ᵉʳ mois de chaque trimestre, les Relevés des baux et concessions consentis par les Communes et Etab. publics (I. 2943, 2960).

Le **6** : les *Relevés prescrits par l'Inst 2909,* (Receveurs des Act. Jud. seulement).

Le **15** : le *Compte-rendu du travail des Surnuméraires* (Int. 2685).

Le **25** : l'*Accusé de réception des renvois* (I. 2320-2).

Le **25** : les pièces justificatives des *Frais de justice criminelle, etc* (V Nᵒ 154).

Conserver le double des états des taxes à témoins, à jurés et de frais urgents pour l'adresser au Procureur le 8 du mois suivant, au plus tard (V Nᵒ 164).

**II
par
semes-
tre
et par
année**

Le **1ᵉʳ** de chaque semestre (Suivant la zone — *Voir la 1ʳᵉ page du Reg. de comp. du timbre*) ; la *Demande semestrielle de papiers timbrés* (I. 3299).

Le **2** de l'un des mois de **Mai à Octobre** (*celui de la demande de timbre* — Voir ci-dessus) ; *la demande annuelle d'impressions* (Inst. 2979 ; 3033 ; Revue 21).

Les colonnes de cette demande intitulées : Consommés annuellement et Restant au bureau, doivent être remplies pour tous les articles.

NOTA IMPORTANT. — Les délais indiqués ci-dessus et dans le Tableau ci-après, sont des *délais extrêmes* qui ne doivent jamais être dépassés, *pour quelque cause que ce soit.* Les Receveurs doivent, au contraire, *toutes les fois que cela est possible,* devancer les dates fixées pour l'envoi des *États* et de la *Comptabilité.*

ARRÊTÉS PÉRIODIQUES DE CERTAINS REGISTRES :

Le **15** et le **dernier jour** de chaque mois : Arrêter le *Reg. à souche de l'Impôt sur les Opér. de bourse* (I. 2840).

Le **dernier jour** de chaque mois : Arrêter le *Registre des déclarations relatives aux Opér. de bourse* (I. 2840).

Le **10** et le **20** du premier mois de chaque trimestre (*I. 2966 et 2457*) ; le **9** du **3ᵉ** mois de chaque trimestre (*I. 2966*) et le **31 mars** de chaque année (*I. 2712*) : Arrêter le *Registre à souche de l'impôt sur le revenu.*

Les **10, 15, 18 et 26** de chaque mois : Arrêter le *Registre de recette de l'impôt sur le Chiffre d'affaires.*

1er Janvier	Minute du Bordereau de liquidation des remises. (*V. N° 435*).
1er id.	Décompte des remises sur placement des Bons de la D. N. (*V. N° 540-10*).
3 id.	Etat des Taxes additionnelles perçues pour la Ville de Paris. (*Circ. 17 décembre 1908*).
5 id.	Relevé des Sociétés et Villes étrangères qui paient le timbre par abonn^t (*Note aut. 8 janvier 1898*).
6 id.	Relevé des usufruitiers (*Inst. 3146-4*).
10 id.	Comptabilité annuelle (*V. N° 401*).
10 id.	Relevé du nombre d'actes (*I. 2720-153 ; L. Com. 175*). Inscrire les résultats sur le Regr. d'ordre.
Avant le 15 Janvier	Relevé du nombre et du montant global des chèques reçus en payements de droit, des payements par virements de banque et par mandats-cartes postaux, effectués au cours de l'année précédente. (*Circ. 17 août 1918*).
Courant de Janvier	Propositions pour le maintien ou la suppression des distributions auxiliaires dont la débite moyenne annuelle a été inférieure à 100 francs. (*I. 3720 § 28*).
id.	Sommes versées à la Caisse des Consignations et acquises à l'Etat (*1. 2218-2*).
id.	Relevé des décès des assujettis (*I. 2982*).
15 Janvier	Relevé, *même négatif*, des rentes nominatives sur l'Etat comprises dans les déclarations de successions (*I. 2827*). Rentes inférieures à 50 fr. (*V. I. 2827*, p. 2 dernier alinéa et p. 3 1er et 2e alinéas).
15 id.	Avertissements pour contributions (*V. N° 221*).
Avant le 10 février	Etat des recouvrements opérés au cours du trimestre de juillet précédent, d'amendes de contravention à la loi du 29 mars 1914 - I. 3467-8.
10 Février	Relevé des restitutions de droits de conversion (*I. 3687*. Revue art. 341).
1er Mars	Receveurs d'A. J. informent le Directeur du Dépôt au Greffe du double des répertoires (*I. 1537*).
10 id.	Etat des contraventions aux lois sur l'Enregistrement, le Greffe, le Timbre, etc...
	L'imprimé pour dresser cet état est fourni chaque année par la *Revue* Deltour, avec le N° du 15 déc.

2ᵉ quinzaine de Mars	Situation des *Sommiers* (*I. 3656, Nᵒ 32*).
31 Mars	Relevé des Bons de la D. N. émis (C. C. 15 déc. 1917 § II). *V. Nᵒ 540-9*).
1ᵉʳ Avril	Décompte des Remises sur placement des Bons de la D. N. (*V. Nᵒ 540-10*).
Courant d'Avril	Relevé des décès des assujettis (*I. 2982*).
15 Avril	Etat des Recettes de la Taxe sur les Valeurs étrangères (*Circ. 2 déc. 1915. I. 3697 § III*).
20 id.	Etat des articles restant à recouvrer } *V. Nᵒˢ 473*
	Justifications domaniales } *et 532*
Avant le 10 Mai	Etat des recouvrements opérés au cours du trimestre d'octobre, d'amendes de contravention à la loi du 29 mars 1914. (*I. 3467-8*).
10 Mai	Comptabilité de fin d'exercice (*V. Nᵒ 473*).
10 id.	Relevé des marchés dont le prix est payable par d'autres comptables que les Trésoriers-payeurs généraux (*I. 3095-26 ; 3768-9*).
10 id.	Relevé prescrit par l'inst. 3768-7 (modèle de l'annexe II).
30 Juin	Relevé des Bons de la D. N. émis. (*C. C. 15 déc. 1917 § II*). *V. Nᵉ 540-9*).
1ᵉʳ Juillet	Décompte des Remises sur placement des Bons de la D. N. (*V. Nᵒ 540-10*).
Courᵗ de Juillet	Relevé des décès des assujettis (*I. 2982*).
6 Juillet	Relevé des usufruitiers (*I. 3146-4*).
15 id.	Relevé, *même négatif*, des rentes sur l'Etat comprises dans les déclarations de successions (*I 2827*). V. au 15 janvier.
Du 1ᵉʳ au 10 Août	Etat des recouvrements opérés au cours du trimestre de janvier, d'amendes de contravention à la loi du 29 mars 1914 (*I. 3467-8*).
30 Septembre	Relevé des Bons de la D. N. émis. (*C. C. 15 déc. 1917 § II*). *V. Nᵒ 540-9*).
1ᵉʳ Octobre	Décompte des Remises sur placement des Bons de la D. N. (*V. Nᵒ 540-10*).
Courᵗ d'Octob.	Relevé des décès des assujettis (*I. 2982*).
1ᵉʳ Novembre	Bordereaux de liquidations provisoires des Remises et Frais de gestion (*V. Nᵒˢ 530-531*).
Avant le 10 Novembre	Etat des recouvrements opérés au cours du trimestre d'avril, d'amendes de contravention à la loi du 29 mars 1914 (*I. 3467-8*).

15 Novembre	Etat et Bulletins de régularisation des droits de timbre à l'extraordinaire restitués à titre d'avance (*V. N°. 338*).
Courant de Décembre	Presser l'apurement des articles des *Sommiers* N°s 1, 2 et 3, afin d'éviter les restes à recouvrer. Préparer la Comptabilité d'année.
1ᵉʳ Décembre	Bordereaux de liquidation provisoire des Remises et Frais de gestion. (*V. N°ˢ 530-531*).
6 id.	Note faisant connaître le montant approximatif : 1° des *Taxations* pour l'année entière (*V. N°ˢ 215-468*) ; 2° des *Frais de transport du Timbre*, s'ils n'ont pas été portés en dépense (*V. N° 209*). 3° des *Restitutions sur Ventes judiciaires d'immeubles* à effectuer en Décembre (*V N° 253*). (Cette note n'est exigée que dans de rares départements).
11 id.	Etat des abonnés aux Instructions (*V. N° 25*).
25 id.	Etat des frais d'affranchissement postal des avertissements envoyés à l'étranger (*I. 2918*).
31 id.	Relevé des Bons de la D. N. émis. (*C. C. 15 déc. 1917 § II*) *V. N° 540-9*).

Table Alphabétique des Matières

Frais *de justice criminelle et frais assimilés.*

151, Fondé de pouvoir 143, Forêt (agents des) 146-1.

Garde des objets saisis 124, Gendarmerie 146-1, Heures de payement 150-5.

Indemnités de session et de séjour aux jurés 116-2, Inscriptions hypothécaires requises par le ministère Public 136.

Juré voyageant gratuitement ou à tarif réduit 115-3, 116-1.

Lieu de payement 155, Liquidation des congrégations 131 (Voir ce mot).

Magistrat taxateur 149, 151, Médecins 104-5, 114, Mémoire collectif 146-2, Mémoire erroné 151, Mémoire partiellement périmé 152-2, Mémoire périmé payé par inadvertance 152-3, Mendiants et vagabonds 104-2, Mode de payement 140.

Partie civile 160, Perte des pièces justificatives 147, Perte ou absence de citation 150-6, Plusieurs parties prenantes 142, Police mobile 104-7, Port des lettres et paquets 121, Poursuites d'office en matière civile 134, Procédure d'office aux fins d'interdiction 135, Prud'hommes (conseils de) *Voir ce mot*, Pupilles de la Nation 139.

Recouvrement des frais qui ne restent pas à la charge de l'Etat 166, Régularité des pièces et de l'acquit 153, Remise au greffe des documents argués de faux ou de pièces de comparaison 111, Réquisition et Conventions avec les transporteurs 106, Responsabilité des magistrats et des Receveurs 151, Retard imputable au Receveur 152-1, Reversement de frais indûment alloués 167.

Secours fournis aux prévenus 109.

Taxes à témoins et à jurés 115, 116, 124, Taxes concernant la Guerre et la Marine 115-6, Taxes et mémoires payés après le 25, 154-1, Témoins cités devant le Conseil de Préfecture 124-5, Témoins cités devant un Tribunal étranger 115-5, Témoins fonctionnaires 125-1, Témoins militaires 115-2, Témoins ou jurés voyageant gratuitement ou à tarif réduit 115-3, 116-1, Timbre 115-4, 146, 150-3, Transfèrement à plus de 500 km. 107-1, Translation des condamnés 104-1, Translation des prévenus et accusés 103 et suivants, Transport des objets saisis 124, Transport des procédures et pièces à conviction 110, Transport des registres et archives 138.

Frais *de justice criminelle et frais assimilés.*

Virements 106, 156, 159-1. Visa de non-opposition 159, Visa du Procureur général 148.

— *de justice maritime.* — Avance 318, Remboursement 319.

— *de justice militaire.* — 317.

— *de location de bâtiments et terrains militaires.* — 361.

— *de location de dépendances du domaine public fluvial.* — 370-7.

— *de location des Domaines de l'Etat.* — 365.

— *de manipulation.* — Echanges de papiers timbrés 28

— *de poursuites en matière de recrutement.* — 368.

— *de poursuites et d'instances concernant l'Administration de l'Enregistrement.* — 320 à 332, Avances à effectuer 320, Bureau chargé du paiement 320-5, Cassation (Instances en) 330, Débats oraux, Ministère des avocats 320-1, Déchéance 328-3, 331, Dépenses 228, Exercice qui doit supporter la dépense 328-1, Frais consignés au *Sommier N° 1,* annulés ou reportés aux surséances 324, Pièces Justificatives 320-2, 325, 327, Pli fermé 320-4, Recouvrement 27, 321, 322, Régularisation 228, 323, 326, Remboursement des dépens aux parties adverses 328, 329,, Remise des pièces, 329, Taxe des frais 320-6, Timbre des états de frais et des acquits 328-2, Visa des exploits 320-3.

— *de poursuites et d'instances concernant l'Administration des Eaux et Forêts.* — 333 à 335, Paiement 333-1, Recouvrement et régularisation 334, Frais de capture et Taxes à témoins, Délits forestiers 335,

— *de poursuites et d'instances concernant le fonds de garantie.* — 336.

— *de poursuites et d'instances concernant le Ministère du Travail et de la Prévoyance Sociale.* — 337.

— *de production revenant aux avoués.* — 54-3, 288-3.

— *de revision des procès criminels.* — 132.

— *d'estimation, d'affiches et de vente de mobilier et de Domaines de l'Etat* 233, 362, Avance 362-1, Classement 364, Régularisation 363.

— *de tournée des Inspecteurs et Inspecteurs-adjoints.* — 195.

— *de transport des papiers timbrés.* — 209.

— *de vente d'objets mobiliers appartenant à l'Etat.* — (Voir : *Vente de Mobiliers de l'Etat).* Archives des Postes et Télégraphes 344-3, Boissons en transit 357, Cessions entre ministères 344-9, Che-

---